中国减贫奇迹怎样炼成

扶贫扶志故事选

国务院扶贫办政策法规司
国务院扶贫办全国扶贫宣传教育中心 组织编写

中国出版集团
研究出版社

图书在版编目 (CIP) 数据

扶贫扶志故事选 / 国务院扶贫办政策法规司，

国务院扶贫办全国扶贫宣传教育中心组织编写 . -- 北京：

研究出版社 , 2020.8

（中国减贫奇迹怎样炼成）

ISBN 978-7-5199-0637-5

Ⅰ . ①全… Ⅱ . ①国… ②国… Ⅲ . ①扶贫 – 案例 –

中国 Ⅳ . ① F126

中国版本图书馆 CIP 数据核字 (2019) 第 265424 号

中国减贫奇迹怎样炼成　扶贫扶志故事选

ZHONGGUO JIANPIN QIJI ZENYANG LIANCHENG

FUPIN FUZHI GUSHI XUAN

国务院扶贫办政策法规司 国务院扶贫办全国扶贫宣传教育中心　组织编写

责任编辑：寇颖丹　助理编辑：朱唯唯

研究出版社 出版发行

（100011　北京市朝阳区安华里504号A座）

河北赛文印刷有限公司　新华书店经销

2020年8月第1版　2020年11月北京第2次印刷

开本：710毫米×1000毫米　1/16　印张：24

字数：314千字

ISBN 978-7-5199-0637-5　定价：66.00元

邮购地址100011　北京市朝阳区安华里504号A座

电话（010）64217619　64217612（发行中心）

《中国减贫奇迹怎样炼成 扶贫扶志故事选》
编辑工作组

组　长： 李海金　骆艾荣

副组长： 阎　艳

成　员：（按姓氏笔画排序）

于佳佳	于　洋	于晓峰	马占山	王丹娟	王　帅	韦龙云
毛宪奎	文湘林	巴且古铁	左孟雯	包维娜	冯雪艳	吕　方
刘　杰	刘　娜	刘　靖	刘翠蓉	孙艳丽	孙海军	杜欣蔓
李丹阳	李白原	李德林	杨志强	杨　逍	杨振亮	肖健勋
吴正平	应美星	张平平	张生玮	陈文华	陈学建	陈珠妹
陈　琦	范　钧	范静惠	周　灵	周　慧	郑中武	赵文杰
钟楚原	禹洪亮	袁　泉	莫春开	徐正友	高文渊	郭庆华
郭　状	郭　鹏	黄崇敬	黄智君	曹屯国	曹牧耕	崔茂华
梁　涛	宿党辉	彭　威	韩　帅	焦方杨	曾纪军	温　凯
詹礼辉	潜　环					

导　读

　　党的十八大以来，在习近平总书记关于扶贫工作重要论述的指引下，各地坚决贯彻党中央、国务院关于脱贫攻坚的决策部署，全面实施精准扶贫方略，脱贫攻坚取得决定性进展，同时探索形成了丰富多样的生动实践。习近平总书记高度重视扶贫扶志工作，多次强调扶贫应同扶志扶智相结合、激发内生脱贫动力。为在"不忘初心、牢记使命"主题教育和脱贫攻坚干部教育培训工作中加强案例教学，进一步促进脱贫攻坚成功经验特别是各地开展扶贫扶志工作典型做法的交流推广，国务院扶贫办开展本案例征集和汇编工作。各省（区、市）和新疆生产建设兵团扶贫办（局）按照要求各推荐2个具有地方特色、可学可借鉴的扶贫扶志故事。国务院扶贫办全国扶贫宣传教育中心在办政策法规司的指导下，成立专门工作团队，邀请专家对各个故事进行遴选、修改和点评，最终把32个入选扶贫扶志故事汇编成《中国减贫奇迹怎样炼成　扶贫扶志故事选》一书。引用融媒体技术，将各个案例的视频变为方便阅读的二维码并增加了延伸阅读。

　　为方便广大读者查询、阅读和分类借鉴，特将每个扶贫扶志故事的导读要点汇总如下：

　　北京市：以宏志精神助力脱贫攻坚。北京援藏指挥部出资在拉萨北京实验中学组建首批"京藏宏志班"，借鉴北京宏志教育理念，以开拓视野为目标、以特色课程为依托、以生活资助为保障、以文化建设为基石，使贫困学生受到良好的教育，阻断了贫困代际传递。

天津市："公能"小教室输送大能量。南开大学大力援助庄浪县乡镇一级学校教育事业。以学校投入做基础、定方向，校友投入提水平、增效果，援建"公能"素质教育发展教室、投入现代化设备、传递爱国奋斗理念，让庄浪学子感受科技发展、坚定爱国奋斗志向。

河北省："救活"思想　合力奔小康。河北省阜平县骆驼湾村和顾家台村以筑牢支部、做强产业、宣传引领为工作机制，发挥党员带动力、产业致富力、群众内生力，由之前"揣着手等"到"背着手看"再到"甩开手干"，群众的物质生活和精神面貌发生了翻天覆地的变化。

山西省：好点子"照"亮脱贫路。山西省天镇县许家窑村以"扶贫先扶志、治穷先治愚"为导向，通过创立"边城小村""爱心股份"等方式提高贫困群众内生力，弘扬"新风正气"，改变传统陈规陋习，探索出"输血"同"造血"结合、扶贫同扶志扶智并重的"许家窑模式"。

内蒙古自治区：以"积分制"管理提振脱贫精气神。内蒙古自治区兴安盟乌兰浩特市创新"积分制"管理，补足贫困户精神之"钙"。通过选试点树典型、定方案抓落实、奖勤变相罚懒的方式，将贫困户按照有无劳动能力进行分类，赋予不同比例积分，让贫困户通过努力增加自身收入，展示精神风貌，积极参与各村建设等方式获得积分，激发群众脱贫内生动力。

辽宁省：新规则激发贫困人口新动力。辽宁省朝阳市喀喇沁左翼蒙古族自治县公营子镇借鉴"道德银行"经验，以"道德银行"建设工程为抓手，以"一行""一柜""三专"为着力点，创新"道德银行"评分规则，发挥"道德银行"积分激励机制，激发贫困人口内生动力，助推打赢脱贫攻坚战。

吉林省：实施"三项工程"带来新风尚。吉林省东辽县围绕"扶志气、增智力、强治理"，实施"扶志思进、扶智强能、扶治共管"三项工程，提振贫困群众士气、提高劳动技能、改善村风民风，进一步激发了贫困群众自主脱贫内生动力，取得了良好成效。

黑龙江省：拔掉"双根"送走穷神。黑龙江省桦川县通过扶志气、扶文化、扶智力、扶能力、扶风气、扶制度"六扶"举措，拔掉思想穷根，修补精神贫困软肋，清除致富技能梗阻，进一步激发贫困群众自主脱贫内生动力，彻底解决物质精神双脱贫"最后一公里"的问题。

上海市：创新发展观念 重构产业组织。上海市杨浦区援黔道真小组根据产业兴旺要求和道真县贫困户实际状况从转变贫困户思想观念、提高市场意识、拓展产销市场、提高贫困户组织化程度等方面整合各类资金，重构蔬菜产业组织模式，有效推进脱贫攻坚工作。

江苏省：特色产业开发培育自我发展能力。江苏省阜宁县结合实际和市场形势，坚持"输血"和"造血"相结合，培育自我发展能力。坚持扶志优先，提振脱贫精气神；突出扶智提升，培育脱贫新动能；强化组织保障，确保脱贫取实效，蹚出一条别具特色的"造血"发展路子。

　　浙江省：精准"双扶"助力低收入农户脱贫增收。浙江省长兴县创新推出以帮扶低收入农户和村级集体经济发展后进村为主的"双扶"行动，通过下好扶贫一盘棋、织紧扶贫一张网、拧紧扶贫一条心、铆足扶贫一股劲，筑牢强村富民基石，为精准扶贫提供新的方向和思路。

　　安徽省：改进帮扶方式　强化发展能力。安徽省宿州市埇桥区以脱贫攻坚统揽经济社会发展全局，通过聚焦"扶持谁"，精准把脉，实现因人因户施策；通过聚焦"怎么扶"，创新举措，提高脱贫成效，增强脱贫信心；通过聚焦"扶什么"，多管齐下，提升贫困户增收能力。

　　福建省：一位贫困户的蝶变。福建省仙游县上昆村贫困户陈国成是自力更生、勤劳致富、感恩思进的"有志之人"，困难面前他不泄气、不懈怠，在"扶贫、扶志、扶智"三位一体扶贫模式与产业扶贫、健康扶贫、教育扶贫组合拳的帮助下，于2017年年底摘掉贫困帽。不仅实现自主脱贫，还带动同村贫困户就业。

　　江西省：奏响文艺扶贫"新乐章"　鼓足脱贫攻坚精气神。江西省鄱阳县以先进文化占领农村阵地，以文扶民，激发内生发展源动力；以文富民，开辟产业致富新路径；以文惠民，营造向上向善好风尚。着力打造秀美乡村，走出一条以"文艺扶贫"助力脱贫攻坚的"鄱阳路径"。

　　山东省：发挥传统文化优势　实现扶贫扶志结合。山东省曲阜市依托传统文化资源禀赋，发挥道德文化引领作用，推行"党支部＋乐和家园"，创新实施"育德＋扶志＋解困"精神扶贫模式，通过弘扬传统美德、树立文明新风，引导教育贫困人口立德立志，实现物质精神

"双脱贫"。

河南省：志智双扶的"王万才现象"。河南省唐河县贫困户王万才从最初甘穷安贫、缺少精神之"钙"，到后来勤思苦干、力拔贫困之"根"，再到现在热心公益积极向党组织靠拢，王万才的脱贫历程形成了"王万才现象"，生动地诠释了脱贫攻坚的显著成效和伟大意义。

湖北省：坚持"五抓五破" 点燃脱贫引擎。湖北省随州市曾都区深挖致贫根源，坚持抓正面引导，破除守旧心理；抓政策落实，破除后顾之忧；抓移风易俗，破除陈规陋习；抓技能培训，破除本领恐慌；抓产业扶持，破除增收瓶颈，为实现稳定脱贫致富注入持久动力。

湖南省：扶志同筑梦 "评星"促脱贫。湖南省渌口区以公序良俗为引导，探索创立了"脱贫立志、星级创建"激发内生动力的新机制。创新性地提出以正确价值观引导"立志"，以监督的力量倒逼"立志"，以精神和物质激励"立志"的做法，激发贫困群众的内生动力。

广东省：从"懒汉"到"致富带头人"的华丽转身。广东省龙川县周塘村李军辉是典型的"懒汉"贫困户，"游手好闲，好吃懒做"是他的最大特征，这直接导致了他的婚姻失败。李军辉在深圳市东部公共交通有限公司帮扶下转变思想，发展产业，成为当地有名的"致富带头人"。

广西壮族自治区：精神扶贫的"合山经验"。广西壮族自治区合山市从"思想、志气、信心、心灵、智力"等方面实施精神扶贫，全面激发贫困户的内生动力，精准破解精神贫困难题，从而探索出了一条西部经济欠发达地区脱贫攻坚的发展新路子，形成了独具特色的"合山经验"。

海南省：夜校照亮脱贫路　热线搭起致富桥。海南省通过"电视夜校＋"模式为贫困群众搭建了一个学政策、学技术、卖产品、找工作、找信息的学习与服务平台，将扶贫与扶志扶智、基层组织建设、产业发展、技术培训等有效结合起来，为海南脱贫攻坚工作做出了积极贡献。

重庆市：扶志行动打开"三变"新局面。重庆市武隆区艳山红村立足于本地实情，第一书记游四海带领全村人民围绕"凝心聚力促发展，扶志扶智助脱贫"展开脱贫工作，使该村实现了"三变"，即人心由"散"变"齐"，容颜由"旧"变"新"，荷包由"瘪"变"鼓"。

四川省：以乡村"道德银行"提升乡风文明水平。四川省南江县创新乡村"道德银行"社会治理机制，本着厚植"积小善为大善、积小德为大德"的理念，以"道德可积分、文明又加分、满意度得分"为主要内容，人人参与积分评比，宣扬先进鞭策后进，实现"帮穷"与"扶志"并举、物质与精神共建。

贵州省：以"6334"组合拳打好脱贫攻坚战。贵州省贵定县通过打好物质扶贫"六个山"、思想扶贫"三做到"、情感扶贫"三加强"、扶贫结果"四个好"的"6334"攻坚组合拳，让扶贫扶志工作走入群众心里，有力激发贫困户热起来、动起来，确保打赢脱贫攻坚战。

云南省：打造"直过民族"跨越发展"新引擎"。云南省怒江州通过发挥新时代农民讲习所的优势，创新工作方法，广泛动员，全面推动，打造"新引擎"；坚持创新，活用方式，挖掘"新动能"；提振精神，凝聚力量，释放"新动力"，提升贫困群众素质，破解"智志"双扶难题。

西藏自治区：脱贫不忘感党恩　现身说法助攻坚。西藏自治区阿里革吉县布贡村一位出身农奴的老人久美，铭记党员责任，古稀之年的他依然战斗在脱贫攻坚一线，走遍乡村每个牧业点，用心宣讲党的政策，将"四讲四爱"群众教育实践活动深入人心，让贫困群众成为脱贫"局内人"。

陕西省："五扶励志"构建稳定脱贫长效机制。陕西省旬阳县以"两不愁三保障"为基础，以新民风扶贫扶志激发内生动力为重点，以建强基层党组织为中心，以稳定产业就业为保障，走出了一条扶贫、扶志、扶智、扶正、扶长"五扶励志"构建稳定脱贫长效机制的实践之路。

甘肃省：精神扶贫"三部曲"。甘肃省积石山县在全面建成小康社会进入决胜阶段的关键时刻，坚持扶贫扶志相结合，"富口袋"与"富脑袋"同频共振。率先探索出以扶志扶智为主要内容的村民知情大会、"两户"见面会、"三说三抓"大会，来提振脱贫精气神。

青海省：以移风易俗助力脱贫攻坚。青海省循化县坚持以群众自我脱贫为核心的内源式扶贫导向，结合当地普遍存在彩礼负担重、朝觐迎来送往和藏族地区"念活经"费用走高等民间习俗特点，大胆探索创新，率先开展移风易俗，树立文明新风活动，减少脱贫攻坚阻力。

　　宁夏回族自治区：以诚信搭建金融与产业的"连接桥"。宁夏回族自治区盐池县曾记畔村通过互助资金、小额信贷打基础，诚信体系培育做铺垫，撬动银行金融资金支持产业发展，走出了一条"依托金融创新推动产业发展、依靠产业发展带动群众增收"的富民之路，激发了贫困户内生发展动力。

　　新疆维吾尔族自治区：传承"胡杨精神"　助力脱贫攻坚。新疆维吾尔族自治区泽普县传承"胡杨精神"，贯彻落实"七个一批、三个加大力度""十大工程"部署，全面促进区域发展，调动扶贫对象的积极性，重视扶贫对象的能力建设，坚持开放式、开发式、开拓式扶贫并存，实现社会稳定和民族团结。

　　新疆生产建设兵团：浓浓关怀显真情　助推脱贫感党恩。新疆生产建设兵团第十四师二二五兵团通过扶贫扶志结合，为拉依苏村摘帽奠定基础。其中拉依苏村的村民买赛地·吐送积极改变传统生活方式，树立脱贫志气，用勤劳脱贫致富，为感党恩回报社会，带领父老乡亲一起脱贫致富。

目 录
CONTENTS

以宏志精神助力脱贫攻坚

——北京市：拉萨北京实验中学"京藏宏志班"成长纪实

摘要：教育是阻断贫困代际传递的重要途径。在北京市委市政府、拉萨市委市政府以及北京援藏指挥部的共同努力下，由北京援藏指挥部出资，在拉萨北京实验中学组建了首批"京藏宏志班"，它借鉴了北京宏志教育理念，为拉萨市贫困地区的孩子提供优质的教育资源，使这些贫困学生受到了良好的教育，真正做到了"扶贫先扶志，扶贫必扶智"，有效地阻断了贫困代际传递。

关键词：阻断贫困代际传递　京藏宏志班　宏志精神

引言：2014 年 12 月 9 日，习近平总书记在中央经济工作会议上指出："抓好教育是扶贫开发的根本大计，要让贫困家庭的孩子都能接受公平的有质量的教育，起码学会一项有用的技能，不要让孩子输在起跑线上，尽力阻断贫困代际传递。"

❖ 背景情况

　　拉萨北京实验中学是一所由北京市投资 2.5 亿元援建的公办寄宿制中学。学校占地 207 亩，于 2014 年 8 月投入使用。设施设备配置符合北京市示范高中的办学标准，办学目标是"创办在西藏自治区具有引领示范作用的一流学校"。学校目前设有初中、高中 57 个教学班，2446 名学生，287 名教职员工（含 20 名北京援藏干部）。全校学生 70% 来自拉萨市 6 县农牧民家庭，90%

的学生符合自治区面向困难家庭子女就学"三包政策"。2016 年家庭状况调查显示，即便享受"三包政策"，仍有部分学生面临因家庭经济困难辍学，或无法升入更高一级学校继续深造的风险，其中包括建档立卡家庭学生 12 名、孤残学生 18 名、农村低保学生 113 名、特困供养学生 69 名，总量接近学生总数的 10%。同时，这些学生也是周末留校的主体，为了节约开支，他们往往一个月或几个月才回一次家。受条件限制，他们的生活环境相对简单，对外界和新鲜事物知之甚少，在学习上表现为方法单一、死学多活用少、学习效率低下，学习投入与收获不成正比。

宏志教育最早发源于北京广渠门中学和宏志中学，是专门为贫困家庭学生开设的一种集教育、资助、就业帮扶于一体的特色教育，皆在帮助贫困家庭学生励志、立智，通过促进个人的健康成长和发展，帮助家庭走出贫困，使其更好地回报社会，进而帮助更多有需要的人。为学习宏志教育先进经验，为拉萨贫困家庭学生提供更好的学习、成长和发展条件，自2017 年起，北京援藏资金投入 50 万元在拉萨北京实验中学初中一年级设立了首个"京藏宏志班"，面向拉萨市精准招收建档立卡户学生 31 人，为班级配置优质师资力量、教学资源，量身设计课程体系、定制游学项目。对每一名京藏宏志生给予生活补贴，通过教育资源倾斜，帮助贫困家庭孩子更好更快成长。从 2018 年开始，北京市进一步加大"京藏宏志班"建设力度，"京藏宏志班"已经拓展至初、高中五个年级，北京援藏指挥部每年为每个班安排 50 万元专项经费，精准资助在读建档立卡贫困家庭学生 110 余名。

"京藏宏志班"学生到宏志班发源地——北京广渠门中学交流

❖ 主要做法

（一）开阔视野，树立远大理想目标

扶志就是扶思想、扶观念、扶信心，帮助贫困群众树立起摆脱困境的斗志和勇气；扶智就是扶知识、扶技术、扶思路，帮助和指导贫困群众着力提升脱贫致富的综合素质。

为帮助"京藏宏志班"学生开阔视野、树立更加远大的志向，北京援藏指挥部大力支持了京藏宏志班学生在 2017 年、2018 年国庆期间赴北京的游学活动。游学期间，拉萨北京实验中学与北京市广渠门中学、北京宏志中学签订了互助合作协议。京藏宏志班孩子们参观了天安门升旗仪式，游览了长城、故宫和国家大剧院，与北京的同龄学生面对面交流，共同学习、共同活动，结下了深厚的友谊。学生们极大地开阔了视野，增强了自信心和进取心。

促进交流，开阔视野，增强自信，激发学生奋发向上、争相成才的强烈愿望，已经成为宏志班育人的重要目标之一。

宏志班学生措吉出生在当雄县格达乡，当地气候条件恶劣、地理位置偏僻，到北京游学是他第一次走出西藏，走进首都。游学后他有感而发："记得在书上看到过这样一句话：'不走出去，家就是你的世界；走出去，世界就是你的家。'作为牧区长大的孩子，从走出拉萨、走出西藏的那一刻起，我们看到了世界的精彩，看到了自己的差距。要改变家庭贫困的现状，就要好好学习，将来或走上公务员岗位或自主创业或在大城市实现就业，这些都才会有可能。感谢首都人民给了我们这样的机会！"

在北京市广渠门中学和北京宏志中学，"向善、求真、求美"的理念让大家印象深刻，"用生命影响生命，用尊重赢得尊重"的办学理念让大家受益匪浅。"手工皂的奇妙之旅"DIY课堂，更是让拉萨的孩子们欣喜不已。拉萨北京实验中学京藏宏志班班主任赵兰告诉记者："我们拉萨的孩子是第一次上手工皂的制作课，大家都觉得非常有趣。在这两所学校，我们感受到了来自全校师生的友好和热情，也让我们拉萨的教师感悟到了'用生命影响生命，用尊重赢得尊重'的力量，我们也希望通过游学活动，真正实现'小手拉大手'，让来自生活困难家庭的孩子回去之后向父母讲讲自己的所见所闻所感，让更多的家长以更好的状态、更多的热情投身脱贫攻坚战中来。"

（二）开设特色课程，提高学生综合素质

宏志班在创始之初，各级领导就指出，该班不仅要解决困难学生"能上学"的问题，还要保证贫困生"上好学"的问题，学生经过这个班，不仅要成为学业优良的学生，还要成为体魄健康、人格高尚、特长突出、具有家国情怀的人。因此，根据宏志班学生的实际状况，学校不仅配备了优秀教师，保证文化课的学习，同时精心设置了特色课程，以保证学生的综合素质得到全面提高。

1. 宏志班教学课程。每周一至周五，宏志班学生须完成国家义务教育、地方及校本三级课程学习，学校必须依照课程标准开足、开齐理化生实验课、音体美等专业课。

2. 学生特长培养课程。学校根据学生特长发展需要，开设学科辅导类、民族文化类、科学素养类、体艺专长类自选课程。将宏志徽章、服装设计等文化类建设内容与特色课程相结合，挖掘和培养学生能力，充分让宏志生参与到宏志文化建设当中去。

2018 年"京藏宏志班"学生参加网球课程学习

3. 立德树人课程。作为德育课程体系试点，宏志班实现班会主题系列化、形式多样化。同时将学校文艺会演、科技节、运动会等纳入德育课程体系。为开阔学生视野，提供给学生更多走进社会、了解社会的机会，学校提前规划每月的社会实践课程，并将其作为德育课程体系的重要组成部分。

4. 寒暑假北京游学课程。作为一所北京援建学校，拉萨北京实验中学本身发挥着京藏教育文化交流的纽带桥梁作用。极度困难家庭学生由此而能有机会走出西藏，到以首都北京为主的地方进行为期 10—15 天的参观交流学习，亲身体会社会主义现代化建设的成果，领略首都深厚的历史文化积淀，从而极大地增强爱国意识，增强民族团结意识，激发出刻苦学习的主动性和积极性。

来自当雄县的益西英尼小朋友向老师吐露心声："我觉得我太幸运了，身边那么多孩子，学校就录取了我，还让我有机会来到了首都北京，看祖国的锦绣河山，鼓起学习的勇气。"

2018 年"京藏宏志班"学生到北京游学，
在天安门观看升旗仪式，接受爱国主义教育

（三）强化教学，提高学生学业水平

学校从教师中挑选责任心强、业务水平高的教师组成宏志班教育团队，以班主任为核心，每学期都要对宏志班的教育教学计划进行独立审定，保证

课程开足开齐，教学优质高效。阅读能开启智慧之门，但宏志生从小除了课本外，几乎很少接触课外书。为了保证孩子有丰富的阅读体验，学校专门拿出资金，每学期为每个同学购买6本文学、社会人文科学、自然科学等方面的经典图书，为大家打开一个丰富而多彩的世界，让书籍引导学生树立远大理想。同时，对所有京藏宏志班进行学业监控，以入学成绩为基础，把每次考试成绩与历次成绩进行对比分析，对每个班级、每个学生的各个学科成绩、名次的升降情况进行统计分析，通过成绩分析找出教学和管理中存在的问题，之后召开成绩分析会，讨论问题，寻找解决之道，形成共识，保证宏志班教学的优质高效。以现在学校的初中二年级宏志班为例，初中一年级入学的成绩在6个平行班中排名最后，经过一年的不断努力，到初中一年级期末考试时已经排到第二名，而且在初中二年级第一学期期中考试成绩排名中，稳居第二，没有成绩下滑的趋势。

"京藏宏志班"开设的舞蹈特色课程

（四）生活资助，让学生毫无负担地上学

很多宏志生因家庭距学校路途遥远和经济贫困，周六、周日都不能回家，家长也无法到学校来看孩子，学生不仅存在吃穿的问题，还有周六、周日在学校的生活、学业管理问题。学校经过认真调查，摸排清楚不回家学生的人数，制订了周密的工作计划，由学校出资购买洗衣机，方便学生清洗衣物；与学校食堂商议，每周安排人员值班，为学生做饭；周末安排住校教师值班，组织在校学生的学习和活动，做到学生周末有人管、困难有人帮、学习有指导、活动有组织、生活有安排。在保证学生生活、学习的同时，学校还与校外理发店、洗浴室签订合同，定期为学生打折理发，安排学生洗浴。为了资金有保障，学校建立了严格的资金发放台账，做到宏志生的每一笔资助金都记录在案专款专用，执行严格的资助金管理制度，不断完善宏志生帮扶台账并定期评估项目预期目标是否达成、效果是否明显。例如，宏志生营养补充一项，按照学生实际到校人数每天发放，让宏志生都能及时补充成长所需的营养。学校定期免费为每个宏志生发放钢笔、铅笔、角尺、圆规、练习本等学习用品，为学生发放所有学科的学习资料，冬天为学生们购买御寒衣物、手套袜子、防冻护手霜等，尽量满足宏志生在生活、学习等多方面的需求。来自堆龙德庆区加木村的巴桑嘎旦今年15岁，父亲已去世，家中还有奶奶、妈妈和妹妹，一家人的生活很困难。就在一家人为巴桑嘎旦上学发愁的时候，他幸运地被拉萨北京实验中学京藏宏志班录取，学费、食宿费用全免。聊起在党和政府关怀下现在的好生活，巴桑嘎旦说："由于家里生活很困难，妈妈甚至想过让我退学，幸好我考入了京藏宏志班，费用都不再发愁！作为学生，现在我能做的，就是怀揣梦想，发奋学习。"

（五）文化建设，培育学生家国情怀

一个人的人格和情怀决定着他人生的高度与宽度。如果仅仅从生活资助和文化课上去扶智，还远远不能达到习近平总书记的要求，无法实现北京市

实施这个项目的初衷。只有从品格、情怀、精神上提供与生活上同样丰富的营养，才能保证宏志生们健康苗壮成长。因此，学校加强了宏志班的思想文化建设。

首先，师生共同学习领会建立宏志班的深远意义，从而确定了宏志班的精神内核——"宏图寄党恩，志远为国强"，宏志班的班训——"特别有礼貌、特别守纪律、特别能吃苦、特别有志气、特别有作为"。每个班以此为基础，确定班级的班歌：初中一年级是《怒放的生命》，初中二年级是《我们好好爱》，高中一年级是《我爱你中国》。

其次，美化宏志班教室育人环境。学校对宏志班的墙壁进行了美化，分别装饰了宏志文化墙、班级面貌墙、学生成长墙等，宣传党和国家的路线方针政策、宏志精神，彰显正能量，引领学生成长的方向。同时，在教室后面设立了图书架，每学期从资助资金中拿出5万元，给每个班购买好书，每星期安排三节阅读课，让学生们通过阅读开启智慧、提升思想。将晨诵引入语文教育之中，以"在二十四节气的天空下"为主题，每周3次由语文老师带领学生朗诵古典和现代诗词，增进了学生对祖国博大精深优秀传统文化的了解和喜爱。

同时，在宏志班的德育课程、游学课程和校本课程上，学校也精心构思、用心设计，以宏志班精神为核心，不断开发对学生成长有强大助力的课程。

❖ 经验启示

（一）志气培育和心理建设是宏志精神的核心要义

由于宏志生家庭极度困难，个别学生还是孤儿，所以必须提供资助资金，有力解决孩子们"上学难"的问题。但是也要意识到，不让他们搞特殊化，在生活、学习和管理上把他们与其他学生一视同仁。不能让宏志班的学生产生我与其他学生不一样，或让其他学生觉得学校只照顾他们等错误认识，以致于让宏志班的学生背上不必要的包袱，产生"自负"或"自卑"心理。因为那对学生的长远发展是非常不利的。扶贫须扶志、扶智双管齐下，相互促进，平衡发展。志是指思想观念、志气信心，扶志旨在树立学生自强不息的精神。宏志生因家庭困难难免产生自卑心理，受到帮扶若不能摆正心态也会产生自负心理。因此，在提高宏志生文化素质的同时，更要重视思想心理素质的培养与引导，使其树立正确的世界观、人生观和价值观，不搞特殊化，以健康、积极的心态面对生活、学习。

（二）加强宏志文化建设和课程建设是实现宏志班办学梦想的必由之路

实现京藏宏志班的办学目标，优质高效的文化建设和课程建设是根本。创新班级文化建设，首先要不断明确学生培养目标、班训、班歌、班诗、班级价值观、班级学生人格发展阶梯等有引领性、标识性的文化建设体系，使学生成长有目标、成长有方向、成长有步骤。其次要把宏志班主题班会、班级活动系统化、序列化，依据学生成长规律和宏志生思想实际，实事求是地制订计划并认真落实，真正使班级文化建设落地生根，深入学生内心。

创新课程建设，一方面要根据学生实际的学业水平，制订切实可行的教学计划，增进学生的知识积淀，提高学生的学习能力，拓展学生思维的深度和准度，为学生能进一步深造奠定坚实基础。另一方面要着力开发能激发学生兴趣，开阔学生视野，培育学生丰富情感、正确价值观和人生观的课程，使学生在人格、情感和精神上得到有效发展。

（三）实现扶贫与扶志扶智相结合是创办京藏宏志班的初衷

京藏宏志班是北京援藏、打赢脱贫攻坚战的重要项目，意义重大。它不仅能解决当下一批贫困生"上学难""上好学更难"的问题，更是解决贫困代际传递的重要举措。通过提高教育教学水平，全面提高学生的综合素质，使学生能成为国家现代化建设所需要的优秀人才，这样不仅能解决一个家庭的脱贫问题，还能通过榜样带动作用，解决一批家庭的思想贫困问题，从根本上拔除贫困之根。同时要大力宣传党和国家的优惠政策，帮助学生树立正确的世界观、价值观和人生观，培养学生的感恩之心，激发学生爱党、爱国、爱家乡的情怀和理想，激发学生奋发图强、艰苦奋斗的意志和志气，激发学生学有所成、报效祖国和人民的雄心壮志。

北京市扶贫支援办主任推荐语

习近平总书记说，扶贫先扶志，扶贫必扶智。2014 年，北京市开始"组团式"教育援藏。2017 年，由北京援藏资金出资，在拉萨北京实验中学组建了首个"京藏宏志班"。它借鉴了北京宏志教育理念，在文化建设、课程开发、学业监控、实践活动、生活保障等方面全方位地提供支持，为拉萨市贫困学生提供了优质的教育资源。经过两年多的不断实践和探索，现已在初、高中 5 个年级开设了 5 个"京藏宏志班"，共招收建档立卡贫困户、农村低保、城镇低保、孤儿 186 人，教育扶贫效果显著，有效地阻断了贫困代际传递。

"组团式"教育援藏，尤其是"京藏宏志班"项目既扶智又扶志，是火炬工程、希望工程，更是把内生发展的种子播在了藏族群众的心中、播在了成千上万孩子的心中，这是从战略上落实习近平总书记长期援藏建藏方略的首善之举。

马新明：北京市扶贫协作和支援合作办党组书记、主任

专家点评

通过学校来解决学龄儿童的衣食住行本身是解决少年儿童贫困的一条直接路径，更是解决贫困代际传递的根本方法。学校教育还有个更重要的作用就是"扶志"。拉萨北京实验中学的"京藏宏志班"，把扶助受助同学"立志"作为教育扶贫的着力点，"扶思想、扶观念、扶信心"，使学生在人格、情感和思想上得到有效发展，激发学生奋发图强、艰苦奋斗的意志、志气和勇气。"京藏宏志班"这个案例不仅对于当前的脱贫具有现实意义，对于贫困地区教育的长远发展也有重要的启迪意义。

左　停：中国农业大学国家乡村振兴研究院副院长，人文与发展学院教授、博士生导师；国务院扶贫开发领导小组专家咨询委员会委员

思 考 题

如何通过义务教育资源的对口帮扶，扭转贫困代际传递的恶性循环？

延 伸 阅 读

1.《让教育理想在雪域高原放飞——访第二批组团式援藏教师团队领队、拉萨北京实验中学校长赵隆颢》(人民网，http://xz.people.com.cn/n2/2019/0716/c138901-33149363.html，2019 年 7 月 16 日）

2.《北京对西藏拉萨国家级对口支援学校 7 月达到 5 所》(中国新闻网，http://www.tibet.cn/cn/news/zx/201906/t20190623_6617365.html，2019 年 6 月 23 日）

"公能"小教室输送大能量

——天津市：南开大学援助庄浪县素质教育

摘要：南开大学聚焦"两不愁三保障"中的义务教育有保障，着眼于推动实现当地基础教育资源均衡化和高质化，加大力度援助甘肃省庄浪县乡镇一级的学校发展教育事业。坚持学校投入做基础、定方向，校友投入提水平、增效果的做法，为庄浪县乡镇学校援建"公能"素质教育发展教室。在教室建设中既投入现代化设备，更传递爱国奋斗理念，让庄浪学子在感受科技发展的同时，更加坚定爱国奋斗的志向，以期同学们既有"爱国爱群之公德"，更有"服务社会之能力"。

关键词：教育扶贫　素质教育发展教室　素质教育

引言：2015年9月9日，习近平总书记在给"国培计划（二○一四）"北师大贵州研修班参训教师的回信中提到：扶贫必扶智。让贫困地区的孩子们接受良好教育，是扶贫开发的重要任务，也是阻断贫困代际传递的重要途径。党和国家已经采取了一系列措施，推动贫困地区教育事业加快发展、教师队伍素质能力不断提高，让贫困地区每一个孩子都能接受良好教育，实现德智体美全面发展，成为社会有用之材。

庄浪学生在"公能"教室开展课外活动

❖ 背景情况

2012 年 11 月，中央明确南开大学对口帮扶甘肃省平凉市庄浪县的定点扶贫任务，这是党中央、国务院交给南开大学的光荣使命。秉承"允公允能，日新月异"校训的南开大学充分发挥在教育育人方面的优势，特别将援建的教室命名为"公能"素质教育发展教室（以下简称"公能"教室），以期同学们既有"爱国爱群之公德"，更有"服务社会之能力"。

庄浪县隶属甘肃省平凉市，位于甘肃省中部，六盘山西麓，该县不通铁路、高速公路，远离交通干线，资源匮乏，产业欠发达，是国家扶贫开发重点县和甘肃省 18 个干旱贫困县之一。总面积 1553 平方公里，辖 1 街道 5 镇 13 乡，总人口 45.1 万。2013 年年底全县建档立卡贫困村 132 个，贫困户 3.17 万户，贫困人口 13.55 万，贫困发生率 32.73%。2018 年年底，全县剩余贫困人口 1.05 万户 3.83 万人，贫困发生率下降到 9.32%。2018 年 10 月 17 日，值第五个国家扶贫日之际，庄浪县荣获全国脱贫攻坚奖组织创新奖。这是全国脱贫攻坚奖于 2018 年首次增设"组织创新奖"以来，甘肃省集体组织第一次获此奖项。2018 年 12 月 26 日，甘肃省教育精准扶贫国家示范区建设工作现场推进会议在庄浪县举行，庄浪县教育精准扶贫作为先行先试示范案例在会上做专题展示。南开大学在庄浪县援建的 29 间具有现代化教育理念的"公能"素质教育发展教室正在建设使用中，全新的教育理念和现代化的教育环境让庄浪学子在感受科技发展的同时，更坚定了爱国奋斗的志向，"公能"教室已经成为庄浪县教育的重要展示窗口。

❖ 主要做法

集科技、音乐、美术、书法等功能于一体的"公能"教室，拥有现代化设备，能更好地传递爱国奋斗理念；既培养学子爱国奋斗之"公"，又锻炼大家求索知识之"能"；不仅是物质帮扶的"授人以鱼"，还是以教育帮扶的"授人以渔"。

学生在"公能"教室学习操控机器人

学生在"公能"教室开展课外活动

（一）改善教学条件，培育科技创新思维

贫困发生率较高的地区，阻断贫困代际传递、提升贫困地区的教育水平和人口的综合素质，是实现贫困地区长效脱贫、可持续发展的重要举措。"公能"教室具体举措之一，就是从贫困地区儿童教育出发，启发儿童的科技创新思维，提升贫困地区教育水平，从而实现智志双扶的目标。

智能设备开启全天候学习环境。"你好，我叫阿尔法，是一个可以跳舞的机器人。"随着学生手中智能设备指令的发出，机器人翩翩起舞。把智能钢琴连上网，学生就可以聆听全世界的音乐名曲，并通过智能平板教学一体机自学。

"公能"教室提供课外应用场景。放学了，孩子们并不着急回家，而是来到"公能"教室，拼拼乐高积木、练习弹钢琴、学学操控机器人、飞飞无人机、试试 3D 打印，或者看看书、练练字……在庄浪已建好"公能"教室的 14 所学校中，这样的场景，已经成为孩子们学习、生活的"日常"。

多种资源配置激发创新思维。在每间"公能"教室，都有机器人套装、编程教育套装、可编程无人机、3D 打印设备、智能资源采集竞赛场地等"硬核"设备，还有教育资源类（含智能钢琴、智能平板教学一体机），绘画书法类（含水写布套装、画笔套装、素描本、升降两面白板、字帖），自然科普类（含地图挂图、动植物标本、科学实验套装），棋牌益智类（含围棋、象棋、跳棋、棋盘）等硬件模块。为提高动手能力，每间"公能"教室还专门配置了动手构建类模块（含乐高积木、几何构建组合设备等），以科学教育和实验教学为基础，着力培养庄浪学子的认知能力，促进思维发展，激发创新意识，推动庄浪学子德智体美劳全面发展。

在"公能"教室，就连课桌也不是简单地对着讲台摆放，而是"模块化"配置，既可以摆成圆形方便交流，也可以摆成"蛇形"便于组内横向交流，课桌的陈设是打破传统教育教学"思维定式"的探索。

（二）融入南开精神，培养爱国奋斗精神

"公能"教室内景

南开精神也是爱国精神，南开大学除了雄厚的办学实力，更有着底蕴深厚的历史文化资源。在援建"公能"教室的过程中，南开大学不仅投入"硬货"让"公能"教室有着不亚于东部地区学校的硬件条件，更重视"软实力"的塑造，培养学生的爱国情怀、报国志向。

将"南开元素"融入"公能"内涵。"公能"教室的陈设以"南开元素"为主基调，将百年南开"公能日新"的历史内涵与爱国奋斗的时代精神相结合，让西部学子也受到南开"公能"文化的熏陶，不仅要为庄浪培养合格的学子，更要落实立德树人根本任务，培养社会主义事业建设者和接班人。

进入"公能"教室，首先映入眼帘的是南开老校长张伯苓振聋发聩的"爱国三问"主题墙："你是中国人吗？你爱中国吗？你愿意中国好吗？"这三个问题，是历史之问，更是时代之问、未来之问。其言谆谆，其意切切，正在于要振奋起师生的爱国斗志。

追寻周恩来总理的信念，勉励庄浪学子求学报国。南开杰出校友周恩来，曾立下"为中华之崛起而读书"的宏志，并为之践行一生。在每间"公能"

教室，这句话都作为勉励语，镌刻于显要位置，时刻激励学子读书报国。

提升学生涵养，增强庄浪学子综合能力。"面必净，发必理，衣必整，纽必结……"南开40字容止格言是对南开人行为的规范，每间"公能"教室，也都设置了写有容止格言的"容止镜"，提醒同学们不仅要学习知识求发展，更要修身立德。每间"公能"素质教育教室都陈列着一套10卷本《张伯苓全集》，与各个学校的"南开书屋"相结合，让学生在阅读中求索真知，使更多的庄浪学子能够接触到文化洗礼，提升他们的修身立德涵养。

（三）优化资源配置，推进"公能"教室建设

庄浪是甘肃的人口大县、教育大县，如何助力庄浪如期脱贫？如何让庄浪脱贫不返贫？如何优化扶贫资源分配？光凭物质上的帮扶是不够的，更要立足教育这一国之大计，让庄浪的学子享受到充分、前沿的教育资源。

大力推进庄浪"公能"教室建设，加大教育扶贫覆盖面。庄浪县有各级各类学校319所，学生7.3万，当地农村学校多、学生多，教育资源分布不均衡。针对这一情况，南开大学着眼于推动实现当地基础教育资源均衡化和高质化，大力援助庄浪乡镇一级的学校发展教育事业。从2018年开始，南开大学坚持学校投入做基础、定方向，校友投入提水平、增效果的做法，为庄浪县援建"公能"教室。2018年，学校投入90万元，爱心校友捐助136万元，建成14间教室。截至2019年7月初，学校投入140万元，爱心校友捐助163万元，新建15间教室，同时做好已建成14间"公能"教室的跟踪维护和提升工作，持续加大对当地的教育基础设施建设的投入力度，继续打造更多的"公能"教室。

南开大学2018年援建的14个"公能"教室全部位于乡镇小学，旨在通过"公能"教室，开阔学生眼界，提升庄浪县教育尤其是农村地区基础教育的现代化水平，实现学生素质的全面发展。2019年援建的二期15所"公能"教室正在建设中。29间"公能"教室建成后将实现乡镇中小学基本全覆盖

（有 2 所小学由于校舍施工暂无法建设）。

良好的师资力量是开展高水平教育的基本保证，为了让当地教师掌握"公能"教室建设理念和所需技术，南开大学于 2018 年培训骨干教师 239 人，2019 年举办"南开大学—庄浪县 2019 年新入职教师培训班"，培训教师 458 人，完成培训"公能"素质教育发展教室相关学校技术教师 28 人，让育人者先受教育，提升庄浪教师队伍的职业能力，为更好地培养脱贫启智人才提供基础。

（四）培育"公能"教育品牌，践行先进教育理念

南开援建"公能"教室得到了庄浪县委、县政府的大力支持，也收获了当地师生家长的一致好评。"公能"教育模式已经成为庄浪的重要教育品牌，"公能"教室的先进教育理念也在当地得到了越来越多的实践。"公能"教室将扶智与扶志有机结合在一起，让更多当地学生在接受到最先进的教育资源的同时，获得了南开"公能"精神熏陶，开阔了视野，提高了心智，增长了见识，体现了南开水平、南开特色。

在庄浪卢洼小学，"公能"教室成为学校开展课外活动的重要载体。每周四下午，是卢洼小学科技兴趣小组的活动时间，"组装机器人""给机器人设计动作""组装模块飞行器""举办编程机器人操作比赛"，在科技兴趣小组的活动表上，"公能"教室的各个模块被充分利用起来，每个活动时间都有不同的内容。

小学生正是爱玩的时候，"公能"素质教室里的各种设备既满足了学生爱玩的天性，又寓教于学，让学生增长见识。部分学校的"公能"教室在暑期也正常开放，同学们可以自愿前来学习，拓展了学生的学习空间。

在庄浪岳堡小学，老师们发现，学生在"公能"教室学习，不像上课那么严肃，而且"公能"教室的环境和条件还推动了学生间的小组合作与团队配合。岳堡小学五年级同学闫婷婷说，"公能"教室培养了自己对科技知识的

兴趣，引领同学们个性化全面发展，让同学们感受到素质教育的魅力。

在庄浪柳梁小学，有多间教室都被辟为"公能"教室，阅览、上课、音乐练习、科技实践可同步进行，让更多学生受益。柳梁小学四年级学生郑堂旭表示："'公能'教室让我们的学习不再局限于课堂上，体验到了科技探究活动的乐趣，更有兴趣学习了。"

对教师而言，也感受到了"公能"教室给当地教育带来的改变。"进行小学生科技探究活动非常重要！"柳梁小学教师王利君说，"通过'公能'教室，让同学们的科技创新意识和能力实现了理论与实践的完美结合、学习与动手的有效结合。"先进教育理念的传播在一定程度上改善了庄浪地区的教育环境，为更好地实现扶贫扶智的要求提供了重要支撑。

❖ 经验启示

在脱贫攻坚处于"啃硬骨头"的关键时期，南开大学坚决贯彻中央决策部署，按照"中央要求、庄浪需要、南开作为"的原则，立足自身优势，深深扎根于庄浪大地，在智力扶贫、教育扶贫、产业扶贫、科技扶贫、人才扶贫等方面精准发力，并确立教育扶贫为主攻方向。

（一）治贫必先治愚，聚焦教育扶贫目标

习近平总书记在河北阜平县考察时指出："义务教育一定要搞好，让孩子们受到好的教育，不要让孩子们输在起跑线上。"古人有"家贫子读书"的传统，现代有读书改变命运的引导。"公能"教室的建设是南开大学聚焦教育扶贫目标的重要措施。南开大学将教育扶贫作为脱贫攻坚最重要的切入点，发挥高校智力资源优势，"智志"双扶打好教育扶贫"组合拳"。通过"南开书屋"建设，以党建先行带动精准扶贫，以"公能"素质发展教室的建设，传播先进教育资源与理念，以教师培训和慕校建设提升当地基础教育水平，在教育扶贫的实践中践行习近平总书记的扶贫治愚理念。

（二）脱贫须先治本，阻断贫困代际传递

把贫困地区的孩子培养出来，才是根本的扶贫之策。庄浪县作为西部地区重点贫困县，教育资源分配不均，教育设施和教育理念与东部地区同阶段的教育水平存在较大差距，在实施扶贫扶智举措的过程中，如何将贫困地区有限的教育资源最大化地提升，实现教育扶贫的"鲶鱼效应"，南开大学的"公能"教育理念是一种有益的探索。

坚持"带出来"和"走进去"相结合，加强南开与庄浪间的双向教育交流。通过研究生支教团、学生社会实践、"青马班"社会实践教学、"公益晨跑"项目、"新时代美丽乡村"主题采风项目和平台，一批又一批的南开师生来到庄浪进行交流。南开大学积极组织庄浪县高中生赴津参加"青少年高校科学营"等活动，为他们提供开阔视野的机会，使庄浪的学生能够更好地接触到优质教育资源，为今后的成长成才奠定良好基础，破解贫困家庭的代际传递问题。

（三）狠抓政策落地，强化落实执行力度

符合贫困地区实际情况的政策措施将极大地提升扶贫的效率和效力。教育扶贫作为实施精准扶贫政策的重要内容，如何将扶贫政策真正落实到教育领域，使更多的学生和贫困家庭能够从教育扶贫中受益，很大程度上依赖于教育扶贫政策是否能够有效落地实施。南开大学进一步强化政策的落实执行力度，优化资源配置和政策倾斜，使更多的贫困家庭孩子能够享受到与东部地区同等的教育资源、不输在起跑线上，从而培养更多的优秀人才回乡，推进乡村振兴和巩固脱贫成效。

南开大学根据庄浪的教育现状，结合自身的教育资源，创新性地开辟了教育扶贫新举措，以"公能"教室为载体、先进教育理念为依托、当地政府支持为保障、两地教育交流为桥梁，把握教育扶贫目标，强化教育扶贫政策落地执行力度，加大对庄浪县教育领域的投入，塑造了庄浪县教育新品牌，提升了教育扶贫的成效。

（四）资源持续投入，巩固教育扶贫成效

实现脱贫目标、巩固脱贫成效需要持续性的资源投入。相对于其他领域的脱贫目标而言，教育扶贫目标更加注重后续成效，脱贫攻坚也是一个持续性的过程，而教育扶贫资源不仅仅包括外部的直接资源投入，如基础教育设施的投资建设、师资力量等，也包括内部资源的供给，如优质教育品牌的培育、优秀教师的培养，等等。实现内外结合、自主发展与外部支持相辅相成，是最终实现教育扶贫目标、巩固脱贫成效的有效途径。

南开大学不仅仅提供持续性的教育资源，也在大力推进当地教育机构自身能力的提升，同时注重品牌的建设和维护。为了切实将提升庄浪县中小学生的整体科技能力和创新素质落到实处，南开大学依托人工智能和计算机学科的强大优势，与中国电子学会一起，在庄浪县建设青少年电子信息科普基地和青少年机器人技术等级考点。据了解，这将是甘肃省内除兰州以外的第二个国家级考点。南开大学的这一做法，进一步夯实了庄浪县的教育底蕴，为当地教育的可持续发展注入了持久活力。

天津市合作交流办主任推荐语

南开大学作为甘肃省平凉市庄浪县定点扶贫单位，勇担社会责任，聚焦"两不愁三保障"中的义务教育有保障这一重要内容，秉承"允公允能，日新月异"的校训，突出南开大学在教育育人方面的优势，为庄浪县援建29间具有现代化教育理念的"公能"素质发展教室，做实工作、打响品牌。南开大学认真践行习近平总书记"扶贫先扶志，扶贫必扶智"的重要论述，坚持"带出来"和"走进去"相结合，加强与庄浪县的双向教育交流，做到"授人以渔"，破解贫困家庭的代际传递问题，提升扶贫成效。南开大学为教育扶贫提供了可借鉴的经验，值得广泛推广。

张庆恩：天津市人民政府合作交流办党组书记、主任

专家点评

扶贫先扶志，扶贫必扶智，教育扶贫能从根本上培育贫困人群的践行能力和激发他们摆脱贫困的内生动力。南开大学在甘肃省庄浪县援建了29间具有现代化教育理念的"公能"素质发展教室，真正践行了"智志"双扶，打好教育扶贫"组合拳"这一理念。该案例的独特价值在于：一是人群定位独特，抓住了防止贫困代际传递的关键群体，也就是抓住了贫困治理的"牛鼻子"；二是既启智，又育能，还炼志，有助于实现开发学生智力、培育发展能力、形成自强品质的多维目标；三是充分彰显了帮扶单位的特色。"公能"教室秉承南开校训，学生得到南开"公能"精神的熏陶，在一定层面上分享到了优质教育资源。此案例为高校有创意地实现教育扶贫提供了借鉴和启示。

吴晓燕：中共四川省委党校马克思主义学院教授、博士生导师，第十一批四川省有突出贡献的优秀专家

思 考 题

1. 在教育扶贫过程中，如何实现当地教育资源投入的均衡性，切实惠及贫困家庭少年儿童，保证教育公平？

2. 在巩固教育扶贫成效上，如何激发当地教育工作者内生动力，实现教育的可持续发展？

延伸阅读

1.《南开大学为甘肃庄浪建二十九间"公能"教室》(《中国教育报》,
2019 年 8 月 19 日)

2.《小教室大能量 南开"公能"教室将素质教育带到西部大地》(人民
网,http://tj.people.com.cn/n2/2019/0717/c375366-33150542-2.html,2019 年
7 月 17 日)

"救活"思想 合力奔小康

——河北省阜平县骆驼湾村和顾家台村扶贫扶志记

摘要： 河北省阜平县龙泉关镇骆驼湾村和顾家台村历史悠久，有着光荣革命传统，因地处深山、土地贫瘠，是多年的深度贫困村。2012 年 12 月 30 日，习近平总书记顶风踏雪来到骆驼湾村和顾家台村访贫问苦，并在顾家台村召开党的十八大以来的第一个脱贫攻坚座谈会，脱贫攻坚的号角在这里嘹亮吹响！两村村民牢记习近平总书记嘱托，坚定信心，由之前的"揣着手等"到"背着手看"再到"甩开手干"，群众的物质生活和精神面貌发生了翻天覆地的变化。

关键词： 产业扶贫 内生动力 深度贫困

引言： 2012 年 12 月 29 日至 30 日，习近平总书记在河北省阜平县考察扶贫开发工作时指出："贫困地区发展要靠内生动力，如果凭空救济出一个新村，简单改变村容村貌，内在活力不行，劳动力不能回流，没有经济上的持续来源，这个地方下一步发展还是有问题。一个地方必须有产业，有劳动力，内外结合才能发展。"

❖ 背景情况

阜平是一片英雄的土地，它的名字曾牵动中国的脉搏。包括阜平在内的晋察冀边区被称为"新中国的雏形"，为中国抗日战争以及世界反法西斯战争的胜利作出过不可磨灭的贡献。由于地处太行山深山区，资源条件和发展基础薄弱，这里的农民群众大多长年生活在贫困线以下。"山高沟深龙泉关，乱石滩里挣钱难"，位于龙泉关镇的骆驼湾村和顾家台村更是交通闭塞，资源严重匮乏，2012 年两村农民人均纯收入不足千元。迫于生活需要，村民或外出打工，或在村里熬日子。因地势高、气温低，无霜期仅 140 天左右，老百姓生活只能以种植玉米、土豆为主，村内时常可见群众扎堆靠着墙根晒太阳，严重缺乏生机。

　　2012 年 12 月 29 日至 30 日，习近平总书记来到骆驼湾村和顾家台村访贫问苦，寄予了"要想方设法、群策群力，尽快让乡亲们过上好日子"的殷切嘱托。干部群众坚定信心，牢记使命，坚持扶贫先扶志，脱贫先立志，通过党建引领、产业带动，充分发挥群众脱贫攻坚的主体作用。骆驼湾村、顾家台村于 2017 年底率先脱贫出列。骆驼湾村贫困人口由建档立卡时的 189 户 447 人下降到 2018 年底的 1 户 3 人，贫困发生率由 79.4% 下降到 0.5%，人均可支配收入由 2012 年的 950 元增长到 2018 年的 11239 元。顾家台村贫困人口由建档立卡时的 110 户 270 人下降到 2018 年底的 3 户 4 人，贫困发生率由 75% 下降到 1.11%，人均可支配收入由 2012 年的 980 元增长到 2018 年的 14971 元。老百姓尝到了甜头，生活更有了奔头，两村焕发出新的生机与活力。

❖ 主要做法

（一）建好支部，发挥基层党员带富驱动力

　　习近平总书记嘱托："要扎扎实实把支部建设好。""农村要发展，农民要致富，关键靠支部。"建好支部班子。两村以村"两委"换届为契机，按照"一好双强"定位选拔村干部，切实建强村党支部。通过挖掘村内人才、引进外出人才等有效途径，选优配强村支部书记。比如，将土生土长于顾家台、在县旅游局工作的陈国派到村里担任支部书记，将在外经商、头脑灵活的年轻党员顾瑞利请回村担任党支部书记，为村内各项事业发展夯实了人才基础。

村"两委"坚持群众主体，特别将听取群众声音摆在重要位置，把入户走访专门作为一项工作来抓。一段时间后，村干部感到走访中掌握的问题跟平时听到的不一样，也感觉到老百姓对他们更亲更近，更加支持和拥护了。配强驻村干部。河北省委办公厅、河北省委组织部、河北省农业厅、河北省住建厅、保定银行、河北省建筑科学研究院等单位选派精干力量进行帮扶，驻村干部利用自身农村工作经验，充分发挥技术资源优势，为老百姓排忧解难，做真事、干难事，成为当地农民的知心人、暖心人。

建优党员队伍。深入开展"脱贫攻坚党旗红"活动，两村积极组织参加省市县乡培训。工作队和党员干部自发组织赴郝堂村、毕节村等先进地区观摩，不断统一思想、提升本领、凝聚共识。坚持民主决策，现场解决问题，使脱贫攻坚政策落地生根。充分发挥党员干部示范作用，两个村 75 名无职党员帮助农民带头找致富门路，参与监督村务，联系引导群众，个个肩上有责任，人人身上有干劲。

顾家台村中药材喜获丰收和村民在苹果园忙碌的情景

（二）做强产业，搭好贫困群众创业新平台

习近平总书记嘱托："推进扶贫开发、推动经济社会发展，首先要有一个好思路、好路子。""要做到宜农则农、宜林则林、宜牧则牧、宜开发生态旅游则搞生态旅游。"两村将产业扶贫、就业扶贫作为脱贫攻坚的根本之策。在全县《"十三五"产业精准脱贫规划》《旅游扶贫规划》的引领下，骆驼湾村和顾家台村依托秀美的自然风光、独特的人文风俗，确立了"一主三辅"的产业发展路径。定位以发展民宿旅游为主，以高山林果、食用菌和家庭手工业为辅，打造一、二、三产业高度融合样板区，科学编制了《骆驼湾、顾家台村旅游发展规划》《致富产业到村入户规划》，做到村有致富产业发展路子、户有产业扶持举措，真正实现产业规划到乡到村到户到地块，为产业发展深入推进提供科学指引。为了提高产业发展质量，按照"企业＋村集体＋农户"的模式，阜裕公司与顾家台村、骆驼湾村两个村委会合作成立了阜平县顾家台骆驼湾旅游发展有限责任公司，引进北京寒舍集团深入合作，共同打造民宿旅游新业态。引进嘉鑫公司，按照"六统一分"的模式，为顾家台村、骆驼湾村的食用菌产业保驾护航。阜裕公司对林果标准化种植、规范化管理，提高了种植效益。引入了九歌皮具公司，为家庭手工业发展注入了新活力。截至2019年，骆驼湾、顾家台村流转民宿98户发展民宿旅游，同步打造包含脱贫攻坚实践课堂、接待中心、小吃美食街、"回家吃饭"、中华美食小吃、茶室、年画馆、民俗技艺坊、手工艺加工坊等20余种商业业态，已全面投入运营。大力发展林果业，开发苹果、樱桃等高效林果757亩，建成香菇大棚125个，建设高标准家庭手工业厂房1000余平方米，产业规模发展壮大，实现老百姓在家有活儿干，出门能就业，为贫困群众增收提供了广阔平台。

骆驼湾村的绿水青山和精品民宿吸引了越来越多的游客

（三）宣传引领，激发群众脱贫内生动力

习近平总书记在中央扶贫开发工作会议上强调，"贫困群众是扶贫攻坚的对象，更是脱贫致富的主体。""要做好对贫困地区干部群众的宣传、教育、培训、组织工作，让他们心热起来、行动起来。"一是突出全面。充分发挥村"两委"干部、驻村工作队、基层党员、帮扶责任人四支队伍包联作用，通过全覆盖式入户走访，加强产业就业扶贫、健康扶贫、教育扶贫等一系列党和政府好政策的宣传力度，坚定贫困人口脱贫的信心。二是因户指导。在将所有贫困户生活情况和心理状况摸清摸实的基础上，分类指导，因户施策，对有劳动能力、有工作意愿的户提供经营和就业务工渠道，扶起来；对有劳动能力、工作意愿不强的户重点包联，宣传引导带起来；对无劳动能力的户兜底保障，兜起来。三是营造氛围。村"两委"干部、驻村工作队、村民代表、党员代表等联合制定了村规民约，将讲诚信、孝敬老人、不等不靠脱贫光荣、移风易俗等内容细化量化。设立了孝老爱亲榜、志气榜，定期评选，张榜公布。老百姓"人穷不能志短，政策不养懒汉"的思想牢固树立，营造了扶贫扶志、坚决打赢脱贫攻坚战的浓厚氛围。强化政策引导。两村设立公益岗位制度，从政策层面坚决杜绝简单发钱发物，坚决杜绝"靠着墙根晒太阳，等着别人送小康"。骆驼湾村和顾家台村各设立环保、防火、护林、保洁、护路等公益岗位，贫困人口需签订公益岗位协议书，计工得酬，同时根据不同工作性质和劳动力实际情况每个工分60元、80元、100元不等，有劳动能力和弱劳动能力的贫困人口用勤劳的双手，通过劳动实现增收。强化带头示范。充分发挥致富带头人、党员干部的示范引领作用，大家一个一个站出来，率先包大棚、办贷款、学技术，带着村民一起干。顾家台村委会副主任马秀英独自承包了两个大棚，起早贪黑地忙碌于大棚之中。党支部委员乔玉云、村委会委员顾锦成分别把自己的蜂箱、养猪场托给了别人，包起了大棚。老百姓看到身边的人挣钱了，心里的顾虑也就打消了，主

动干了起来。强化技能培训。顾家台村、骆驼湾村引进寒舍集团民宿旅游发展的管理模式和先进理念，对务工服务人员进行集中培训，对标一流，全面提升从业者的服务水平。县委县政府聘请中国农科院、河北农业大学等单位的专家技术人员成立全食用菌产业、林果产业专家组，同时为每个食用菌园区、林果园区配备技术人员，第一时间解难题，手把手教技能，使老百姓成了种菇栽果的"土专家"。

左图为 2018 年春节前，骆驼湾村村民唐荣斌家热气腾腾的
馒头出锅了，右图为该村村民唐宗秀和曾孙在贴窗花迎新年

骆驼湾村新貌

顾家台村新貌

❖ 经验启示

阜平县是党的十八大以来习近平总书记考察扶贫工作的第一站，全国脱贫攻坚号角在这里吹响。骆驼湾村和顾家台村是习近平总书记亲自看望的深度贫困村，打赢脱贫攻坚战是一项极为严肃的政治责任，也是必须肩负起的使命担当，干部群众牢记习近平总书记"让乡亲们过上好日了"的深切嘱托，坚定信心，砥砺奋进，脱贫攻坚成效显著。在脱贫攻坚奋斗历程中，有以下几点启示：

（一）翻天覆地的变化是脱贫攻坚带来的

"火车跑得快，全靠车头带"，乡村发展离不开上级政策的支持，上级政策的落实也离不开坚强的基层堡垒。农民是朴实的，农村情况是复杂的。一个猪圈、一个厕所、一道石墙都可能存着诸多的矛盾纠纷和利益考量。这就要求基层领导班子会做思想工作、善做思想工作，既有法治思维，又有足够的个人威望，日常工作中必须公道、公正，积极为群众着想，赢得群众认可。

当前，农村政策涉及面广、业务性强、要求严格，这要求干部善于学习、摒弃私心、勇于担当，既不能怕担责任、不敢做事，也不能不讲政策、优亲厚友。要真正将老百姓的利益挂在心上，不落一户、不落一人，搭好桥梁，才能做好群众工作。

（二）好班子是在带领群众脱贫致富中建强的

在社会历史的发展过程中，人民群众的总体意愿和行动代表了历史发展的方向。脱贫攻坚实践，更加凸显了人民群众是社会发展的主体动力。实现乡村振兴，仍然必须依靠人民群众。要为广大人民群众明确脱贫之后的目标，帮助他们制定好长期规划，不要小富即安，不要只满足现状，仍要继续发挥他们发展农村经济、改变农村风貌的热情，既为乡村振兴贡献力量，又共享乡村振兴的红利。同时，要着力加强农村思想道德建设和公共文化建设，培育文明乡风、良好家风、淳朴民风。要在贫困群众的精神领域多下功夫，除了要关注他们的钱包，还要深刻了解他们的思想认识，引导形成健康文明的生活观念，实现"口袋"与"脑袋"同时富。

（三）"好日子"是干群一心、撸起袖子干出来的

"只要有信心，黄土变成金"，党员干部带好头，群众就会有劲头。阜平县县级干部每半月至少到贫困户家中吃住一晚，了解民情民愿，与基层干部群众一起谋思路、解难题；广大党员干部切实转变作风，扎进基层一线，深入发动群众；历任驻村工作队倾力帮扶，补齐脱贫和发展短板；广大群众主动转变观念有所作为，靠自身劳动实现致富。干部群众心往一处想，劲儿往一处使，群众的日子越来越好。

6年来，骆驼湾村和顾家台村的发展变化得益于社会各相关主体的积极配合，全力共建。两村将进一步巩固脱贫成果，按照"产业兴旺、生态宜居、乡风文明、治理有效、生活富裕"的总要求，加快乡村振兴步伐，让乡亲们日子过得更踏实。

河北省扶贫办主任推荐语

　　阜平县骆驼湾村和顾家台村，地处太行山深山区，土地贫瘠，发展基础薄弱，也是多年的深度贫困村。2012 年 12 月 30 日，习近平总书记顶风踏雪来到两村访贫问苦，鼓励村民"只要有信心，黄土变成金"。7 年多来，两村坚定信心，苦干实干，攻坚克难。食用菌、高效林果、乡村旅游等致富产业蓬勃发展，群众收入大幅提高；住房条件全面改善，群众过上了宜居生活；教育扶贫、健康扶贫和综合保障性扶贫全面覆盖，切实兜住民生底线；基础设施提档升级，人居环境焕然一新；基层组织领富带富能力显著增强，村民由之前的"揣着手等""背着手看"到"甩开手干"。两村均于 2017 年实现整村脱贫出列，由原来偏远贫瘠的小山村变成了"网红打卡地"，土里刨食的村民成了"上班族"。国务院扶贫办主任刘永富 2019 年 5 月到两村调研，给予充分肯定。

　　李志刚：河北省扶贫办党组书记、主任

专家点评

　　贫困问题往往是历史、自然地理和人文环境等多种因素交织形成的，摆脱贫困的关键是靠激发贫困群众的内生动力、提高其自我发展能力。河北阜平县骆驼湾村和顾家台村通过扭转群众思想和意识的贫困，形成了合力奔小康的经典案例。两个村既采取了加强基层党支部建设、做好产业扶贫、加大宣传教育力度、强化技能培训、带头示范等具有普遍性的扶贫措施，同时也实事求是、因地制宜地结合村里的具体实际，通过联合制定村规民约、建立公益岗位制度等方法，营造脱贫致富的良好氛围。两个村的扶贫实践，体现了唯物辩证法中普遍性与特殊性的有机统一，走出了具有

当地特色的"救活思想，合力奔小康"的脱贫攻坚道路。

燕连福：西安交通大学马克思主义学院院长、教授、博士生导师

思 考 题

　　在脱贫攻坚的推进过程中，如何将内在动力与外部支持有效结合起来，并将外部支持转化成内在动力？

延伸阅读

　　1.《习近平考察阜平三年后——人民网记者二次回访骆驼湾村、顾家台村扶贫新貌》(人民网，http://society.people.com.cn/n1/2016/0506/c1008-28331413-5.html，2016 年 5 月 16 日）

　　2.《只要有信心，黄土变成金——河北阜平县骆驼湾村和顾家台村脱贫调查》(新华网，http://energy.chinanews.com/gn/2019/09-12/8954687.shtml，2019 年 9 月 12 日）

好点子"照"亮脱贫路

——山西省天镇县许家窑村的脱贫实践

摘要： 在扶贫解困过程中，仅停留在"富口袋"层面的帮扶方式，往往难以真正实现贫困人口的可持续脱贫。天镇县许家窑村以"扶贫先扶志、治穷先治愚"为导向，通过创立"边城小村""爱心股份"等方式提高贫困群众的自我脱贫意识和自我发展能力，通过弘扬"新风正气"逐步改变传统陈规陋习和旧有心智心态，探索出"输血"同"造血"结合、扶贫同扶志扶智并重的"许家窑模式"。

关键词： 精神扶贫　爱心股份　精气神

引言： 2016 年 7 月 20 日，习近平总书记在东西部扶贫协作座谈会上指出："摆脱贫困首要并不是摆脱物质的贫困，而是摆脱意识和思路的贫困。"

◆ 背景情况

"冬季寒冷少雨雪，春季干旱多风沙，人多地少无产业，结构单一集体弱"，这是精准扶贫之初天镇县张西河乡许家窑村的真实写照。该村位于山西省天镇县东北端，地处偏远、发展滞后。全村 268 口人，耕地 814 亩，其中水浇地仅有 318 亩，村民历来以种植小杂粮和养羊为生，是当地有名的贫困村。从 2013 年开始，大同市人力资源与社会保障局选派驻村干部到天镇县许家窑村开展驻村帮扶。刚入驻时，驻村干部就发现这样一种现象："帮扶干部在干，贫困群众在看。"村民"等靠要"思想严重，"懒散慢"习以为常。"许多村民除了种地就是坐在墙根晒太阳、闲聊天，似乎都在等着政府送小康。"大部分村民已经习惯了贫困，也逐渐失去了追求更好生活的精气神。

"贫困之冰，非一日之寒；破冰之功，非一春之暖。"许家窑这样一个思想观念落后、经济基础薄弱的贫困村，就如同一位身体极度虚弱的病人，若只是一味猛药去疴，非但不能治病反而会伤了元气，因此需要调养，也需要对症下药。为了医治好这个"体质薄弱"的贫困村，驻村干部通过不断探索、大胆创新，开出了"输血同造血结合、扶贫同扶志扶智并重"的药方。在扶贫工作中开创性地设立了"爱心股份"，开展了"扶贫摄影展""争先筐箩"等特色活动，打造了"边城小村"优质品牌……许家窑村备齐扶贫扶志的"工具箱"，开启了脱贫攻坚的"许家窑模式"。

❖ 主要做法

（一）探索"致富路径"，夯实脱贫基础

一是创新思路，扶智增技，找准脱贫攻坚"阳光大道"。在抓班子、带队伍的基础上，许家窑村"两委"班子经过深入调研和反复沟通，确立了新的发展思路，即立足传统的种植、养殖优势，依托"品牌+公司+基地+农户"模式，发展"小型种养+"，打造统一技术标准、分散种植养殖、委托加工生产、合作经营销售的产业链条。村集体努力当好村民的"管家"和"媒人"，争做天镇农特产品的"串联器"、全国农特产品的"搬运工"。此举不求从根本上改变村民传统的种养模式，而是逐步推动产业向规模化、集约化发展。另外，村干部向上级申请培训资金10万元，帮助村民提高自身素质，科学发展"小型种养+"，增强脱贫致富的信心。

山西省委常委、大同市委书记张吉福（左一）视察许家窑村扶贫工作室

　　二是借力聚力，大胆探索，打造特色品牌"边城小村"。首先，通过打造"边城小村"特色品牌，对农副产品每一个环节进行整合，实行统一种养、回收、销售，实现了农副产品提质增价。其次，许家窑村将产品研发和销售阵地前移，联合创业大学生在市内创建了"边城小村精准扶贫工作室"。由此，"基地在村里、阵地在市里、市场在全国"的"研、产、销"一条龙产业链初步成形。此外，许家窑村"借船出海、借鸡生蛋"，通过与爱心企业合作，在农特产品开发、生产、销售等方面使用"嫁接"技术，"嫁接"全国农特产品，使许家窑村贫困户实现了订单式的种养殖。村干部积极联系省内外大型企业，洽谈合作，开发生产的小杂粮、冻干水果、东方春爱心酒等产品广受市场欢迎。截至2017年10月，"边城小村"产业品牌已与20余家企业建立了精准扶贫合作关系。2017年品牌销售额达50万元左右，2018年攀升至70

万元。农副产品的价值提升使老百姓从"填饱肚皮"变为"鼓起腰包"。品牌效应带来了收益和实惠，使贫困群众的干劲更足，思想观念也从原先的"要我脱贫"变为现在的"我要致富"。

三是独辟蹊径，广结善缘，举社会之力推出"爱心股份"。经过几年的"调养"，许家窑村的元气逐渐恢复，进一步做大产业的时机到了。然而，缺少资金成了驻村干部避不开的一个困扰。怎么办？第一书记杨河芬想到了发动社会各界爱心人士拿出资金入股，帮扶村民脱贫。于是，他发动周围的亲戚、同事及其他社会关系在扶贫济困中奉献一份力量。在杨河芬的号召下，大家纷纷入股，以500元为一股，共筹得4000股200万元，这笔钱被大家称为"爱心股份"。"说是股份，其实既不分红也不收利息，只要村里人有合适的项目就可以无偿使用，脱贫后把本金还回就行。"杨河芬说道。一个好点子，破解了资金难关。在农户帮扶方面，截至2017年12月，"爱心股份"先后帮助4户村民发展规模养殖、2户发展规模种植、35户发展小型种植，实现了爱心收益全覆盖。在村集体经济方面，村里还利用"爱心股份"投资3万元建起大同市首个村集体3千瓦光伏发电项目，每年能为村集体带来6000元收入。此外，大同市凯宏粗粮城、妈妈菜餐饮有限责任公司认领了200股"爱心股份"共10万元，2家爱心饭店均同意将自家的饭店作为村里猪羊肉等农特产品的"直营店"。截至2018年年底，已与15家"直营店"达成合作意向，有两家已启动供货。

（二）巧创"精神扶贫"，鼓足脱贫斗志

一是打造"信心工程"。脱贫攻坚中物质上的帮扶固然重要，精神上的帮扶更不能落后。2017年9月2日，许家窑村举办的"幸福在家乡"扶贫摄影展，以记录老乡们生产生活中精彩瞬间为主题，村中的老百姓成为摄影展的主角，充满了浓浓的乡土气息。许家窑村通过开办摄影展，丰富村民的精神文化生活，激发贫困群众对美好生活的向往。"农村和农民有很多美的瞬间

值得去记录。通过举办摄影展，他们深切感受到了脱贫攻坚带来的变化，发现了镜头里最美的自己，更愿意积极主动地改变贫穷落后，争取更美好的生活。"杨河芬解释道。

许家窑村举办大同市首个扶贫摄影展

二是开展"智心工程"。驻村工作队干部杨河芬从当地老百姓家家都有的针线笸箩获得启发，提出了"争先笸箩"的创意。2018 年 2 月，许家窑村的每户村民都收到一个装着收音机、报纸、杂志等声画载体的"争先笸箩"。这个"争先笸箩"犹如一个"精神百宝箱"，将方针政策、农业技术、致富信息、文化娱乐等融为一体。"村民端着饭碗就能听到党的十九大报告，坐在炕头就能学到养殖技术。"旧有"针线笸箩"缝补衣袜窟窿，今有"争先笸箩"补齐精神生活的短板。"争先笸箩"这项创举进一步巩固了脱贫成效，提振了村民脱贫致富的精气神。

许家窑村"争先笸箩"提振了村民致富的精气神

另外，扶智重在教育，营造"崇文尚学"氛围是阻隔贫困代际传递、彻底拔掉穷根的重要途径。2018年，许家窑村出了一则大新闻，该村19岁的放羊女朱凤霞上学了，她第一次离开家乡，第一次走进大城市，第一次在学校食堂吃饭，第一次和同学用普通话交流。这个天镇女孩华丽转身的背后，是村干部和驻村工作队一次又一次被朱凤霞父母拒之门外后不抛弃、不放弃的坚持。自2018年以来，许家窑村共帮扶本村困难大学生9名。此外，驻村干部为村里规划建设公共学习栏4个，订阅致富资料等600多份，村里的老百姓足不出村便能学到最新的农业知识。

三是建设"亮心工程"。

杨书记送贫困户子女去上学

村集体经济壮大后，为了让全村的老百姓共享发展成果，2017 年 2 月，许家窑村拿出"爱心股份"投资盈利所得的 36000 元，建成全省首个照明入户的"亮心工程"，为全村 60 多户常住户院统一安装了庭院式太阳能路灯，点亮了村庄，也点亮了"人心"。"夏天的夜里，一家人坐在亮堂堂的院子里喝茶聊天，干活又方便，还不用花电费，幸福感增加了几倍！"村民朱占海高兴地说。驻村干部杨河芬说："激发贫困户内生动力的同时，更要让百姓的心里亮起来。"另外，村集体还帮助贫困户朱辛河发展养驴产业，为遭受火灾的贾占筹集现金 5 万余元，帮他圆了"新房梦"。在村集体的热心帮扶下，村民的心暖了，脱贫的劲头更足了。

（三）弘扬"新风正气"，衔接乡村振兴

杨河芬有句口头禅："不美不文明，不是好乡村。"杨河芬和驻村工作队进村的第一天就把德孝文化和乡贤文化带进了村，通过开展村规民约宣讲、道德讲堂、文明户评选等系列乡村文化活动，村风村貌和老百姓的精神面貌整体提升，公序良俗得以传承和弘扬，善行义举在村内蔚然成风。放羊娃朱凤霞的父亲朱占奎主动将自家种羊借给邻居贾有斌发展养殖业，他说："自己穷怕了，在政府的帮扶下才脱了贫，现在有能力帮助别人了，就得做个知恩图报的人。"许家窑村有位 81 岁的老人叫贾正昌，多年来一直坚持清扫家门前那条上百米的街道。当来访者问起原因时，他总会说："近些年村里脱贫了，村容村貌齐整了，大家的心气也高了，趁着自个儿身体还行，不仅要把自己收拾得利利索索，还要多为集体做点贡献。"

为村里义务清扫街道的八旬老人贾正昌

　　2018 年夏，全村人吃着西瓜在街头纳凉成了当地一景。村民贾宽明将收获的 300 多个西瓜无偿分给了全村老少。300 多个西瓜不是一个小数目，为什么不卖掉却分给了大家伙儿？贾宽明的理由是："往年种瓜会有人偷盗糟害，今年这种情况一次也没有出现，心里感念，就更愿意与大家分享了。"另外，2018 年秋，许家窑村举办了第一届农民丰收节，成立了文体宣传队，通过一系列健康文明的乡村文化活动，村民整体素质不断提高，助力实现本村物质脱贫和精神脱贫齐头并进，为下一步实施乡村振兴战略奠定了良好基础。

许家窑村文体宣传队成立了

❖ 经验与启示

　　许家窑村立足实际、创新思路，积极为脱贫致富想点子、找办法，开创性地提出了"爱心股份""争先筐箩""扶贫摄影展""边城小镇"等扶贫好点子，走出了一条"志智双扶"的"许家窑模式"。

（一）打造特色品牌，激发群众活力与干劲

"许家窑模式"没有停留在给钱、给物等物质帮扶上，而是立足精准、注重调研、敢于创新。"边城小村"特色品牌的创立，使原先无人问津的农产品变成"香饽饽"，不仅提高了农产品的附加值，鼓起贫困群众的腰包，更培育了贫困群众脱贫的主体意识，激发了他们立足自身优势，实现脱贫的信心决心，形成有劳有得、多劳多得的正向激励机制。实践证明，只有充分尊重贫困群众的主体地位，想群众之所想，急群众之所急，切实了解贫困群众的致贫原因，才能有发展的好点子。这也为天镇县后来打造"天镇山泉粮"品牌提供了好思路。可见，群众主体的能动作用是脱贫攻坚的内因，社会帮扶是脱贫攻坚的外因，两者同频共振才能形成更大的合力。

（二）善用社会力量，开创公益扶贫新模式

"边城小村"品牌创立之后，农特产品供不应求，虽然贫困群众脱贫致富的信心增强了，积极性高了，但由于资金有限，只能小规模发展。而"爱心股份"的设立既给社会爱心人士提供了参与精准扶贫的平台，又集社会之力解贫困群众燃眉之急，使他们中的许多人通过购买设备扩大生产成了种养大户。在脱贫之后，富起来的村民怀着感恩的心将钱还给爱心人士，爱心人士还可以将这部分钱用来继续帮助其他贫困户，走出困境的贫困户也成了当地的致富带头人。"爱心股份"还可用来发展村集体经济"大项目"，以惠及更多群众。利用"爱心股份"达成"爱心购买"，实现"爱心惠建"，形成良性循环，为精准帮扶提供了一套可复制的模式。

（三）立足群众日常生活，探索"争先筐篓"式精神扶贫

脱贫攻坚，如何"提质"？脱贫致富，怎样"增效"？关键在于让扶贫与扶志、扶智"同频"，使扶贫的外源动力与脱贫的内生动力"共振"。精神扶贫的方式有很多种，但是被群众接受并真正喜爱的却很少。因此，精神扶贫更要因地制宜、因人施策，以群众喜闻乐见的方式开展，问需于民，问计于

民。许家窑驻村干部为村民送上的"争先笸箩",集实用性和趣味性于一体,借助村民对针线笸箩的传统情怀,让村民爱不释手。许家窑村充分发挥"争先笸箩"这一精神脱贫、精神致富"百宝箱"的现实意义,为经济脱贫的村民注入精神力量。这种"接地气"的精神扶贫方式尊重了贫困群众的首创精神和主体地位,提升了精神扶贫实效。

山西省扶贫办主任推荐语

扶贫先扶志、治穷先治愚。山西省天镇县聚焦贫困群众内生动力不够、发展能力不足的问题,引导贫困人口转变观念、掌握技能、提升素质,着力突破"志"的瓶颈,补齐"智"的短板,强化"德"的教育,创立"边城小村"、推出"爱心股份"、发放"争先笸箩",有效解决贫困群众"不想干、干什么、不会干、拿啥干、谁来帮"的问题,确保有劳动能力的贫困人口有志想做、有事可做、有技会做、有钱能做、有人帮做,实现"五有",探索形成扶贫扶志扶智扶德相结合的"许家窑模式",值得推广和借鉴。

刘志杰: 山西省脱贫攻坚领导小组办公室主任,省扶贫办党组书记、主任

专家点评

提升贫困村民内生发展动力和能力,重在实效,难在长效。"许家窑模式"从细微处入手,立足日常生活来"扶志""扶智",改变贫困村民"等靠要"思想、"懒散慢"作风,培育贫困村民脱贫的主体意识,激发了他们立足自身优势实现脱贫的信心和决心,提升他们追求更好生活的精气神,进而形成有劳有得、多劳多得的正向激励机制。"许家窑模式"把"扶志""扶智"嵌入村民的日常生活和村庄的日常治理工作中,形成"风气",可以提

升扶贫工作的长效性、持续性。

左 停：中国农业大学国家乡村振兴研究院副院长，人文与发展学院教授、博士生导师；国务院扶贫开发领导小组专家咨询委员会委员

思考题

在脱贫攻坚中，如何深化扶贫扶志举措，总结推广扶贫扶志典型，筑牢稳定脱贫精神支撑？

延伸阅读

1. 中共山西省委办公厅、山西省人民政府办公厅印发《关于深化扶贫扶志促进精准脱贫的实施意见》（厅字〔2018〕155号）

2.《天镇县许家窑村善行义举蔚然成风》（《山西晚报》，2018年11月14日）

以"积分制"管理
提振脱贫精气神

——内蒙古自治区兴安盟乌兰浩特市奖罚并举的扶志故事

摘要： 为解决贫困群众"扶而不起、帮而不富、助而不强"的问题，内蒙古自治区兴安盟乌兰浩特市创新"积分制"管理，补足贫困户精神之"钙"。其做法是，将贫困户按照有无劳动能力进行分类，给予不同比例的积分，让贫困户通过努力增加自身收入、展示良好精神风貌、积极参与乡村建设等方式获得积分。同时，对贫困户积分进行审核认定，确保贫困户获得的积分有理有据。在"积分制"管理的激励下，贫困户认识到自身在脱贫攻坚工作中的主体地位，主动脱贫积极性空前高涨。

关键词： 积分制　主动脱贫　帮扶方式创新

引言： 2018年2月12日，习近平总书记在打好精准脱贫攻坚战座谈会上强调："要改进帮扶方式，多采取以工代赈、生产奖补、劳务补助等方式，组织动员贫困群众参与帮扶项目实施，提倡多劳多得，不要包办代替和简单发钱发物。"

❖ 背景情况

"志不立，天下无可成之事。"内因是决定事物发展方向和矛盾发展变化的根本所在。打好脱贫攻坚战，关键在人，在人的观念、能力、干劲。从长远来讲，扶贫要从扶志方面下功夫，扶志不妨从小事抓起。

乌兰浩特，蒙古语意为"红色的城"。以红色命名，是因为这里是革命老区，是新中国第一个少数民族自治政府的诞生地。从争取民族解放到解决人民温饱问题再到加速全面建成小康社会，在这片热土上，为人民谋幸福的脚步从未停歇。面对这场进入决胜时期的脱贫攻坚战，老区人民再一次发扬百折不挠、勇往直前的精神，31 个重点贫困嘎查（村）全部实现脱贫出列，是内蒙古首批脱贫摘帽的旗县市之一，扶贫工作取得阶段性成果。

政策到位，资金给力，帮扶精准，产业兴旺，脱贫攻坚工作有了实实在在的成效。然而，有些贫困群众却多年来扶而不起、帮而不富、助而不强，其中一个重要原因就是他们缺乏脱贫致富的斗志和信心。因此，要提高扶贫工作的针对性和有效性，必须"扶志"。

补足贫困户的精神之"钙"，需要创新方式方法，细化对策措施。经反复论证研究，在征求各镇、嘎查（村）、驻村工作队和部分贫困户意见的基础上，2018 年 4 月，乌兰浩特市委市政府正式印发了《乌兰浩特市建档立卡贫困户"积分制"扶志长志气实施办法（试行）》，对贫困户生产发展进行积分制评价。一套独具当地特色、行之有效的扶贫同扶志相结合的制度体系基本确立，一场贫困户之间从生产发展到生活面貌改变的"积分竞赛"正式拉开了序幕。

❖ 主要做法

（一）选试点树典型，以点带面，发挥积分的"杠杆效应"

试点先行，新举措必须经得起检验。"积分制"管理是乌兰浩特市的创新之举，在不确定活动能否取得实效的前提下，市里决定在各镇选取试点开展活动，17 个嘎查（村）635 户贫困户成为 2018 年贫困户"积分制"管理的"试验田"。

　　乌兰哈达镇高根营子嘎查（村）是试点嘎查（村）之一，"积分制"突破了高根营子嘎查（村）精准扶贫工作中的瓶颈，为扶贫工作打开新局面。高根营子嘎查（村）本是个没有集体资金、集体资源和集体资产的"三无"嘎查（村），且欠下外债 60 多万元，贫困发生率高达 6.18%。精准扶贫工作开展以来，在政府扶持下嘎查（村）改头换面，现在集体固定资产已超过 1000 万元。

　　在精准扶贫取得阶段性成果后，村民的物质生活慢慢好起来了，可一些贫困户"等靠要"的思想依然存在，脱贫之"志"还未树立。此时，市里"积分制"管理活动开始，高根营子嘎查（村）先行先试，按照市里的实施办法，将贫困户按照有无劳动能力进行分类，给予不同比例的积分。其中，有劳动能力积分内容分为产业发展、和谐家庭、公益美德、乡村建设、奖励惩罚五大类；无劳动能力积分内容分为收入、和谐家庭、公益美德、奖励惩罚四大类。贫困户通过努力增加自身收入、展示良好精神风貌、积极参与乡村建设等方式获得积分，所得积分可到超市、卫生室、药店换取等值的生产生活物资。

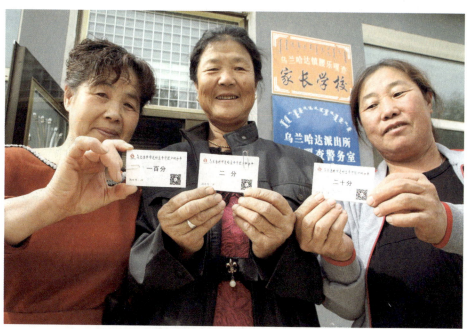

乌兰浩特市乌兰哈达镇腰乐嘎查（村）贫困户展示领取的积分卡

"积分"带来了更大的"杠杆效应",致富热情带动了乡村整体风貌的提升。高根营子嘎查（村）贫困户牛丽艳2018年获得了968分的积分,被评为"积分励志带头人",原来,牛丽艳婆婆因心脏病导致聋哑,丧失劳动能力,公公植物人卧床7年,一直由牛丽艳负责照顾,丈夫是家里唯一的劳动力,还要供养孩子上学,家里没有产业,脱贫致富对两口子来说是遥远的梦想。根据实际,政府帮助她家发展舍饲养牛,慢慢地,家里经济状况得到改善。"积分制"活动启动后,牛丽艳积极发展产业,美化住宅庭院,坚持孝敬老人,努力从各类积分项中赚取积分,还被兴安盟委行署评为盟级"好儿媳"。在牛丽艳的影响下,高根营子嘎查（村）贫困户更加用心经营产业,邻里之间更加和睦,精神面貌更加积极向上,嘎查（村）"比富裕、比和谐、比美德、比环境"的风气逐步形成。

（二）定方案抓落实,从上至下,苦干实干保证"精准"到人

积分"生"财,需村干部制定规范的制度。在"积分制"管理中,制定规范的积分制度,设置严格的审核机制,保障积分过程中的公平公正。葛根庙镇哈达那拉嘎查村部墙上张贴着两张"积分制"展板,按月公布全嘎查（村）贫困户获得积分情况,上面清晰填写了贫困户姓名、获得积分原因、积分数。这些都是由驻村第一书记周晓旭填写的。嘎查（村）结合实际制定了工作方案,成立了"积分制"管理执行小组,负责活动的组织领导、宣传发动和具体开展。指定了专门的积分记录人员,并推选

乌兰浩特市乌兰哈达镇腰乐嘎查（村）
驻村工作队员为贫困户发放积分

有责任心的老党员、老干部作为义务监督员，对贫困户积分进行审核认定，确保贫困户获得的积分有理有据，坚决防止积分乱发乱派现象。

哈达那拉嘎查（村）贫困户宋玉合，现在每个月都会拿着领到的积分到超市兑换牛奶，妻子钟淑霞开玩笑地说："老宋现在不喝酒，改喝牛奶了。"老宋今年55岁，多年前遭遇车祸，干不了重体力活儿，本不宽裕的家庭雪上加霜，宋玉合也无心发展生产，抽烟喝酒打牌，浑浑噩噩地混日子。脱贫攻坚战打响后，他家得到了一个450平方米的蔬菜大棚。"积分制"管理活动，更是让老宋从过去那个"扶不起的阿斗"，变成了现在嘎查（村）里的脱贫典型。两口子努力发展产业赚取积分，现已承包了9个蔬菜大棚，家里年收入从之前不足8000元，增长到如今的80000元，一年累计获得积分929分，其中产业发展类积分就占了500分，不仅实现了稳定脱贫，还被评为"扶志长志气"示范户。

从选择脱贫产业到上门跟踪服务，从申报积分到发放积分卡，乌兰浩特市用"绣花"功夫，精心、精准、精细帮扶，确保了每一个工作环节经得起检验，啃下了一块块硬骨头。到2018年年底，全市贫困发生率降至0.47%，脱贫人口人均可支配收入达9515元，31个重点贫困嘎查（村）全部实现脱贫出列，于2018年7月27日正式退出自治区贫困旗县行列。

义勒力特镇黄家店嘎查（村）为确保贫困户申报积分合理、准确、公正、公开，对贫困户积分进行集体评议，并对评分辅以照片佐证材料

（三）奖勤变相罚懒，思想提升，"懒汉"也能成"模范"

根据积分情况，"硬措施"奖励先进典型，"软措施"激励懒惰后进。首先是对先进的奖励。2018 年 12 月，17 个试点嘎查（村）开展了"积分"分享活动，对全村获得积分最高的贫困户以及获得了产业发展、和谐家庭、公益美德、乡村建设等专项奖的贫困户进行奖励。其次，发挥先进典型的激励作用。组织先进典型分享积分经验和心得，表扬先进，激励后进，运用正向激励机制和社会舆论引导，奖勤变相罚懒，逐渐在嘎查（村）内形成尊老爱幼、诚实守信、团结和谐、自力更生、热心公益的良好风尚。

在"积分制"管理的激励下，贫困户的积极性空前高涨。葛根庙镇白音塔拉嘎查（村）要组织村民清理村屯垃圾，通知刚一发出去，村部就迅速聚拢了几十个村民。其中，贫困户石永生最为积极，这让大家深感意外。石永生是村里出了名的"懒汉"，原来去他家，屋里屋外总是"下不去脚"，可最

建档立卡贫困户武佰臣用积分到爱心超市兑换日常生活用品

近他却变得勤快起来了，不仅庄稼地侍弄得比往年好，还把家里收拾得干干净净，村里有义务劳动，他也是第一个到，左邻右舍都觉得他像变了个人似的。石永生有些不好意思地笑着说："开始的时候确实是为了挣积分，但是时间长了就觉得不能再这么混日子了，习惯了每天收拾屋子，埋汰了都不舒服，现在整个人的精神状态都好了，干活儿也有劲儿。"2018年，他共得了积分543分，还得到了"积分能手"的奖励。

"积分制"管理提倡多劳多得，营造勤劳致富、光荣脱贫的氛围，成为一种激励和引导贫困户靠自己努力和奋斗改变命运、获得幸福的有效探索。

（四）"扶志"不忘"扶智"，多点开花，"五项工程"促提升

在开展贫困户"积分制"管理的基础上，乌兰浩特市同步推进"扶智"长本领"五项工程"，扶"志"增"智"。第一是"网络扶智惠民生"。通过搭建广播电视公共文化服务平台、宽带乡村和互联网服务平台、视频监控平安乡村平台、政企信息服务支撑平台和"三务公开"平台，为贫困户免费安装网络设备和提供用网服务，实现农民办事不出村。第二是"产业扶智解民需"。通过开展农技推广包村联户服务，聘请17名专业技术指导员，长期走村入户指导贫困户产业发展，实时跟踪服务，解决贫困户生产发展过程中存在的困难。第三是"教育扶智保基础"。坚持"农村包围城市"优先发展，完善农村学校基础条件；坚持联盟办学抱团发展，形成城乡办学发展共同体；选派"名校长、名班主任、名教师"走进农村学校"传帮带"，让农村的孩子在家门口就能享受到公平而有质量的教育。第四是"就业扶智促增收"。对全市有劳动能力贫困户建立个人培训就业档案，根据贫困户个人意愿设计培训课程，并推荐就业。第五是"精神扶智改民风"。大力开展社会主义核心价值观宣传教育，开展"乌兰牧骑助力脱贫攻坚"文艺下乡活动，宣讲脱贫故事，激发贫困群众自主脱贫内生动力。

"2016年7月15日，我领到了易地搬迁住房的钥匙，这辈子都忘不了。

从结婚起就借住在二哥家十年了，终于有自己的房子了。我们两口子日子越过越有奔头，还被评为积分活动的'和谐家庭'呢。"在以"我脱贫、我光荣，我奋斗、我幸福"为主题的巡回宣讲中，乌兰哈达镇腰乐嘎查（村）建档立卡贫困户刘国柱作为宣讲小分队的一员，把自己脱贫的故事分享给更多跟他一样的贫困群众。多项工程并举，提高了贫困群众自主脱贫的"硬实力"，在长"志气"的同时，增"智力"，不仅为做好扶贫工作打下坚实基础，同时也让扶贫之路走得更顺畅，走得更远。

乌兰浩特市义勒力特镇黄家店嘎查（村）建档立卡贫困户吴魁主动申请成为嘎查（村）保洁员，通过自己的双手勤劳致富。

建档立卡贫困户吴魁正在清洁地面

❖ 经验启示

乌兰浩特市在全市范围内大力推广贫困户"积分制"管理活动，"志智双扶、双管齐下",从思想和行动上提升贫困户自我发展意识和能力,不仅拓宽了帮扶干部的工作思路,更引导贫困群众转变了思想认识。广大干部群众共同参与到活动中来,成为嘎查(村)实现产业兴旺、生态宜居、乡风文明、治理有效、生活富裕的有力推手。

(一)创新帮扶方式使扶贫扶志行动更有"人情味"

"行百里者半九十",脱贫攻坚工作到了后半段,帮扶干部的工作任务从抓落实逐渐向稳基础转变。随着到户政策的基本落实到位,一些干部在调整帮扶工作方式方法上容易发生"思维短路"。"积分制"管理活动有效解决了帮扶干部的困惑,为了帮助贫困户最大限度地赚取积分,帮扶干部更加关注贫困户产业发展效益,定期帮助贫困户打扫住宅和院落,加强与贫困户及其子女的联系,从思想上、行动上引导他们参与乡村建设、改变生活陋习、加深亲情观念,让帮扶工作充满了"人情味"。

(二)巩固扶贫扶志行动效果重在"习惯养成"

"打江山易,守江山难",政府扶持的脱贫政策是贫困户摆脱贫困的"踏板",要想越过贫困这座大山,需要政府和贫困群众共同努力。贫困户动起来,才能更加长久地富起来。在贫困户尚未认识到自身在脱贫攻坚工作中的主体地位时,需要"积分制"管理这样的制度措施,倡导"美好生活是奋斗出来的"理念,引导和帮助他们培养出自力更生的良好习惯。当然,好习惯的养成并非一蹴而就,未来的两至三年,仍然需要采取"习惯养成"的方式,对贫困户在思想上、行动上逐步渗透,把主动脱贫和参与乡村建设的意识扎根至每个贫困户的心中。

(三)发挥扶贫扶志长效须形成"整体联动"

群众的生产生活面貌,能够真实反映整个乡村发展的状态。贫困户作为个体,从生产生活到精神面貌的落后,势必影响周边群众以及嘎查(村)的整体面貌。贫困户"积分制"管理从美丽乡村建设最薄弱也是最关键环节入手，从贫困群众先动先行，进而扩大活动的覆盖面和影响力，让一般农户受到贫困户转变的感染，实现同步量化提升，最终实现嘎查（村）整体面貌质的跨越。

内蒙古自治区扶贫办主任推荐语

蜀道之难，在于其山路崎岖难行；脱贫攻坚之难，在于贫困户志智难立。但贫困户不是"绊脚石"，通过合理的方式引导，从根本上彻底转变贫困户"等靠要"的思想，彻底摆脱贫困并非难事。乌兰浩特市推进建档立卡贫困户"积分制"管理工作，是以"扶贫先扶志、治愚先治懒"为目标，通过实施"积分制"管理办法，在建档立卡贫困户中立标杆、树榜样，引导建档立卡贫困户积极参与"积分制"管理全过程，提升建档立卡贫困户民主管理水平，最大限度激发建档立卡贫困户内生动力，为建设产业兴旺、生态宜居、乡风文明、治理有效、生活富裕的现代化农村，构建和谐稳定发展的社会环境奠定基础。

么永波： 内蒙古自治区扶贫办党组书记、主任

专家点评

本案例的典型意义在于"积分制"使稍显"虚化"的精气神变得务实。具体来看，其一，本案例中的"积分"实现了制度化、精细化、类型化、实物化和操作化，使群众在身边的人、身边的事、可获得的积分中，切身体会并逐渐获得脱贫的志气。其二，"积分化"的精气神与产业扶贫、教育扶贫、易地搬迁等扶贫方式相融合，使各项扶贫工作有智识、有志气，充满正能量。其三，采取"积分制"可以逐步培养大习惯，是永续脱贫的核心和保障。做人做强做好"积分制"的扶志方法体系，是一项面向未来的、

具有重大意义的系统工程。

慕良泽：山西大学社会哲学与城乡发展研究中心教授、博士生导师，山西省"三晋英才"支持计划拔尖骨干人才

思 考 题

1. 如何改善贫困户的精神面貌，实现扶贫与扶志、扶智有效结合，切实提升贫困户自主脱贫能力？

2. 在脱贫攻坚与乡村振兴的衔接阶段，如何让贫困户成为助力乡村振兴工作的生力军？

延伸阅读

1.《乌兰浩特市："小积分"带来"大变化"》(人民网，http://nm.people.com.cn/GB/n2/2019/0415/c196667-32843063.html，2019 年 4 月 15 日)

2.《乌兰浩特市积分制管理激发贫困户内生动力》(内蒙古新闻联播，2018 年 5 月 31 日)

新规则激发贫困人口新动力

——辽宁省朝阳市喀左县公营子镇乡村"道德银行"扶志记

摘要：辽宁省喀左县公营子镇在习近平总书记关于"激发内生动力"脱贫的重要指示下，借鉴外地的"道德银行"经验，以"道德银行"建设工程为抓手，以"一行""一柜""三专"为着力点，创新"道德银行"评分规则，充分发挥"道德银行"积分激励机制，激发贫困人口内生动力。公营子镇群众积极主动参与乡村"道德银行"，参与率达93.69％，群众热情高涨，有力助推打赢打好脱贫攻坚战。

关键词：精气神 "道德银行" 贫困人口内生动力

引言：2018年2月12日，习近平总书记在打好精准脱贫攻坚战座谈会上指出："要发挥村规民约作用，推广扶贫理事会、道德评议会、红白理事会等做法，通过多种渠道，教育和引导贫困群众改变陈规陋习、树立文明新风。"

❖ 背景情况

公营子镇隶属辽宁省朝阳市喀喇沁左翼蒙古族自治县，距县城35公里，区域面积171平方公里，辖14个村2个社区，总人口3.5万。公营子镇是全国重点镇、国家发展改革试点镇、全国卫生镇、辽宁省推进城镇化建设试点镇、省级文明村镇、省级生态镇、朝阳市"一六一工程"新市镇示范镇。

自2015年开展精准扶贫工作以来，国家、省、市、县出台相关扶贫政策，在这些政策的扶持下，公营子镇在基础设施、产业发展等方面都取得了一定成效，贫困面貌发生明显改观。但随着扶贫工作的深入开展，一些矛盾尚未得到根本解决，同时又出现了新的矛盾和问题，具体表现在以下三个方面：其一，"得者不知足，未得者更不满"的问题更加突出，贫困户与非贫困户的矛盾有所提升。给贫困户送钱送物，贫困户不买账，非贫困户有意见，对贫困户的政策倾斜，也使得一些非贫困户多有怨言，矛盾越积越多，直接影响了群众对脱贫工作的满意度、认可度。其二，基层干部未找到有效解决农村新问题的着力点，工作忙于应付，工作成效不佳。老百姓态度不冷不热，走村入户深入不进去。一边是贫困户越给越懒，产生政策依赖；一边是非贫困户觉得不公平，容易引发冲突。其三，帮扶部门和帮扶干部出了钱、用了力，帮扶效果不理想。部分贫困户"等靠要"思想严重，"靠着墙根晒太阳，等着别人送小康"，进而影响了由"要我脱贫"向"我要脱贫"的转变，整村推进、互帮互助、共同发展的氛围没有完全形成。面对推进工作过程中出现的一系列问题，镇党委政府一方面坚决落实好中央和地方各级政府的决策部署，让顶层设计落到实处，另一方面结合实际积极探索。近年来，公营子镇对标"两不愁三保障"脱贫目标，通过实施乡村"道德银行"建设工程，进一步加大扶贫扶志和扶智力度。到 2019 年 9 月底，"道德银行"已累计道德积分 548764 分，扣除基础积分 371940 分，实际兑换积分 176824 分。"道德银行"在实现村风、民风和社会风气大转变的同时，激发了村民特别是贫困户脱贫致富、崇德向善的内生动力，转变部分群众的消极情绪为积极情绪、变干部的被动帮扶为主动帮扶，在基层实践探索中，推动了扶贫攻坚工作的深入开展。

❖ 主要做法

（一）借鉴外地经验，布局"道德银行"工程建设

2018 年年底，在学习借鉴外地经验基础上，公营子镇实施了乡村"道德

银行"建设工程。2002 年 1 月，湖南省长沙市岳麓区望月湖社区创建了全国首家"道德银行"。公营子镇学习借鉴山西蒲县、陕西平利、四川巴中、浙江余姚等地"道德银行"的成功经验，本着厚植"积小善为大善、积小德为大德"的道德理念，改变直接发钱发物的习惯，按"让德者有得、让变者受益"的思路，广泛宣传凡人善举，持续引导道德自觉，细化完善了以"道德可积分、文明又加分、满意度得分"为主要内容的家庭道德积分激励机制，全面引导村民养成好习惯，形成好风气，积聚正能量，通过乡村"道德银行"这个"小杠杆"撬动乡村治理"大事业"，强化正向引导激励，提升脱贫内生动力，从而引导贫困户破除"等靠要"，提振精气神，增强立足自身实现脱贫的决心和信心。

经过反复调研和论证，镇党委政府结合全镇实际，决定以"一行""一柜""三专"的模式推动实施"道德银行"工程，助推脱贫攻坚。

村民在"道德银行"用积分换取生活用品

（二）以"一行"为载体，量化"道德银行"激励积分

"道德银行"积分是以户为单位，仿照银行储蓄卡的形式，建立道德积分"储蓄"账户，把村民的道德行为予以规范化、细化、量化，以积分的形式存入账户。公营子镇设计了"思想进步、实用技能、律己守法、移风易俗、清洁卫生、创业致富、敬老爱亲、热心公益、政策明白、扶助感恩"10个方面的评比内容，明确加减分项，超出基础分的部分（基础分为60分，1分等值1元）可到爱心合作单位消费、办理致富贷款等，在这10项评比内容中，有8项内容是为贫困户量身定制的。公营子镇以贫困户参与为基础，以积分核实审定为重点，以公平公正公开为关键，实行一月一评比，一季一兑现，年终一表彰，以道德积分分享物质和精神成果。在资金保障方面，公营子镇整合政策扶贫资金、扶贫产业项目资金、社会捐助资金、村集体经济收入资金、镇财政支持资金，充实到"道德银行"作为资本金，并且专款专用。"道德银行"的有效实施给基层社会秩序和基层党建提供了良好的支撑。

首先，营造新风尚，确立了良好的基层社会秩序。以前，村民总以自我为中心，总按照以前的陈规陋习生活。如今，乡村"道德银行"的创建和推广，明确了具体的行为标准，大家明白了什么必须做、什么可以做、什么不能做，做好了自己受益，做不好要遭受别人看不起，还得不到积分。2019年4月2日，桥子村七组山脚突发火情，村干部通过广播喇叭通报火情后，有200余名村民自发前往灭火，山火被迅速扑灭，有效避免了森林财产损失，以往村民观望、等待政府派人灭火的情况彻底改变。端正一组村民姜学富，村里因修路伐了他家40多棵树并占他两分地，他没要一分钱，同时还积极影响教育周围邻居支持修路等事宜，弘扬正能量。随着"道德银行"的深入推进，全镇许多热心社会公益的干部和村民自发组建了17支"道德银行"志愿者服务队，志愿者981名，其中贫困户141名。这些志愿者围绕扶贫工作、环境卫生、孝老爱亲、信访稳定等方面发挥作用。村民通过自我约束、自我努力

争取积分获得实惠的同时，综合素质明显提升，文明程度、幸福指数明显增强，信访和矛盾纠纷明显减少。尊老爱幼、孝敬公婆、邻里和睦，自觉维护公共环境卫生，自觉参与护林防火等公益性活动，各村各户都积极争创道德诚信村和户，精气神十足。

"道德银行"积分兑换仪式（1）

其次，有效促进基层党组织的战斗堡垒作用。乡村"道德银行"真正调动了村民参与、支持镇村各项工作积极性。以前，村"两委"干部召开会议，评定事项、宣传政策，很多村民不愿参加会议。开展"道德银行"建设活动后，不参加会议得不到相应分数，不参加公益活动，积分就比别人少，很多村民就逐渐认识到了自己的主人翁角色。现在，村上不论干什么，只要一通知，村民都能按时参加，而且积极性和自觉性越来越高。各村的积分兑换仪式，全体村民都踊跃参加，村干部和村民表示：有好多年没有搞这么大规模的活动，大家非常愉悦和兴奋。年龄大的村民感慨又找到以前集体生活的感觉，村干部的工作开展更顺利，干部为群众办事的工作作风也越来越好，基

"道德银行"积分兑换仪式（2）

层组织和基层干部在群众中的威信也越来越高，村"两委"的公信力、形象得到进一步提升，基层战斗堡垒作用得到充分发挥，真正实现了以德治促自治、以德治促法治，有效凝聚和发挥了乡村振兴的发展合力。

（三）以"一柜"为核心，设立"道德银行"扶贫专柜

公营子镇采取"十加一"的方式，即在原有10个方面评比内容的基础上，设立贫困户扶贫专柜、公益专岗，将精准扶贫与农村环境综合整治和实施乡村振兴战略紧密结合起来，细化评分细则，设立专门评价体系，引导贫困户通过专岗劳动，改善生活习惯、热心社会公益活动、孝老爱亲、邻里和睦、扶助感恩，摒弃"要懒懒到底，政府能兜底""坐在墙根晒太阳，等着政府送小康"的贫困户心理。公益专岗的收入不以工资形式直接发放到贫困户手中，而是用"道德银行"专柜的道德积分体现劳动报酬，不额外增加村集体经济负担。公营子镇通过这种方式引导广大贫困户懂得"穷时要有穷志气，

有劳才能有所得"。

"道德银行"扶贫专柜的设立提振了贫困户的精气神,贫困群众自立自强意识显著提升。以前,部分贫困户存在"等着送小康、靠人来救济"的依赖心理,得钱得物生活改变不大,并遭受到部分非贫困户的白眼。"道德银行"活动,激发了贫困户脱贫内生动力,提振致富信心。大家通过挣积分获取机会,贫困户受到了很大触动,他们抛弃了"等靠要"思想,内生动力不断增强。桥子村四组村民侯凤华,丈夫在2010年因车祸去世,留下了两位老人和两个未成年的孩子。2013年,民政部门给她们家办了农村生活最低保障,生活状况有所改变。在亲戚朋友邻里的帮助下,她买了几只羊搞起养殖,收入也在不断地增加。2015年,通过精准识别,成为享受精准扶贫政策的帮扶对象,被评定为建档立卡贫困户。为了增强这个家庭的"造血"功能,镇村积极协调申请,辽宁普兴五金工具有限公司决定资助她的儿子读大学,直至毕业。2017年,通过精准扶贫养牛扶贫项目,侯凤华贷款3万元买了两头牛,2018年顺产一头小牛。侯凤华还参加了朝阳市科技培训,提高了养殖技术水平,增加了养殖经验。此外,她自力更生,利用自家的土地种植特色杂粮,轮作谷子,增加了土地的经济效益。2018年,镇党委将侯凤华评为"最美公营子人",作为扶助感恩、自立自强的典型进行宣传。现在,侯凤华的精神面貌发生了翻天覆地的变化,从原来自卑、内向变得自信和阳光,积极参加村里和镇里组织的各项工作,家庭收入也在稳步提升。

村民正在用积分兑换物品

（四）以"三专"为准则，严控对象、评分、资金管理

所谓"三专"，即指"道德银行"扶贫专柜中的"服务对象"专、"评分体系"专、"资金使用"专。"服务对象"和"评分体系"只针对建档立卡户和贫困边缘户设置，"资金"专项使用扶贫资金。"专岗"的设置专在"公益"。各村结合本村实际，围绕农村环境综合整治、护林防火、草原管护、水资源管理、河道管护五个方面设置公益专岗。如在环境卫生整治方面，共设置清扫、转运、管护、施工、监督"五大员"专职岗位，从本村建档立卡贫困户中选聘责任心强、有劳动能力的人上岗，负责全村环境卫生的日常维护。在热心社会公益方面，又选聘人员就任"水管员""护林防火信息员""草原生态围栏员""河长制协管员""文化广场保洁员"岗位，实现了贫困户在家门口就业的愿望。

村民踊跃参与用积分兑换物品活动

　　这一举措极大地激发了贫困群众的内生动力，贫困群众"靠劳动吃饭"的意识明显增强。以公营子镇桥子村为例，该村设置了环境卫生整治监督员以及"水管员""护林防火信息员""草原生态围栏员""河长制协管员""文化广场保洁员"等扶贫岗位，从本村建档立卡贫困户中选聘责任心强、有劳动能力的26人上岗。环境监督岗位上的贫困户姜文秀因病无法从事重体力劳动，曾一度对生活自暴自弃，如今她工作认真负责，道德积分排在前面，收入稳定。她说："'道德银行'我天天关注，因为它出现后，我知道自己能干啥、该干啥了。"自身存在感、获得感显著增强。南山村一组建档立卡贫困户侯荣亮，因视力残疾无法外出打工，女儿念大学，一度在贫困线上徘徊。他说："幸好有扶贫工作队的支持和'道德银行'的鼓励，我坚定了靠自身脱贫的信心，现在我不仅在村里组织的农学班学到了养牛技术，而且靠'道德银行'的积分争取到免抵押、免担保养牛贷款2万元，买了5头乳牛，已靠养牛实现脱贫致富。"

　　截至2019年9月底，全镇扶贫专柜共设置专职岗位184个，公益选聘岗位57个，实现贫困户就业282人。

村民积极地查看"道德银行"积分公示情况

❖ 经验启示

乡村"道德银行"建设工程实施的时间虽然不长，但成效明显。2016年年初，全镇共有5个省级贫困村，有贫困人口878户1871人。经过3年努力，到2018年年底，5个贫困村已经脱贫销号，718户1523人实现脱贫，仅剩160户348人未脱贫，贫困发生率大大降低，为以"道德银行"建设工程提升贫困人口内生动力的扶贫扶志模式提供了良好的经验示范。

（一）拓宽"道德银行"资金来源，动员群众参与扶贫实践

乡村"道德银行"建设工程的难点在资金的保障和群众的参与。在资金保障方面，公营子镇镇域企业和个体工商户、镇村干部和第一书记、驻村干部和社会各界人士均积极参与，自发出资、出物支持乡村"道德银行"建设工程。截至2019年9月底，公营子镇"道德银行"资本金账户收到上级部门资金和社会捐助资金929773元。公营子镇专门设置了"道德银行"爱心基金，制定实施基金管理使用监督办法，确保资金合理使用，接受监督，实现目的。村民们都踊跃参与其中，对"道德银行"建设工程都非常认同和支持。

（二）创新"道德银行"实施规则，激发贫困户内生动力

公营子镇通过学习借鉴外地成功经验创设"道德银行"，并紧密结合本镇各村和社区实际，制定评分细则和兑换规则，既有借鉴更有创新。"道德银行"在公营子镇并没有"水土不服"，而是显示出超强的生命力。各村群众的参与率都在90%以上，特别是镇内两个社区以商户为基础实施的"道德银行"建设工程，商户参与率在96%以上，部分村常住户参与率更是达到了100%。同时，将"道德银行"管理模式引入镇政府对镇村干部的绩效管理中，进一步提升干部素质能力和服务群众的水平。

（三）发挥"道德银行"组织资源，宣传扶贫扶志典型

乡村"道德银行"的具体做法和实际工作得到了省市县领导的支持和引

导。乡村"道德银行"的成果和经验受到国务院扶贫办的关注和推荐。乡村"道德银行"已经成为许多地方牵一发而动全身的系统性工程，成为一种良好的"扶贫扶志"模式。现代媒体发挥自身优势将这种"扶贫扶志"的优秀案例在更大范围内传播，形成了一种示范效应。借助"学习强国"媒体平台以及一些地方媒体对"道德银行"进行宣传报道，拍摄以扶贫扶志为主题的电影、电视片，从而可以激发和影响更多的贫困人口自主、自觉地走上脱贫之路。

辽宁省扶贫办主任推荐语

开展精准扶贫工作以来，国家、省、市、县出台相关扶贫政策，喀左县公营子镇在基础设施、产业发展等方面都取得了一定成效，贫困面貌发生明显改观。但随着扶贫工作的深入开展，一些矛盾尚未得到根本解决，同时又出现了新的矛盾和问题，主要表现是农民群众的内生动力不足。喀左县公营子镇在借鉴外地"道德银行"经验的基础上，以"道德银行"建设工程为抓手，以"一行""一柜""三专"为着力点，创新"道德银行"评分规则，充分发挥"道德银行"积分激励机制，激发贫困人口内生动力。辽宁省将认真总结推广喀左县公营子镇"道德银行"的经验，通过强化正向引导激励，提升脱贫内生动力，从而引导贫困户破除"等靠要"，提振精气神，增强立足自身实现脱贫的决心和信心。

李　军：辽宁省扶贫办党组书记、主任

专家点评

辽宁喀左县公营子镇以"一行""一柜""三专"为着力点，在创新"道德银行"评分规则、充分发挥"道德银行"积分激励作用、激发贫困人口

内生动力等方面进行了有益探索。该案例的亮点和创新在于：通过"道德银行"建设，拓宽了扶贫资金来源，激发了贫困户脱贫致富、崇德向善的内生动力，促进了参与式扶贫，营造了"我为人人、人人为我、互助共济"的村风、民风，强化了基层党组织的战斗堡垒作用。案例有较大的推广价值，其启示有：第一，乡村"道德银行"小杠杆可以撬动"乡村治理"大事业，"道德银行"建设是统筹精准扶贫与乡村治理、实现精准扶贫与乡村振兴有效衔接的基本路径。第二，参与式扶贫是扶贫扶志、激发内生动力、实现可持续脱贫的有效路径。

田北海：华中农业大学文法学院院长、教授、博士生导师，中国社会工作教育协会反贫困社会工作专业委员会副会长

思考题

1. "道德银行"的激励机制如何提升扶贫扶志的有效性？这种机制能否复制到其他扶贫工作中去？

2. 如何精准识别内生动力不足的贫困人口？

延伸阅读

1.《喀左公营子镇建起乡村"道德银行"》(《燕都晨报》2019 年 3 月 2 日)

2.《公营子镇"道德银行"建设工作成效显著》(《朝阳日报》2019 年 6 月26 日)

实施"三项工程"带来新风尚

——吉林省东辽县扶贫扶志实践

摘要: 近年来,吉林省东辽县为从根本上解决有的行政村村风不淳、民风不正,少数贫困人口主动脱贫意识差、"等靠要"思想严重、脱贫能力不足等问题,紧紧围绕"扶志气、增智力、强治理",实施"扶志思进、扶智强能、扶治共管"三项工程,进一步激发了贫困群众自主脱贫内生动力,取得了良好成效。

关键词: 扶志思进 扶智强能 扶治共管

引言: 2017 年 1 月 24 日,习近平总书记在春节前夕赴河北省石家庄市看望慰问基层干部群众时指出:"要把扶贫同扶志结合起来,着力激发贫困群众发展生产、脱贫致富的主动性,着力培育贫困群众自力更生的意识和观念,引导广大群众依靠勤劳双手和顽强意志实现脱贫致富。"

❖ 背景情况

东辽县位于吉林省中南部,辖区面积 2186 平方公里,辖 13 个乡镇 235 个行政村,总人口 36 万。截至 2018 年年底,全县共有建档立卡贫困人口 2942 户 5289 人,占全县农村人口总数的 1.9%。贫困村 21 个,占全县行政村总数的 9%。全县建档立卡贫困人口已实现脱贫 2030 户 3669 人,占现有贫困人口总数的 69%。17 个贫困村主要指标达到出列标准,占贫困村总数的

81%。还有未脱贫人口 912 户 1620 人，占贫困人口总数的 31%；未出列贫困村 4 个，占贫困村总数的 19%。贫困发生率由 2016 年的 1.86% 下降到 2018 年的 0.57%。

脱贫攻坚进入决战决胜阶段后，剩下的都是难啃的硬骨头。为从根本上解决有的行政村村风不淳、民风不正，少数贫困人口主动脱贫意识差、"等靠要"思想严重、脱贫能力不足等问题，东辽县紧紧围绕"扶志气、增智力、强治理"，实施"扶志思进、扶智强能、扶治共管"三项工程，进一步激发了贫困群众自主脱贫内生动力，取得了显著的成效。

❖ 主要做法

（一）实施"扶志思进"工程，提振贫困群众精气神

一是载体推动。先后下发了《东辽县开展扶贫扶志行动的实施方案》等文件，对扶贫扶志工作作出具体安排。在东辽县电视台开辟《脱贫攻坚在行动》专栏节目，全方位、多层次、广角度地向群众宣传报道脱贫攻坚的各项政策和脱贫致富先进典型，教育引导贫困群众不因贫困气馁，不因贫困退缩，不因贫困自卑，帮助贫困户树立脱贫信心。加强贫困村文化阵地、队伍、活动三大载体建设，积极引导群众摒弃"等靠要"思想，树立"敢拼、敢闯、敢干"的进取意识，走出一条"精神自信—行动自觉—经济自强"的精神扶贫之路。组建"红色文艺轻骑兵"小分队深入行政村开展文艺巡演，将脱贫攻坚政策编排成三句半、快板、小品等通俗易懂、群众喜闻乐见的文艺节目，开展扶贫政策有奖问答，贫困群众积极参与，效果良好。整理医疗、教育、社保等扶贫政策，印制宣传海报 3000 余张，发放到每个贫困户家中，做到扶贫政策上墙，进一步提高了贫困人口政策的知晓率。

走访贫困户宣传扶贫政策

二是典型示范。全县各乡镇、包保部门不断推出一批优秀扶贫干部、优秀第一书记和脱贫示范户，让干部群众学有目标、赶有榜样。充分利用媒体报道一大批生动鲜活的典型经验，用身边事教育带动身边人。以辽河源镇公平村为试点，充分发挥驻村工作队教育引导作用，驻村干部对贫困户实行一对一走访、一对一融入，探索实施贫困户谈心会制度，开展菜单式服务。通过简短、朴实的语言在会上向贫困户传达政策精神，解读最新的惠民扶贫政策，让更多的贫困群众真正了解党的扶贫政策宗旨、内容和意义，真正营造"辛勤劳动光荣，好逸恶劳可耻"的浓厚氛围，引导失志贫困户转变观念，练好"内功"，丢掉"等靠要"思想，逐步树立"主人翁"意识。这种活动的大胆尝试，真正走进群众内心，准确把握了贫困人口的思想动态，通过"唠家常"的方式，把志气、信心送到贫困户的心坎上，帮助贫困户进一步树立"自力更生、勤劳致富"的正确观念，铆足精气神、立志拔穷根，提高了贫困人口自我发展能力和自身"造血"能力，走上了脱贫致富之路。

三是文化引领。积极组织各类文体活动，树立农村新风尚。印制了《脱贫攻坚包保帮扶工作手册》3000余册，将脱贫攻坚重点政策文件汇编其中，将政策宣传贯穿于包保帮扶责任人走访贫困户全过程。注重以文化自信引领农民脱贫自信，组织党员干部通过入户走访等多种形式，有针对性地向贫困户深入细致地宣讲扶贫政策，制定具体帮扶措施，激活贫困户

"我要脱贫"的内生动力,并将扶贫政策与百姓需求相结合,激发了贫困户的共鸣,真正使贫困农民在"思想上脱贫",帮助贫困农民把主动脱贫的志气"扶"起来,把干事创业的智慧"扶"起来。通过送政策下乡、到各行政村宣讲、入户宣传等形式,将扶贫的政策理论大众化、通俗化,使其深入人心。同时,结合人居环境整治和美丽乡村建设,利用村街两边围墙,打造集政策宣传、村规民约、传统文化于一体的脱贫攻坚文化长廊。通过文化引领作用,提高了广大贫困群众的素质,进一步增强了贫困群众对美好生活的向往和脱贫奔小康的信心。金州乡双福村通过打造生态游、文化游,创建了文化旅游品牌,带动了贫困群众脱贫奔小康。

(二)狠抓"扶智强能"工程,提高贫困群众劳动技能

一是强化保障。坚持"实际、实用、实效"的原则,扩大智力投入。把提高贫困人口的文化素质作为治本之策,印制了《新型农民素质培训读本》3000 余册,发放到贫困户手中。开展了以"促进转移就业,助力脱贫攻坚"为主题的"春风行动",免费发放宣传材料 1.6 万份,组织专场招聘活动 28 次,对有创业意愿和创业能力的贫困人口开展专业技能订单(定向)培训并推荐就业,推荐用工企业 198 个,成功介绍农村贫困人口就业 488 人。举办 21 个贫困村致富带头人培训班,首批培训 57 人。通过培养能人实施种植养殖项目,带动贫困人口就业脱贫。吉林省金翼蛋品有限公司在实施年存栏 720 万只蛋鸡标准化养殖扶贫项目基础上,为贫困人口提供 200 余个就业岗位,年人均增收 3000 元以上。2018 年 10 月,该公司作为吉林省唯一一家企业,被全国工商联、国务院扶贫办授予全国"万企帮万村"精准扶贫行动先进民营企业称号。

深入开展促就业——"春风行动"

　　二是加强宣传。利用国家扶贫日等重要时间节点，加大政策宣传力度。自脱贫攻坚战打响以来，各乡镇、县直部门及贫困村、非贫困村悬挂宣传条幅 1800 余条，发放扶贫宣传材料 1.6 万份。通过县广播电台、电视台、县人民政府网站刊播扶贫公益广告，在全县形成了全方位、多层次、宽领域的"扶贫大宣传"格局。以 2018 年国家扶贫日为例，各乡镇、县直部门及贫困村、非贫困村悬挂宣传条幅 600 余条，发放扶贫宣传材料 3600 余份。从 10 月 15 日起连续一周在县电视台等主流媒体刊播全国扶贫日公益广告。为进一步增强宣传效果，连续 3 年组织卫健、教育、民政、人社等"1+N"重点行业扶贫部门，深入开展以"精准帮扶，你我同行"为主题的集中宣传活动，现场解答群众咨询 4200 余人次。活动的开展，使广大群众特别是贫困人口进一步了解政策、熟悉政策、运用政策，进一步提高了贫困群众对脱贫攻坚工作的认可度。

三是因户施策。即精准施策，"对症下药"。通过召开座谈会、走访贫困户、调研相关扶贫产业等形式，实地了解包保村实际情况，逐户摸底号脉、逐户建立台账、逐户制订帮扶计划。凌云乡万平村三组贫困户张殿富，47岁，1口人，患有慢性肺病，家住危房，有耕地4.5亩。2017年被评为贫困户。张殿富因为条件一直不太好，没有结过婚，加上肺病影响，生活信心不足，整天无所事事，不琢磨怎么挣钱把日子过好，只想着向政府要钱要物，"等靠要"的思想很严重。对此，负责包保他的县商务局领导班子研究帮扶对策，实施三步走：第一，先看病把他身体调理好，身体好心情自然好；第二，帮助他把生活居所弄好，对他进行养殖技术培训；第三，引导他把生产搞上去实现脱贫。在先后享受先诊疗后付费、危房改造政策，确保安全住房后，张殿富的生活热情越来越高，再也没有了以前那种破罐子破摔的消极思想，也主动采取措施挣钱致富了。对此，县商务局2018年帮助他买了4头东辽黑猪仔猪和饲料。在他的精心饲养下，出栏了3头猪，留1头母猪做繁育，当年张殿富实现了脱贫。

加大贫困人口技能培训力度

（三）创新"扶治共管"工程，提升行政村村风民风

一是移风易俗。大力弘扬和践行社会主义核心价值观，以美丽乡村建设为主题深化农村精神文明建设，着力推进"最美"建设、好家风建设等活动的拓展延伸，扮靓农村环境，构筑文明村风、优良家风，培育新型农民，让行政村的环境美、风尚美、人更美。着力推进移风易俗，在安石镇试点示范基础上，向全县各乡镇推广成熟经验，制定出台村规民约，正村风、转民风，积极引导帮助贫困群众形成喜事新办、厚养薄葬、尊老爱幼、文明健康、遵纪守法的社会风尚。充分利用电子屏、宣传栏、文化墙、"大喇叭"，不定期宣传移风易俗工作内容，将中国梦、社会主义核心价值观、脱贫攻坚自主脱贫、传统道德文化等内容绘上村屯围墙，着力打造一批图文并茂、活灵活现的"文化墙"，使乡村文化"活"了起来，培育的文明村风"实"了起来，不断扶出新思想、新气象、新风尚，让风清气正成为农村的主流。全县235个村均建立了红白理事会，制定了村规民约，农村精神文明建设得到了较大提升。

全面推广移风易俗先进经验

　　二是落实包保。组织全县县级领导、乡镇及县直部门具体帮扶责任人、驻县中省直部门、企事业包保单位领导，深入包保村、包保户调研产业项目，宣传扶贫政策，现场解决问题。每年县卫健局都牵头组织全县各级公立医院深入贫困村开展免费医疗下乡巡诊活动，通过设置固定看病点和移动医疗车等形式，对贫困家庭进行点对点的救助和政策解答，力所能及地为贫困群众提供医疗服务。县文广旅局、县妇联等部门开展送戏下乡活动，到包保村进行专场演出，开展了走访慰问活动，进一步拉近了党和政府与贫困人口的距离。以包保贫困学生家庭为例，包保部门一要摸清经济困难学生家庭基本状况，完善建档立卡相关信息，做到"家底清"；二要稳步推进"雨露计划"，给更多贫困学生一个学习知识和技能的平台，以便他们能更好融入社会；三要坚持"政府主导、社会参与"的原则，积极联系社会各界人士资助贫困学生，圆贫困学子的读书梦，鼓励他们努力学习，回报社会。通过开展系列教育扶贫工作，不仅帮助学生增长了能力，还培养了志气，树立了面对生活的信心，"扶志"与"扶智"全面推进。

　　三是专项整治。坚持将扫黑除恶与乡村有效治理相结合，充分尊重贫困群众的主体地位，按照群众提议、政府引导、村组公示联动方式，让群众意愿得到充分表达和尊重。并组织政法、公安、司法等部门采取多种形式，教育群众自觉学法、依法、用法、守法，通过正当渠道、合法途径表达诉求，维护自身合法权益，逐步完善了乡村自治、法治、德治相结合的乡村治理体系。比如，县司法局在全县

开展免费医疗下乡巡诊活动

范围内开展"法律赶大集"宣传活动，工作人员设置了法律服务咨询台，随时解答百姓在生活中遇见的法律难题。向过往群众发放《百姓依法维权案例读本》《法律进乡村》普法宣传册等法律书籍及宣传单。并邀请市艺术团前来助阵，在观看文艺演出的同时，工作人员向群众宣讲相关法律法规知识，讲解法律援助申请条件及受理范围，解答群众疑问。在问答环节中，主持人向群众提出农民工欠薪讨薪、妇女儿童权益受到侵害如何维权等法律问题，以及扫黑除恶治乱相关知识，现场观众争相回答，气氛热烈而活跃，既调动了群众积极性，又宣传了法律政策，普及了法律知识，提高了群众对法律的知晓率，对营造良好法治氛围、促进社会和谐稳定发挥了积极作用。

❖ 经验启示

通过几年来的工作实践，东辽县紧紧围绕"扶志气、增智力、强治理"，实施"扶志思进、扶智强能、扶治共管"三项工程，激发了贫困群众自主脱贫内生动力，推动了脱贫攻坚工作取得新进展。

（一）扶贫扶志工作必须"提高政治站位、强化责任担当"

通过切实加强县委、县政府对扶贫扶志工作的组织领导，健全组织、配齐人员、层层包保，形成"纵向到底、横向到边"的工作格局，这是扶贫扶志取得实效的根本保证。

（二）扶贫扶志工作必须"各负其责、齐抓共管"

始终把扶贫扶志工作作为打赢脱贫攻坚战的一项重要内容，落实到各乡镇、各部门，明确主体，压实责任，形成"万众一心、群策群力"的工作格局，这是扶贫扶志取得实效的重要举措。

（三）扶贫扶志工作必须"规划引领、产业支撑"

从思维理念、产业发展、体制机制等方面进行全方位规划，把产业项目建设作为核心举措，用产业强村，靠项目富民，全方位带动贫困人口脱贫致富，这是扶贫扶志取得实效的坚实基础。

（四）扶贫扶志工作必须"扶贫先扶智、富村先富民"

把精神脱贫与经济脱贫统一起来，积极引导群众想脱贫、会脱贫、能脱贫，由外部"输血"向内部"造血"转变，这是扶贫扶志取得实效的不竭动力。

吉林省扶贫办主任推荐语

在深入贯彻落实习近平总书记关于扶贫工作重要论述的实践中，东辽县以载体推动、典型示范、文化引领助力"扶志思进"，通过强化保障、加强宣传、因户施策狠抓"扶智强能"，采取移风易俗、落实包保、专项整治创新"扶治共管"，在进一步激发贫困群众自主脱贫内生动力方面，取得了实实在在的成效。这一典型案例，为我们在扶贫扶志工作中提高政治站位，扛起责任担当，坚持各负其责，推动齐抓共管，注重规划先行，强化产业支撑，最终达到"既富口袋又富脑袋"，实现精神物质双脱贫，带来了非常有益的启示。

张宝才：吉林省扶贫办党组书记、主任

专家点评

吉林省东辽县近年来以"扶志气、增智力、强治理"为枢轴，狠抓"扶志思进、扶智强能、扶治共管"三项工程，极大地激发了贫困群体脱贫致富的主体性、积极性和创造性，从根本上解决了有的村落村风不淳、民风不正，少数贫困人口脱贫主体性差、依赖思想严重、创新能力欠缺等问题，取得良好成效。这一典型案例的基本经验可概括为：扶贫必须把精神扶贫与经济扶贫有机结合起来；积极引导贫困群体解放思想、转换观念；由外部"输

血"转变为内部"造血"。只有这样，精准扶贫工作才能真正落到实处。

牟成文：华中师范大学政治与国际关系学院教授、博士生导师、工会主席，科学社会主义研究所所长，"桂子学者"

思考题

在脱贫攻坚进入决战决胜阶段，如何进一步增强各部门扶贫扶志工作合力？

延伸阅读

1.《为贫困户插上希望的金翼》(辽源市人民政府网，http://sj.liaoyuan.gov.cn/xxgk/dtxw/zwlb/xqdt/201810/t20181030_341254.html，2018 年 10 月 30 日)

2.《东辽县亮出"三农"发展新"高招"》(辽源日报在线读报，http://read.0437.com/reader/paper.asp?Aid=10714&Fid=2733，2016 年 3 月 1 日)

拔掉"双根" 送走穷神

——黑龙江省桦川县创新精神扶贫载体的实践

摘要：打赢脱贫攻坚战，不光要围绕"两不愁三保障"做好扶贫开发工作，更要更新贫困群众的思想观念，培育贫困群众依靠自力更生实现脱贫致富的意识。在脱贫攻坚实践中，桦川县走脱贫攻坚与扶志扶智相结合之路，创新扶志扶智"思想扶贫"载体，实施扶志气、扶文化、扶智力、扶能力、扶风气、扶制度"六扶"举措，拔掉思想上的穷根，修补精神贫困的软肋，清除致富技能上的梗阻，进一步激发贫困群众自主脱贫内生动力，彻底解决物质和精神双脱贫"最后一公里"的问题。

关键词：扶志扶智　内生动力　思想扶贫

引言：2018 年 2 月 12 日，习近平总书记在打好精准脱贫攻坚战座谈会上指出："要加强扶贫同扶志、扶智相结合，激发贫困群众积极性和主动性，激励和引导他们靠自己的努力改变命运，使脱贫具有可持续的内生动力。"

❖ 背景情况

　　桦川县位于黑龙江省东北部、三江平原腹地、松花江下游南岸，是全国革命老区县和全省一类革命老区县，新中国第一集体农庄诞生地。桦川孕育涵养了辽金文化、黑土文化、抗联文化、闯关东文化、北大荒文化、知青文化、民俗文化、寒地稻米文化，拥有辽金时期的瓦里霍吞古城、希尔哈古城、汉魏古山寨等名胜古迹。"八女投江"之一的冷云烈士和著名的抗日战争英烈赵敬夫、张耕野、张宗兰就出生在这里。脱贫攻坚以来，桦川县委、县政府始终坚持群众主体，狠抓扶志扶智，最大限度地激发贫困群众内生动力，坚定决战决胜信心，从精神上、思想上拔掉了"穷根"，既"富口袋"，又"富脑袋"，实现了脱贫摘帽。

桦川县是典型的农业县份，全县耕地面积 210 万亩，经济发展相对滞后，资源相对贫瘠。产业结构比较单一，以种植水稻、玉米、大豆等为主。农民持续增收较为困难，农业种强销弱，农产品初加工多、深加工少，农业品牌化建设滞后。据统计，全县 105 个行政村中，贫困村 45 个，2017 年桦川县建档立卡贫困人口 5931 户 12701 人，贫困人口数量多、脱贫任务重、难度大。桦川县贫困群众以老年人居多，文化素质偏低，思想观念陈旧，安于现状，"生产靠贷款、花钱等救济、应急找政府"，一些贫困群众"等靠要"思想严重，并且根深蒂固，内生动力严重不足，很大程度上制约了脱贫攻坚的成效与质量。如何破解贫困群众"等靠要"思想顽疾、激发内生动力、提高致富技能和本领，是在这场攻坚战中需要解决的难题。

❖ 主要做法

（一）创新阵地载体，搭建思想教育平台

重点建强县村一大一小两个思想扶贫教育基地。第一，在县里建设了一个脱贫攻坚故事馆，以讲述贫困户、驻村工作队、帮扶干部故事为主线，拍摄上万张的扶贫照片素材，采访近百人的感人故事，以图片、视频资料、实物展示等形式，讲述全县脱贫攻坚涌现出的好人好事、好经验好做法，以及发生的新变化。组织全县帮扶干部、省市县驻村工作队、乡村干部、贫困户代表、一般农户代表、中小学师生等学习观摩。脱贫攻坚故事馆成为全县思想教育助力扶贫的一个大课堂、助推器。第二，在丰年、集贤等村，本着实

事求是、力所能及的原则，以创业史、奋斗发展史、脱贫攻坚事实为主要内容，建立了红色村史馆，弘扬了励志奋进、拼搏向上的桦川精神。建立覆盖所有村的村史长廊，重点展示脱贫攻坚以来家乡巨变，激发村民建村、爱村、护村热情。第三，依托政府、帮扶单位、爱心企业、社会团体等捐赠资源，建立覆盖所有行政村的"扶贫1+1"爱心超市，超市受益人群由贫困户发展为全体村民，通过设立发展生产、劳务就业、孝敬老人等奖项，鼓励村民用表现换积分，在自主脱贫中实现"爱心接力"。村民通过发展庭院经济、开展垃圾分类等方式，换取爱心超市积分，获得物质奖励。最终目的是让贫困户丢掉懒气、惰气、怠气，由里到外生成志气、骨气、底气。

贫困户到爱心超市兑换生活用品

（二）创新帮扶模式，开展立体靶向扶志

"蹲墙底，抱肩膀，一人一个穷活法。"扶志也要一人一策。一方面，桦川县依托老区红色资源，突出红色文化宣传，组建县乡宣讲团和宣讲队，大

力宣传东北抗联精神、北大荒精神、冷云精神和知青文化，为全县脱贫攻坚凝聚精神力量。另一方面，桦川县通过开展"小手拉大手"的学校主题班会、干部与贫困户面对面心贴心"讲政策、解疙瘩"见面会、扶贫脱贫先进典型报告会，"红手牵懒手、大手牵小手、挺直腰板一起走"，提升了干群信任度和融合度。驻村干部、工作队每月开展一次和贫困户的见面会，讲政策、解疙瘩、解难题，提振贫困户信心，加强干部对贫困户同频共振。通过开展主题班会、座谈交流会、宣讲报告会等，增强贫困户脱贫致富信心。县、乡、村分别组织召开"自食其力"脱贫典型宣讲报告会。每名帮扶干部深入帮扶农户"一对一"精准政策讲解，帮助谋划脱贫产业，提升脱贫致富本领。再者，桦川县开展"送戏下乡""文化走亲"等活动，将文艺文化带到群众身边，丰富群众精神文化生活。通过村大喇叭、村微信群和电视台等媒介，广泛宣传各类扶贫政策、移风易俗的相关倡议等。最后，桦川县还强化典型选树表彰，以先进带后进，在农村形成浓厚的比学赶帮超氛围。举办"感动桦川人物"评选、"为扶贫加油"誓师等活动，选树表彰典型 670 个，在县级各个媒体播发先进典型事迹，以身边典型教育引导身边人。

帮扶责任人入户宣讲政策

（三）创新扶智方式，增强自我脱贫能力

桦川县不搞大水漫灌式扶贫，在确保贫困群众每户拥有一两个产业扶贫项目，保证稳定增收的同时，注重提高贫困群众致富技能和捕捉市场信息的能力。通过技能培训、劳务协作、开发岗位、车间吸纳等措施，帮助贫困劳动力实现转移就业、技能就业、稳定增收。依托"雨露计划""科技之冬"等政策，根据贫困劳动力的培训需求、就业意愿等实际情况，开展家政服务、电商、特色种植养殖等各类技能培训班，组织开展"春风行动""两联三送""就业扶贫行动日""专场招聘会"等专项活动，以提升技能、促进就业、增强贫困户自身"造血"能力，激发自主脱贫致富动力。苏家店镇苏家店村建档立卡贫困户王玉红，丈夫郑德华因腰椎间盘突出不能干重活，主要靠土地流转维持生计，家里两个孩子都在上学。2018 年，王玉红参加了县妇联举办的手工编织培训班，学到了一技之长，她利用义务为酒厂打扫车间卫生的便利条件，收集塑料包装带编织手工筐。技术有了，编筐的销路成了问题。在一次帮扶人入户时，细心的帮扶人得知她目前因无法销售而犯愁的实际情况，帮扶人、驻村工作队想办法、谋思路，驻村工作队长自费在网上帮助她购买了颜色鲜艳的塑料包装带和胶枪，让她创新编织品种，王玉红将菜篮子变成了收纳筐，收纳筐又变成了浴筐、水果筐、垃圾筐。随着产品的多样化、

精细化，手工编织筐附加价值随之增加，从最开始的 5 元钱一个大菜篮子到后来的 10 元钱一个小收纳筐，再到 15 元一个浴筐。帮扶责任人和工作队通过亲友相传、微信朋友圈转发等方式大力推广了王玉红的作品，王玉红色彩斑斓、质量优良的手工编织筐由爱

贫困户王玉红手工编织筐篮

心人士通过网络宣传远销到北京和天津。王玉红经常说："我虽然贫穷，但是脑子不能贫穷，我得凭借自己的努力摘掉穷帽奔小康。"随着技能的提升，产品的畅销，王玉红已于 2018 年脱贫。

育婴员技能培训班提升贫困户致富能力

（四）创新文明高地，营造清新健康风尚

健康良好的乡村文明，也是涵养贫困户积极乐观向上心态、保持持久内生动力的重要源泉。第一，桦川县大力引导乡村开展移风易俗行动，树立文明新风，破除陈规陋习，解决贫困群众心志落后、生活方式落后的"顽疾"，创新开展"晒家风、传家训"活动，评选出的优秀作品在媒体及村内集中展播。开展"星级文明户""五好家庭"评选，建立村级"红白理事会"和"道德红黑榜"，移风易俗引领全县乡村文明新风尚。第二，推进农村人居环境整治，创新实施每人每天出资 5 分钱用于村级保洁的"5 分钱工程"，乡村环境

呈现出"洁净美人人向往"的新面貌。创业乡丰年村挖掘"忠孝"传统文化资源,用传统文化育民、富民、乐民,补齐群众思想精神短板,修补邻里不睦、子富父贫等道德文明上的缺失。全村建设一个占地面积1500平方米的忠孝广场,每天上午10点和下午2点利用大喇叭准时播放广播,潜移默化地使"忠孝"文化入脑入心,展现良好新村貌,树立良好新村风。以"文明风尚,五新丰年"为主题,在村东侧手绘了"五新丰年"文化墙,通过"风气新、服务新、动力新、管理新、面貌新"的"五新"板块,改陋习、树新风,强产业、促增收,兴文化、展新貌。建设了150米长的"忠孝丰年村史长廊",开展了"十大寿星""十大孝星"孝亲敬老先进典型人物推选活动,潜移默化地传承"忠孝"家风、传承闯关东时期的创业精神和实干精神、传承革命时期爱国精神和奉献精神,践行了社会主义核心价值观。

丰年村"五新"文化墙引导文明风尚

（五）创新引领路径，筑牢三层组织保障

桦川县切实把党的政治优势和组织力量转化为脱贫攻坚的强大合力，全面强化乡村干部、农村党员、驻村帮扶干部三支队伍建设，保障脱贫攻坚。首先，配强乡村干部来保障脱贫。一方面实施乡村干部"强能力、提素质、聚合力"工程，举办乡村干部脱贫攻坚培训班 15 期，共培训 7000 余人次，开展"过筛子"式扶贫测试 9 期，测试 3000 余人，举办访谈擂台赛 137 期，全面解决乡村干部脱贫攻坚能力不足问题。另一方面提高村干部"入口关"，村干部高中以上学历占比提高到 82.6%，"一好四强"型村党支部书记占比提高到 86.3%，乡村干部由"走读"转为"坐班"，乡村干部作风转变获得群众广泛点赞。其次，建强党员队伍来保障脱贫。一方面，创新开展"夺旗争星"活动，在村级党组织中开展夺取基层党建、美丽村庄、集体经济等"五面红旗"评选活动，在农村党员中开展争当"学习示范星""组织纪律星""遵规守法星"等"十星级"党员评定活动，红旗村提升村干部工资待遇，"十星级"党员在全县宣传表彰。另一方面，创新实施"织网工程"，以行政村为单位，以党员为引领，带动网格内先进群体，开展网格化服务、管理，形成"小事不出格、大事不出网"的格局。再次，创新实施"五亮一挂"工程。农村常驻党员亮身份、亮承诺、亮职责、亮星级、亮联系方式和挂党员户牌达到 100%，推行党员"传帮带""一带三"、党员包街区等活动，党员荣誉感和先锋模范作用进一步凸显。最后，筑强驻村帮扶队伍保障脱贫。全力打造一支懂扶贫、会帮扶、作风硬的驻村扶贫干部队伍，县党政主要负责人率队赴河南、四川、江西和本省内先进地区考察学习 12 批次，外地先进的工作经验成为指导年轻后备干部、"三门干部"开展驻村扶贫工作的金钥匙。全面倡导"干"字精神，制订《关于在全县党员干部中开展发扬苦干、实干、巧干"干"字精神实施方案》，全县广大干部群众"抢白天、战雨天、向黑夜要时间"，涌现出一批新时代的"钢铁先锋"、驻村扶贫"尖刀战士"和驻村扶贫

"巾帼英雄"。近年来，开展基层党组织"18385"典型示范工程，每年乡镇确定两个重点村进行提升，乡村发挥自主创造能力，形成了一批可复制、可借鉴的党建典型，其中苏苏村的"十星级"党员评选活动在全省进行推广，形成了由点到面的提档升级。

❖ 经验启示

2018年年底，桦川县所有贫困村全部出列，贫困人口减少到594户1240人，贫困发生率降至0.78%，2019年5月桦川县正式退出国家级贫困县序列。在2016—2018年度黑龙江省脱贫攻坚成效考核中连续3年位居"A"等次。在脱贫攻坚主战场的探索与实践中，桦川县积累了一些务实管用、可借鉴推广的做法和经验，得到了国务院扶贫办和黑龙江省委省政府及社会各界的广泛认可。

（一）高位推进是实施扶贫扶志的政治保障

桦川县委县政府深入贯彻党中央、国务院关于打赢脱贫攻坚战的决策部署，提高政治站位，坚持把脱贫攻坚作为最大政治任务和"一号工程"推进实施。桦川县特别重视扶志扶智，将思想扶贫列入全县14个扶贫专项推进组推进实施，层层传导压力，落实工作任务，为扶贫扶志行动取得实效提供了有力的政治保障。

（二）党建引领是挖掉"人穷志短"两大"穷根"的支撑保障

习近平总书记指出，要把扶贫开发同基层组织建设有机结合起来，真正把基层党组织建设成带领群众脱贫致富的坚强战斗堡垒。抓好脱贫攻坚工作，必须以党建为引领，让党旗在脱贫攻坚主战场上空高高飘扬。桦川县抓好党建促扶贫，大力弘扬桦川精神，抓班子、强队伍，树导向、增活力，充分发挥基层党组织的战斗堡垒作用和党员的先锋模范作用，为打赢脱贫攻坚战提供了坚强有力的组织保证。

黑龙江省扶贫办主任推荐语

桦川县位于黑龙江省东北部，是典型的农业县，三江寒地水稻种植发源地，也是国家扶贫开发工作重点县。全县经济发展落后，贫困人口数量多、老龄化严重、脱贫志气不足，脱贫任务重、难度大。桦川县委县政府坚持群众主体，将扶贫与扶志扶智紧密结合，动员全县 22 万名干部群众咬定目标加油干，主动作为，精准施策，凝聚起强大的精神力量，帮助贫困群众从思想上拔掉了"穷根"，圆满完成了脱贫摘帽任务。他们探索出了一条可借鉴、可复制、可推广的扶贫扶志扶智新路子，对如期打赢脱贫攻坚战起到重要的促进作用。

崔培元：黑龙江省扶贫办党组书记、主任

专家点评

桦川县的扶贫实践以转变贫困群众思想观念为基础，注重致富技能的培养和致富渠道的扩展，在思想教育平台的建设上有自己的特色，在"靶向扶志"的探索方面也独具创新性。在推进精准脱贫的同时，桦川县还注重采取传统文化教育等方式推进乡村文明建设和社会主义核心价值观的落实，注重加强基层管理组织模式的创新，加快推进了脱贫攻坚步伐。总的来说，桦川县通过创新扶志扶智"思想扶贫"载体，以思想脱贫为突破口，以精准脱贫为基础，不仅着力于脱贫攻坚，还着眼于乡村文明建设，通过制度建设创新乡村治理模式，这些举措对脱贫后继续推进乡村振兴战略的实施有积极的借鉴意义。

燕连福：西安交通大学马克思主义学院院长、教授、博士生导师

思 考 题

在开展扶贫扶志行动中，应该从哪些方面创新举措，以提升贫困人口的脱贫"志气"？

延伸阅读

《桦川解放思想谋发展 助推脱贫攻坚见成效》(佳木斯先锋网，http://www.jmsdj.gov.cn/Show.asp?ID=10259，2019 年 3 月 7 日)

创新发展观念
重构产业组织

——上海市支援贵州道真县蔬菜产业扶贫

摘要：产业发展是贫困地区脱贫攻坚的根本，但是产业的发展要有特色，需要充分考虑当地实际、贫困户实际、外部要素等因素的影响。上海市杨浦区援黔道真小组根据产业兴旺的要求和道真县贫困户生产的实际，从推进贫困户思想观念的转变、市场意识的提高、产销市场的拓展、贫困户组织化程度的提高等方面整合各类资金、资源，重构蔬菜产业组织模式，确实、有效地推进道真自治县的脱贫攻坚工作。

关键词：产业扶贫　蔬菜产业组织模式　内生动力

引言：2017 年 6 月 23 日，习近平总书记在深度贫困地区脱贫攻坚座谈会上指出："贫困地区、贫困群众首先要有'飞'的意识和'先飞'的行动；没有内在动力，仅靠外部帮扶，帮扶再多，你不愿意'飞'，也不能从根本上解决问题。"

❖ 背景情况

道真仡佬族苗族自治县（以下简称道真县）是全国仅有的两个仡佬族苗族自治县之一，是国家扶贫开发重点县，也是国家片区开发重点县和贵州省 13 个发展困难县之一，全县农村人口 30.7 万，2014 年建档立卡贫困人口 6.28

万，贫困村 48 个。道真县的"八山一水一分田"地理特征，充分凸显了产业发展的局限性。与此同时，财政投入不足、基础设施建设滞后、农民饮水困难等问题，进一步使得产业发展后劲不足、贫困村空心化等形势日趋严峻。道真县必须探索一条经济价值高的特色产业道路开展扶贫工作。

为了贯彻落实中央关于产业扶贫的精神，扎实推进道真县产业扶贫工作，《道真自治县"十三五"脱贫攻坚规划（2016—2020）》明确提出，投资107847 万元用于以种植商品蔬菜、中药材等为主的种植业产业扶贫项目，占产业扶贫项目总投资的 56%。按照"以短养长、长短结合"的要求，道真县确立了"23221"（即 2 亿棒食用菌、30 万亩蔬菜、20 万亩茶叶、20 万亩中药材、10 万担烤烟）农业产业化发展目标和"兴菜、强菌、壮药、固茶、稳烟"的产业扶贫思路，提出了打造"菜县菇乡"的发展目标。

上海市杨浦区援黔道真小组（以下简称"杨浦援黔道真小组"）根据《道真自治县"十三五"脱贫攻坚规划（2016—2020）》，充分聚焦当地的区位环境、发展实际、产业特点等，结合"扶贫协作一定要在土地、农业和食品加工上做文章，帮助贫困农民在家门口增收脱贫"等扶贫理念，从推进贫困户思想观念转变和市场意识提高、产销市场拓展、贫困户组织化程度提高等方面整合各类资金、资源，重构蔬菜产业组织模式，推进道真县脱贫攻坚工作。

❖ 主要做法

（一）转变农户观念，变"靠天吃饭"为"商品化"经营

随着贫困县基础设施建设日趋完善，贫困农户思想观念滞后对脱贫攻坚的阻碍作用日益凸显出来。此前，贫困户的蔬菜种植是一种典型的"靠天吃饭"式生产模式，他们的主要工作是前期播种，中期简单打理，后期收获，是一种粗放式的生产。并且主要是自给自足，在家庭消耗不完的前提下将部分蔬菜出售，未以此作为主要生计来源。杨浦援黔道真小组充分考虑道真实

际、贫困户实际因素,以蔬菜产业作为突破口,转变农户的生计模式,使贫困户在自食其力的基础上摆脱贫困。在产业体系建设初期,主要以农户"听得懂、看得到"的方式,引导其对照种植,即村民将自己的菜地一分为二,一半种自己吃的菜,另一半按照杨浦援黔道真小组的要求种植商品蔬菜。通过不同种植方式的对比,以"润物细无声"的方式逐步转变贫困户的农业经营观念。与此同时,道真县通过"政府抓带头人 + 带头人带农民"的模式,将道真县蔬菜产业体系予以固化,形成自己的产业模式。

道真县隆兴镇浣溪村蔬菜种植基地和五百亩大坝食用菌产业园

(二)加强技术培训,提升贫困户脱贫能力

人力资本的提升是改造传统农业的有效方式,也是提升贫困户脱贫的底气所在。道真县通过种植大户的示范引导,商品化、规模化种植的理念宣传,各类专项培训,通过对农村带头人的培育、布局,扩大其辐射、带动范围,有效提升了贫困户的技能水平。一方面,实施"千百十"计划,即建设十个千亩以上的基地,培养一百个技术骨干、蔬菜经纪人,培养一千个职业农民;另一方面,在培训人员的选择方面,充分考虑未来基地建设人才的要求,有规划、有前瞻性地挑选接受培训的农户。

自 2016 年以来，道真大力发展蔬菜产业，每年开展蔬菜产业培训 5000 人次以上，2018 年培训达到 60 多期 15000 人次以上，投入资金 500 余万元，讲师主要来自上海市农科院、贵州大学农学院、遵义市农委、道真县农牧局等相关单位教授、高级农艺师，培训主要以"理论 + 实践"模式开展。

（三）重构蔬菜产业组织模式，变被动需求为主动参与

道真县蔬菜种植概况

蔬菜种植在道真县农业产业发展中占有重要的地位。2014 年之后，外地客商在道真建立蔬菜生产基地，推进蔬菜规模化经营，而后又通过"订单农业"的形式与农户进行合作。受此影响，道真的蔬菜产业获得一定程度的发展，但其生产经营规模仍相对较小。2016 年之前，道真蔬菜产业的发展呈现出被动发展、各区域农户分化、产业组织模式缺位、产业链不完善、市场需求的高度不确定、交易成本高等特点。一方面，道真"订单农业"的守约观念仍相对薄弱，容易影响农户特别是贫困户的生产积极性。以 2015 年、2016年为例，道真碰到了花菜的滞销危机，外来客商下的订单无法兑现，极大影响贫困户的生产经营。另一方面，农户的蔬菜种植品种直接受到外地客商需

求影响，具有极大的不确定性，无法实现产业的平稳、有序发展，以蔬菜产业实现脱贫的效用也大打折扣。此外，农户没有蔬菜品种结构调整和质量提升的能力与动力，产业扶贫的内在动力很难激发。由此，杨浦援黔道真小组通过对蔬菜产业组织模式的重构、强化，推进脱贫攻坚。主要做法有：

一是形成"1+14+83"模式，提升农户的组织化程度。道真县推进乡村三级联动试点，形成了"1+14+83"模式，即在县层面成立 1 个国有公司负责牵头抓总，14 个乡镇成立分公司组织销售，83 个村成立集体经济组织。把无思路、无资金、无技术、无任何抗风险能力的贫困户纳入产业体系中来，把利益最大程度分配给建档立卡贫困户，带动贫困户精准脱贫。通过组织贫困户专门种菜，所有贫困户都与集体经济增收目标关联，实现抱团式发展。

打造"道真果蔬"平台体系，提升组织化程度

二是融合民营经济力量。道真县采用土地换技术的方法，探索组建"村社合一"的专业合作社以及集体经济与民营企业的混合制试点，实现蔬菜产业体系的推广和建立，有效解决集体经济技术管理难到位等问题。一方面，民营企业具有技术相对比较成熟、积极性高、田间管理比较科学等优势，另一方面，集体经济具有较强的组织动员能力，因此二者的结合具有科学性、合理性。

三是以"行政＋市场"模式，助推道真蔬菜产业模式的形成。道真县专门成立了蔬菜办公室，主要负责对内的布置和协调，其实质是"行政＋市场"的表现形式。蔬菜办通过行政的力量，充分依托其组织优势，提升贫困户的组织化程度。与此同时，县兴农公司主要负责对外的销售，负责各个乡镇订单的分配。这充分实现了市场需求与生产供给的有序结合。一段时间行政力量的推动之后，行政手段逐步退出产业体系，市场的力量逐步充实进来，推进脱贫攻坚工作的有序开展。

四是精准对标市场，实现产销两旺。道真县通过蔬菜市场需求扩展，提升其商品蔬菜的供给能力。一方面，充分依托其特有的地理优势、气候优势，发展独具道真特色的蔬菜产业，提升蔬菜质量，提高道真蔬菜的市场需求量。另一方面，蔬菜销路的拓展带动更多的贫困户通过发展蔬菜产业脱贫致富。

道真县阳溪镇利民合作社收购老百姓种植的花菜

（四）推进基础设施建设，强化标准化示范作用

自 2016 年以来，道真县委县政府大力扶持蔬菜产业发展，出台相关政策保障群众收益，全县在 2016—2018 年投入扶贫及涉农资金 1 亿元以上，支持产业基础设施建设。农技人员下乡入户开展蔬菜产业发展宣传，将蔬菜产业与传统种植玉米收益算账对比，鼓励农民大力发展蔬菜产业。合作社建设示范基地带动群众加入产业发展。2018 年，全县有劳动力的贫困户已基本实现产业全覆盖。

为发挥示范带动效应，实现蔬菜规模化、集约化发展，道真县突出抓好"三块基地"（1000 亩乡镇示范基地、200 亩村级推广基地、50 亩组级生产基地）和"七线四带"（7 条蔬菜产业示范线和 4 个万亩蔬菜产业示范带）的示范建设，统筹做好蔬菜食用菌产业规划，明确要求做到标红打记划界，把种什么、谁来种、什么时候种登记造册，流程标准化。先后建成蔬菜大小基地

1530 个。从种、管、投、采等环节入手强化基地标准化生产，并积极完善配套设施建设。截至 2018 年，道真县已建成冻库 76 座、烘干线 14 条、物流中心 6 个，产业路组组通，基本实现所有规模基地全覆盖。在重点乡镇新建的三个智能育苗大棚，为今后实现集中育苗、供苗提供了保障。

（五）构建蔬菜直供直销渠道，对接市场带动贫困户增收

2016 年以来，杨浦援黔道真小组对于蔬菜产业发展共实施帮扶项目 13 个，投入资金 1235 万元，帮助道真县建设完成 7 条产业示范带和蔬菜生产基地布局，建立完善了"县统筹、镇对接、村生产"产业发展模式，全面开展农超、农企、农批、农校对接，建起了稳定的直供直销渠道。在上海市商务委帮助下，道真县通过西郊国际、上农批两大平台，与相关市场终端建立了产销对接，进一步拓展了蔬菜销售渠道。2017 年 5 月以来，以"产销对接"销售蔬菜等农产品 2000 余吨，实现销售收入 3000 余万元。2018 年 10 月，杨浦援黔道真小组率队与上海高校后勤服务股份有限公司、苏州食行生鲜电子商务有限公司、淘菜猫信息发展股份有限公司签订了 3130 吨 1485 万元的蔬菜销售订单。

对接市场要求推进标准化，
将农产品变成合格商品

建立直供直销渠道，带动贫困群众稳定增收脱贫

全县长年发展商品蔬菜 15 万亩以上，其中辣椒 5 万亩，食用菌 0.02 万亩，其他蔬菜 10 万亩以上。实现蔬菜总产量 29.43 万吨，产值 6.42 亿元。涉及农户 3 万户 10 万人，其中贫困农户 1.1 万户 3.9 万人。县内人均蔬菜产值 1888.23 元，贫困户因蔬菜产业人均增收 600 元左右。

❖ 经验启示

（一）转变贫困户的思想观念，关照贫困户的生产实际

思想观念的转变是发展蔬菜产业的先导，通过宣传带动、政府推动、党建联动，逐步扭转群众的传统农作物种养习惯，帮助群众克服发展蔬菜产业的犹疑心理和畏难情绪。首先，杨浦援黔道真小组没有搞"一刀切"式的行政命令，充分尊重群众主体地位，及时帮助群众转变好观念、统一好思想，得到了群众的认可和支持，赢得了工作主动权。其次，做给群众"看"，重点解决好产业路径谋划的问题，通过组建技能实训基地、实地开展技术指导、不断拓展市场销售渠道、不断提升产业发展精准度等多种方式，帮助群

众克服了"本领恐慌"的问题。最后，按照就近、就地原则，充分考虑道真的区位条件，发展适合道真当地实际的蔬菜产业，降低扶贫攻坚的组织运行成本。

（二）提高贫困户的市场意识，增强贫困户组织化程度

农民群众是蔬菜产业发展的主体，能否激发群众内生动力关系到产业发展的成败，而利益联结是激发群众内生动力的关键抓手。杨浦援黔道真小组通过探索组建"村社合一"的专业合作社以及集体经济与民营企业的混合制试点，有效激发了群众干劲，激活了生产要素，增添了产业动能。通过创新的思路、改革的办法，让群众在产业发展中联结成一个利益整体，真正激发动力、凝聚合力、确保长效。

（三）整合各类资金资源，重构产业体系操作模式

道真县蔬菜产业体系的操作模式，主要依托的是国有企业与集体经济组织的力量。贫困户往往以老弱病残居多，无法完全依托民营企业的力量推进其脱贫。集体经济组织作为贫困户脱贫的主要依托力量，通过"从点到面、从上到下"的方式，把有脱贫意愿和劳动能力但内生动力不足的贫困户纳入蔬菜产业体系里面，让他们自食其力。剩下的无法覆盖的贫困户靠集体经济的结余予以保障。在机制设计上，充分调动国有企业、民营企业、合作社、贫困户等各个利益主体的积极性，激发多方动力，实现可持续脱贫。

上海市合作交流办主任推荐语

产业扶贫，重在提高土地和农业产出，关键在改造生产链、打通流通链、提升价值链，激发贫困群众的内生动力。没有贫困群众的广泛参与，扶贫就难以从"输血"式向"造血"式转变，也就难以持续发展。习近平总书记强调，要改进帮扶方式，组织动员贫困群众参与帮扶项目实施，提倡多劳多得，不要包办代替和简单发钱发物。杨浦援黔道真小组在重构道

真县蔬菜产业组织模式的过程中，从围着群众"转"，到做给群众"看"，再到带着群众"干"，充分尊重群众主体地位，及时帮助群众转变观念，激发了当地基层干部和贫困群众参与发展蔬菜产业的积极性和主动性，直接带动了一万余名贫困群众增收脱贫。这既是一个产业扶贫的成功案例，也是一个扶贫扶志的典型案例。

姚　海：上海市人民政府合作交流办公室党组书记、主任

专家点评

产业扶贫是有效的开发式扶贫方式之一，但难点是如何选择可持续的特色产业，建立有效的市场营销体系和规范合理的利益机制，避免扶贫产业同构和产品同构，导致市场竞争力不强，甚至出现未增收反亏损、未脱贫反增贫的相反结果。杨浦援黔道真小组发展蔬菜产业，助力扶贫脱贫创新探索，为贫困地区产业扶贫提供了成功案例，具有示范和推广价值。其主要经验是：积极开展蔬菜产业相关技术培训，提升产业化发展能力；通过产业扶贫组织化和标准化建设，提升了市场竞争能力；通过采取精准对标市场、产销对接、以销促产等方式，构建购销市场体系，保证产业扶贫效果能稳定持续；通过建立合作社构建规范的利益共享机制和集体经济带动，培育和激发贫困户的内生动力，发挥集体经济扶贫脱贫的引领能力。

张　琦：北京师范大学中国扶贫研究院院长、教授、博士生导师，国务院扶贫开发领导小组专家咨询委员会委员

思考题

1. 在贫困地区特色产业发展的初期，在没有相应的政府补贴或资助的前提下，如何建立生产经营的风险分担机制，保障贫困户的生产积极性？

2. 在转变贫困户观念、激发其脱贫内在动力的过程中，扶贫干部应该怎么做？如何确定扶贫的合理力度？

延伸阅读

1.《杨浦结对帮扶道真　拓宽群众增收路》(人民网，http://gz.people.com.cn/n2/2017/1108/c361324-30900045.html，2017 年 11 月 8 日)

2.《这个上海干部扎进深山，成为贵州农民的卖菜书记》(澎湃新闻，https://www.thepaper.cn/newsDetail_forward_2690885，2019 年 1 月 1 日)

特色产业开发
培育自我发展能力

——江苏省阜宁县"造血"式脱贫实践

摘要：在脱贫攻坚过程中，坚持"输血"和"造血"相结合，重在培育自我发展能力。江苏省阜宁县结合本地实际和市场形势，打造特色产业，蹚出了一条别具特色的"造血"发展路子，激发地方干群脱贫内生动力，变"你来扶贫"为"我要脱贫"，变"要我发展"为"我要发展"。其主要做法是：坚持扶志优先，提振脱贫精气神；突出扶智提升，培育脱贫新动能；强化组织保障，确保脱贫取实效。其经验启示有：脱贫攻坚要激发内生动力；脱贫攻坚应增强"造血"功能；脱贫攻坚须形成强大合力。

关键词：产业扶贫　自主脱贫　扶贫扶志

引言：2018 年 10 月 22 日至 25 日，习近平总书记在广东考察时指出："产业扶贫是最直接、最有效的办法，也是增强贫困地区造血功能、帮助群众就地就业的长远之计。要加强产业扶贫项目规划，引导和推动更多产业项目落户贫困地区。"

❖ 背景情况

阜宁县位于江苏省苏北地区，是江苏省定脱贫攻坚任务较重的县（区）之一，有多个乡镇位于渠北片区，是省重点片区之一。2016 年，阜宁县有省定经济薄弱村 35 个，建档立卡贫困人口 36649 户 86769 人。脱贫攻坚战打响以来，阜宁针对部分贫困户缺乏脱贫信心、存有思想顾虑、内生动力不足等状况，突出扶贫先扶志，着力引导低收入农户大力开发特色产业，培育自我发展能力，走出一条独具特色的"造血"脱贫攻坚新路径。

阜宁县貌

　　帮助贫困户树立脱贫信心、确立脱贫之志，是脱贫攻坚首先需要解决的关键问题。阜宁坚持把扶志扶智同产业扶贫紧密结合起来，从思想上、精神上把广大低收入农户引入积极投身产业脱贫的宏大浪潮中。阜宁坚持把发展产业作为实现低收入人口稳定脱贫的主要途径和长久之策，着力探索多种行之有效的模式带动低收入人口参与产业发展。主要有四种：一是产业带动。坚持把农业结构调整与低收入农户脱贫和村集体经济达标相结合，积极引导高效农业基地吸纳低收入农户务工。鼓励、扶持低收入农户发展特色产业和传统手工业等致富项目，实现脱贫增收。把发展稻虾综合种养和生态农旅结合作为全县扶贫主导产业加以培育，2018 年全县新建稻虾种养基地 3 万多亩，2019 年新增 6.4 万亩，累计发展稻虾种养面积 10 万亩。2016 年以来，招引实施 30 多个林果产业项目，累计发展林果 3 万亩，以此为依，大力推进生态旅游，带动一批低收入农户发展"农家乐"和民宿经营。二是就业带动。优化县域产业布局，强化低收入人口职业技能培训和农业技术培训，提高低收入农户劳动力转移就业的基本技能。三是合作社带动。全县出台政策，支持经济薄弱村领办、创办专业合作社和土地股份合作社，积极引导低收入农户加入合作社，参与生产经营。四是资产收益带动。设计和实行科学的资产分红收益机制，与低收入劳动力劳动挂钩，扶贫资产集体收益重点用于开发公益性岗位、开展事后奖励等。

❖ 主要做法

（一）坚持扶志优先，提振脱贫精气神

产业扶贫首先要调动人的积极性，解放思想，勇于实践，主动作为。扶贫先扶志。思想不转弯，脱贫难过关。为了充分发动广大干部群众积极投身于各项富民产业，共同实现致富奔小康，阜宁县多措并举激发贫困群众发展动力。一是强化舆论导向，把扶贫扶志活动与新时代文明实践中心建设、乡风文明培育等工作有机结合，重点开展"爱心帮扶暖民心、扶贫扶志奔小康"和"互看互比奔小康"等活动，以具体活动为抓手，做到思想发动、宣传教育、感情沟通、工作帮扶"四到位"，引导群众牢固树立"主动脱贫光荣、甘当贫困户可耻、不赡养老人违法"的观念。二是注重典型引导，通过深化与盐城工学院的合作，推进"扶贫先扶志"项目研究更加深入、具体、实用。重点选树推广一批依靠辛勤劳动、自力更生实现脱贫致富的先进典型和带动他人脱贫致富的奉献典型，如通过亲友帮扶脱贫的典型王必丰、自主创业脱贫的典型黄长桂、重燃生活斗志投身创业的典型宣飞等，用身边事教育、引

导身边人，让贫困群众学有榜样、干有方向，形成典型引路、互帮互助、共同发展的鲜明导向。三是尊重贫困群众的首创精神和主体地位，鼓励贫困群众向社会公开脱贫承诺，积极推广以表现换积分、以积分换物品等自助式帮扶做法，吸引更多贫困群众自我发展脱贫，不断提升自我发展能力，激发他们主动脱贫的内生动力和参与意识。阜宁县三灶镇庄杨村探索稻虾综合种养特色产业脱贫攻坚新路子，起初有部分低收入农户思想有包袱，怕担风险，不愿参与。为了消除群众的顾虑，村里发动村干部、致富带头人投资，先搞起来，示范给群众看。看到综合种养特色产业发展的成效后，大家逐渐统一了思想认识。村经管员杨士茸说："目前庄杨村稻虾种养合作社流转土地近200亩，由村集体管理，吸收部分低收入农户入社打工，还有一部分低收入农户在自家田里搞起了稻虾连作，群众的日子过得越来越红火。"

"莲藕经济"让射南村村民笑开怀

阜宁县坚持把加强村级班子建设作为重要抓手，着力选优村党组织书记，切实发挥好村级党组织在脱贫攻坚中的战斗堡垒作用。阜宁县板湖镇孔荡村作为"十三五"省定经济薄弱村，村"两委"班子明确目标，开拓创新，奋力进取，积极争取财政扶持、社会帮扶等多方资源，设立股份合作社，创办蔬菜大棚、特种养殖、农产品加工等产业化项目，集体经济不断发展壮大，2018年村集体经营性年收入达37.6万元。

孔荡村村貌

（二）突出扶智提升，培育脱贫新动能

发展各类产业，不能光凭一腔热忱，对从事者的视野、技能有一定的要求，否则事倍功半，收获甚微，甚至血本无归。很多贫困户往往是心有余而力不足，想创业搞产业，但又因为知识水平低下，没受过专业教育，无法行动。针对这种窘况，阜宁县采取多种措施切实提升贫困群众产业发展能力。

第一，抓因人施策"指向"。精准识别筛选有劳动能力的扶志扶智对象，强化党员干部结对帮扶责任，在扶思想、扶技能上下功夫，摸清致贫原因，厘清脱贫思路，精准编排增收致富项目，实现一户一策、因人施策。通过定期进行摸底调查，切实掌握分析每个贫困户思想动态，帮助有劳动能力的贫困户掌握一项致富技能、明晰一条致富路径、结对一个带富主体。

第二，抓教育扶贫"强身"。扶"钱"不如扶"智"，扶"今天"更要扶"明天"。在帮助贫困学生办理助学贷款、免除学费、发放补助的基础上，重点加强对贫困家庭适龄子女排查和动态管理，增强教育扶贫覆盖面的前延后伸，利用资助平台推动补助政策落实，让每一个贫困家庭学生都享受到优质教育资源，阻断贫困代际传递。

第三，抓技能培训"提能"。一人就业，全家脱贫。持续开展低收入劳动力技能大赛，通过学技能、比技能、精神鼓励、物质激励，促进低收入农户比学赶超，提振脱贫增收精气神。针对全县重点打造的扶贫产业，着力传授蔬菜栽植、林果栽培、特色养殖技术以及传统二、三产业技术。联合江苏省盐城技师学院、阜宁县事事灵家政培训学校等县内外培训机构开展"技能扶贫培训镇村行"活动，根据辖区产业特点和贫困人员年龄、性别、培训需求等情况，就近组织开展建筑、家政、保洁、保绿以及高效种植养殖技术等免费技能培训。通过对镇区贫困劳动力实行"强制式"免费技能培训，并给予每天 50 元的生活补贴，截至 2018 年已培训 3356 名贫困劳动力，提高了他们的就业能力。

2016 年，因病致贫的芦蒲镇裴王村一组村民王

京唐果休闲农庄

必丰，通过村组干部做工作，决定自力更生创业，走进县农业部门开办的专业培训班，系统学习了家禽饲养技术，然后在帮扶干部的支持下搞起了肉鸡规模养殖。"我的鸡场每年可出栏 5 茬，一年稳稳地净挣 10 万元，我家的生活水平也是芝麻开花节节高。"说起未来，王必丰信心满满，就连脸上的皱纹里也充满了喜悦。

2018 年，东沟镇兴园村四组贫困户魏怀昌通过培训掌握了番茄丰产栽培技术，便承包了土地，申请了 2 万元扶贫贷款，搭建了两座大棚。2018 年一茬番茄就收获 1.5 万多公斤，按平均每公斤 1.7 元计算，销售收入达 26000 多元，仅此一项收入就摘去了贫困的帽子。他说，准备再搭建几座大棚，联合更多的农户加入，成立番茄种植合作社，把品牌打响，在网上销售，让番茄种植带动更多人致富。

（三）强化组织保障，确保脱贫取实效

健全推进机制。把扶志扶智作为脱贫攻坚工作的重中之重来抓，阜宁县建立联席会议制度，由县委、县政府分管领导牵头，县扶贫办、人社局、农业农村局、残联等部门参与，每月研究推进。强化镇村两级主体责任和目标任务意识，层层落实，定期开展扶志扶智系列活动，引导贫困群众自力更生、艰苦奋斗，依靠勤劳智慧改变贫穷落后面貌。

强化政策激励。持续完善贫困户增收减负保障，落实好学校代餐政策，解放陪读家长劳动力；落实好政府购买民生"三项保险"政策，防止因病因灾致贫；落实好财政补助免息贷款政策，解决创业启动资金难题。突出正面激励导向，鼓励引导贫困户通过就业创业实现脱贫。对低收入劳动力首次在县内实现就业的，在两个月的岗位适应期给予每人每月 500 元的工资性补贴；对初次创业的，连续两年给予每年 3000 元的场租、水电补贴；自主发展种植、养殖业的低收入劳动力，除享受农业结构调整的激励政策外，其农业保险保费由县财政全额承担。

严格督查考核。阜宁县将扶志扶智工作纳入各镇区和相关部门年度脱贫攻坚目标任务考核，与镇村干部考核奖金、绩效工资直接挂钩。建立健全扶贫扶志重点工作督查推进机制，对宣传、培训、就业等情况进行台账管理、量化评分，每季度通报工作进展情况，以动真碰硬的考核推动扶志扶智工作落地见效。

孔荡村党组织管理网络告示牌

❖ 经验启示

作为苏北地区经济欠发达县份，江苏省阜宁县通过扶志扶智，有效激发贫困群众自我发展的内生动力，大力发展特色产业，变"输血"为"造血"，成功探索出一条产业脱贫路径，带领经济薄弱村和广大低收入农户走上脱贫致富之路。

（一）贫困户的可嵌入性是发挥扶贫扶志举措效用的前提

低收入群众既是脱贫攻坚的对象，更是脱贫致富的主体。要坚持扶贫与扶志相结合，把扶贫与扶志、扶智、扶技、扶业有效结合。通过办好贫困劳动力技能竞赛、贫困劳动力就业专场招聘会、陪读家长就业、扶贫车间、脱贫光荣户评选等工作，引导扶贫对象积极参与到扶贫项目的各个环节。深入挖掘困难群众中依靠勤劳双手和顽强意志实现脱贫致富的先进典型，加大宣传力度，激发扶贫对象脱贫攻坚信心和内生发展动力，引导更多低收入农户不等不靠、自力更生，实现自主脱贫。

（二）特色产业布局的科学性是提升内生动力的助推器

产业是否有特色，直接关系到扶贫的实际效果。发展产业不能眉毛胡子一把抓，必须立足当地自然禀赋，挖掘地方特色资源，综合规划分类发展。适合的才是最好的。产业扶贫要着力在"特"字上做文章，通过壮大特色优势产业，打造特色产业集群，拉长特色产业链条，做强特色产业深加工，提升特色产业附加值，依靠产业发展带动脱贫攻坚。

江苏省扶贫办主任推荐语

加强扶贫扶志，激发贫困群众内生动力，是江苏省阜宁县脱贫攻坚工作的显著特征，也是该县打赢脱贫攻坚战的重要举措。阜宁县在脱贫攻坚实践中把发展产业作为实现低收入人口稳定脱贫的主要途径和长久之策，突出扶贫先扶志，坚持把扶贫扶志同产业扶贫紧密结合起来，同新时代文明实践中心建设、乡风文明培育等工作有机结合起来，从思想上、精神上引导广大低收入农户积极投身产业脱贫的宏大浪潮，探索出多种行之有效的"造血"式脱贫模式。

朱国兵：江苏省农业农村厅党组成员，省扶贫办党组书记、主任

专家点评

　　本案例的亮点在于坚持把"志智双扶"与产业扶贫紧密结合起来，将扶贫产业作为落实"志智双扶"的具体载体，实现了"扶贫"与"扶志、扶智、扶技、扶业"的有机融合。创新做法则是在舆论导向、典型引领之外，充分尊重贫困群众的首创精神和主体地位，鼓励贫困群众向社会公开脱贫承诺，积极推广以表现换积分、以积分换物品等自助式帮扶做法。本案例的启示在于贫困户并非天生内生动力不足，在受到帮扶的过程中也渴望得到尊重。以产业扶贫为引领和载体，尊重他们的首创精神和主体地位，开展有的放矢、多管齐下的自助式精准帮扶，能有效提升贫困户的自我发展能力。造就"天助自助之人"，这一自助式帮扶理念和做法值得推广。

　　丁建军：吉首大学商学院院长、教授、博士生导师，吉首大学武陵山片区扶贫与发展协同创新中心研究员

思考题

　　在脱贫攻坚决胜阶段，如何进一步将贫困群众的发展动力转化为实际脱贫成果？

延伸阅读

1.《聚焦"两不愁三保障"坚决打赢脱贫攻坚战——盐城：织牢脱贫攻坚兜底保障网》(中共江苏省委，新华网，http://politics.people.com.cn/n1/2019/0309/c1001-30966695.html，2019 年 3 月 10 日)

2.《"稻田＋"串起农业全产业链》(搜狐网，http://www.sohu.com/a/324040898_120162667，2019 年 7 月 1 日)

精准"双扶"助力
低收入农户脱贫增收

——浙江省长兴县强村富民之路

摘要：为了认真贯彻落实习近平总书记关于扶贫工作的重要论述和中央及省市关于扶贫工作的决策部署，浙江省长兴县坚决扛起脱贫攻坚的政治责任，创新推出以帮扶低收入农户和村级集体经济发展后进村为主的"双扶"行动，扎实开展全方位、精准化和"造血"式扶贫，通过下好扶贫一盘棋、织紧扶贫一张网、拧紧扶贫一条心、铆足扶贫一股劲，筑牢强村富民基石，让改革发展成果惠及更多农民群众，为精准扶贫提供新的方向和思路。

关键词：精准双扶　强村富民　低收入农户

引言：2012年12月29日至30日，习近平总书记在河北省阜平县考察扶贫开发工作时指出："现在，我国大部分群众生活水平有了很大提高，出现了中等收入群体，也出现了高收入群体，但还存在大量低收入群众。真正要帮助的，还是低收入群众。"

❖ 背景情况

党的十八大以来，以习近平同志为核心的党中央高度重视、强力推进脱贫攻坚工作。习近平总书记在多次重要会议、多次重要活动、多个重要场合反复强调扶贫，提出一系列新思想新观点，作出一系列新决策新部署，为我们做好脱贫攻坚工作提供了行动指南和根本遵循。浙江省长兴县委、县政府审时度势，结合实际相继实施了《低收入农户收入倍增计划（2013—2017）》《低收入农户高水平全面小康工作（2018—2022）》《村级集体经济五年强村计划（2013—2017）》和《村级集体经济三年行动（2018—2020）》，扎实推进扶贫工作，全面消除了"4600元以下低收入农户"绝对贫困现象，低收入农户人均可支配收入年增幅保持在10%以上，高于农村居民收入增长水平。

在实施过程中，也逐渐发现扶贫工作存在着一些薄弱环节和短板，例如相对贫困依然存在、村级集体经济发展后进村仍然较多、扶贫精准度还有待提高、大扶贫格局有所欠缺等。在深入调研的基础上，长兴县顺应新时代发展要求，立足县域发展实际，结合乡村振兴战略，针对存在的问题对症下药，进一步创新工作思路，拓宽扶贫路径，重点实施了以帮扶低收入农户和村级集体经济发展后进村为主要内容的"双扶"行动，变"输血"济困为"造血"扶持，变"要我脱贫"为"我要脱贫"，变"条块"帮扶为"整体"帮扶，进一步推进脱贫攻坚，逐渐走出了一条"精准双扶，强村富民"的脱贫之路。

2018年，全县农村居民人均可支配收入达32114元，比浙江省平均水平高出近5000元；全县低收入农户人均可支配收入13399元，增幅13.5%；实现村级集体经济总收入4.4亿元、经营性收入1.8亿元，分别较上年增长17.04%和31.82%。

❖ 主要做法

（一）坚持深谋划、求实效，下好扶贫一盘棋

按照"真脱贫、脱真贫"的要求，结合乡村振兴发展，以落实乡村振兴战略为主线，对全县扶贫工作进行充分谋划和科学部署，积聚力量和资源，创新路径，多元开展，将精准扶贫工作抓紧、抓实、抓细。

1. 创新开展"十百千万"工程。针对低收入农户"增收无门、致富无

路、创业无资"的困境，深化"三位一体"改革，创新开展"十百千万"工程（围绕十大产业，动员百个专业合作社、产业农合联和基层供销社，结对帮扶千户以上低收入农户，实现户人均年收入持续增收万元），首创农合联作为产业精准扶贫载体，建立特色产业农合联及会员帮扶低收入农户稳步增收长效机制和服务共享平台。一是专业合作社帮扶。采取"专业合作社＋基地＋低收入农户""村委集体经济组织＋专业合作社＋低收入农户"等帮扶模式，依托特色产业，整合村内土地、资金等生产资料，帮助低收入农户就近创业、就业。二是龙头企业帮扶。采取"公司＋合作社＋农户"运行模式，由农业龙头企业直接投资或租赁农村土地发展生产基地，企业在完善基础设施建设后，交由低收入农户经营管理，或吸纳低收入农户到基地"务工"就业。三是新型经营主体帮扶。采取"农户贷款＋带资入股＋就业分红"运行模式，让懂市场、懂经营的家庭农场等农业新经营主体带动低收入户增收。

2018 年，帮扶低收入农户 1525 户 3825 人，全县助农增收总额约 3454 万元，实现户均增收 22649 元，人均增收 9030 元。2019 年以来，帮扶低收入农户 1679 户 3981 人，上半年全县助农增收总额 2338.2 万元，实现户均增收 13926.1 元，人均增收 5873.4 元。

2.扎实推进"五大帮扶"行动。在"十百千万"工程的基础上，结合发

长兴县横山村"土专家"对鱼池
养鱼进行现场指导

长兴县"十百千万"
产业帮扶助农增收活动场景

展实际和现实需求，组织实施"长兴县低收入农户高水平全面小康工作"，扎实开展"五大帮扶"行动（产业增收帮扶行动、社会救助帮扶行动、就业创业帮扶行动、生活设施帮扶行动和对外结对帮扶行动），综合实施救济、保障、项目扶持措施，在实现"两不愁三保障"的基础上，进一步提升低收入农户生活品质。2019 年，计划产业帮扶低收入农户 1600 户，户人均增收 1 万元左右，吸纳低收入农户就业 1000 人以上，危旧房改造不少于 50 户、生活设施改造不少于 1000 户，截至 2019 年 6 月已经实现时间过半、任务过半。

长兴县机关干部到帮扶基地进行现场指导

3. 切实加强"行业扶贫"力度。多元协同推进，推进财政、民政、人社、文化、教育、科技、金融、残联、医疗等部门协同合作，将分散的力量集中到低收入群体上，形成"横向到边、纵向到底"的帮扶工作体系。同时，充分发挥传统媒体和新媒体的宣传引导作用，做好扶贫工作政策、经验、典型及成效的宣传，营造共同参与扶贫增收的良好氛围。

长兴县机关干部到芦笋种植基地进行现场指导

（二）坚持多渠道、全覆盖，织密扶贫一张网

按照"小康路上一个不少"的要求，坚持全面惠及，确保"不漏一村，不漏一人"。在"十百千万"工程的基础上，进一步深化帮扶举措，整镇、整村推进低收入农户脱贫增收，实现三个"全覆盖"。

一是确保低收入农户全覆盖。根据省扶贫办关于低收入农户认定的有关部署要求，及时召开会议进行政策讲解和业务培训，发动乡镇民政助理员、农村工作指导员（村第一书记）、大学生村官等各方力量，重点围绕低保户、低保边缘户和支出型贫困三类帮扶对象，组织开展低收入农户调查认定和建档立卡工作，录入浙江省扶贫信息管理系统，并进行动态管理。全县共认定低收入农户6626户11002人，覆盖16个乡镇（街道、园区）和235个行政村（居）。

二是确保欠发达村全覆盖。进一步发展壮大村级集体经济，增强基层党组织在扶贫济困、乡村振兴过程中的战斗力和引领力。2013—2017 年，立项帮扶 123 个奖补项目，涉及 137 个行政村，118 个薄弱村全部摘去薄弱村"帽子"；2018 年以来，共立项帮扶 48 个奖补项目，涉及 154 个行政村，并对全县 235 个村（居）制定"一村一策"，落实增收措施 619 条。涌现出了一大批富有成效的典型案例，例如，洪桥镇十村联建综合楼及特色水产交易市场，无缝对接省特色农业强镇和特色渔村建设，增加村集体经济收入 180 万元；画溪街道长桥村大理石集聚点项目对辖区内闲置厂房整改出租，年增收 250 万元；泗安镇上泗安村发挥历史文化村的资源优势发展中高端民宿，年收益达 80 万元；吕山中水回用项目每年收益 85 万元等。

三是确保结对帮扶全覆盖。认真践行"一户一策一干部"，每户低收入农户都明确结对帮扶干部，全县 734 名副科级以上干部每人结对 1—2 个农户，每月至少下乡走访 1 次。建立"部门＋集体经济后进村"的帮扶机制，全县落实 92 个县级机关部门，与 92 个集体经济发展水平三、四类村"一对一"结对，实现部门与结对村发展集体经济的同频共振。此外，积极开展"村企结对""合作共建"等各类活动，进一步加强结对帮扶。

（三）坚持聚合力、共推进，拧紧扶贫一条心

进一步动员全县上下增强政治责任感和使命感，开展扶贫扶志行动，不断弘扬自尊自爱自强精神，增强低收入农户脱贫增收的内生动力，在全县营造"脱贫攻坚，人人有责，人人参与"的良好氛围。

一是村居群众自力更生。引导低收入农户自觉摒弃"等靠要"的思维方式，紧紧抓住全国上下脱贫攻坚的良好机遇，通过辛勤劳动、勤奋工作创造美好生活。各村充分发挥集体经济发展的主体作用和群众增收致富的引领作用，积极出点子、想办法、找门路。例如，和平镇长城村村民郑明水，在许长蔬菜专业合作社的帮扶下，获得芦笋销售收入 10 多万元。

二是乡镇部门主动作为。县级机关部门立足职能优势，主动担当与作为。

各乡镇（街道、园区）立足实际、创新思路，通过项目加组团帮扶、资源加商业帮扶等渠道，积极为"双扶"工作搭平台、出思路。例如，洪桥镇把为低收入农户匹配合适就业岗位作为重点，组建"洪桥镇劳务服务中心"，自建立以来共整合归纳招工企业 68 家，设立工作岗位 153 个，注册收集低收入就业人员资料 563 人。截至 2019 年 6 月底，平台共为企业输送包括低收入农户在内的各类劳动力 750 人次。

长兴县涉农机关部门及虹星桥镇党员干部 100 多人到虹星桥镇谭家村
花卉产业扶贫示范基地参加"扶贫助困，爱心种植"志愿者活动

三是社会各界广泛参与。在党委与政府推动、村居群众主动发展的前提下，广泛动员在外乡的能人志士等社会各类群体，共同参与到"双扶"工作中来，最大限度地凝聚各方力量，促进共建共享。例如，天能集团与煤山镇新川村结对共建，先后捐赠 3000 余万元投入村级道路、学校等建设，同时还吸纳了当地 3000 多人就业；夹浦镇长平村书记周利方，每年自掏腰包 70 万元，用于资助低收入人员以及端午节、儿童节和重阳节等节日期间的慰问活动。

长兴县志愿者赴林城镇社会福利中心扶助低收入农户困难老人

（四）坚持强保障、破难题，铆足扶贫一股劲

建立健全"上下联动、统一协调"的政策体系，强化资金投入保障，并对扶贫扶志过程中遇到的一些不容忽视的问题，上下一心，群策群力，攻坚破难。

1. 优化扶贫政策环境。结合实际出台了《长兴县低收入农户高水平全面小康实施意见（2018—2022）》《长兴县结对"双扶"专项行动实施方案》《长兴县社户对接助农增收"十百千万"帮扶行动实施方案》《社户对接助农增收十七条政策意见》《关于全面提升村级集体经济发展水平的意见》等政策文件及相关配套细则，对帮扶方式、帮扶标准、组织保障、要素保障等予以明确，进一步加强政策支持力度，确保中央、省委有关扶贫精神在全县落地生根，开花结果。

2. 强化资金投入保障。建立财政优先保障、资金重点倾斜、社会积极参与的多元投入机制。例如，从 2018 年起，3 年内县财政每年安排 2000 万元专项资金用于村级集体经济发展，每年安排 1000 万元专项资金用于 "十百千万"帮扶工程，确保资金惠及村户；3 年内县农商银行为发展村集体经济提供贷款 10 亿元；针对低收入农户出台 "兴扶贷"贷款产品，总体授信 1 亿元的额度，为帮扶农户解决贷款难的问题；县慈善总会在乡镇设立分会，村里建立工作站，对于捐助资金 3 万元以上的工作站，总会给予一定资金配套，专门资助帮扶村内贫困人口和低收入农户。

3. 打破要素流动壁垒。县领导专门召集县农业农村（居）等部门开展调研，召开协调会，出台《关于扶持村级集体经济发展有关事宜协调会议纪要》。村集体可利用工业平台边界外存量建设用地，有条件地发展仓储厂房、农产品加工、农业资源化利用等集体经济增收项目，并遵循 "应减尽减、能免尽免、能返尽返"的原则扶持村级集体经济增收项目。例如，对集体经济增收项目用地免收土地指标费，对涉及的人防异地建设费等规费予以全额免交，对有关土地使用税、房产税、增值税等税费给予返还等。

❖ 经验启示

长兴县坚持创新引领，把握发展机会，通过深化 "三位一体"改革，开展 "十百千万"工程，充分释放改革红利，积极探索建立社户对接机制，通过农合联组织把效益农业与广大低收入群众紧密联系起来，同时，立足村域发展实际，因村制宜发展壮大村级集体经济，让 "富民"与 "强村"实现同频共振。

（一）系统性的模式创新是扶贫扶志的重要驱动

长兴在实现县乡两级农合联全覆盖的基础上，进一步创新思路，按照 "一个产业，一个农合联，一个服务体系"的架构，首创了特色产业农合联即特色产业综合服务体系建设模式。切实提升特色农业中的专业技术，进一步提高自身发展能力，并结合生产、供销、信用等方面。针对低收入群体"增收无门、致富无路、创业无资"的困境，创新扶贫帮扶模式，充分发挥优势产业带动能力，推动农业产业基地和现代农业的发展。同时，搭建服务共享平台，为低收入群体提供技术指导，提升发展特色农业中的专业技术，进一步提高自我发展能力。

（二）多元化的帮扶力量为扶贫扶志提供有效带动

低收入农户往往分布较广、较散，致贫原因也各有不同，因此，必须建立帮扶的统一战线，广泛动员党员干部、乡镇部门、龙头企业、团体组织以及乡贤能人，建立健全干部扶贫帮困联系低收入农户工作机制、部门（单位）结对帮扶村级集体经济发展后进村工作制度，发挥企业的市场优势、社会组织的专业优势和个人的灵活优势，引导社会力量成为帮扶的生力军，根据实际情况对症下药，实现真帮、真带、真扶、真有效。

（三）内源式的思想引导有利于实现贫困户的观念改变

扶贫工作要把志向和智力的帮扶摆在重要位置。对于观念上还存在"等靠要"思想的低收入农户，要积极引导其转变发展观念、提高脱贫能力，充分发挥政策引导、结对帮扶和典型示范作用，帮助低收入农户谋划思路、争取各方支持与帮助，协调解决各种困难和问题，切实提高低收入农户谋发展的主动性，让其以积极的心态、正确的方式投入生产生活中。

浙江省扶贫办主任推荐语

长兴县聚焦低收入农户增收和村级集体经济发展，以"双扶"行动为重要抓手，找准扶贫与扶志、扶智的结合点，创新"十百千万""五大帮扶""一户一策一干部"等特色做法，建立了农合联及会员帮扶低收入农户、机关单位结对帮扶后进村、月赛季考监督考核等一系列行之有效的机制，充分发挥了政策推动、示范带动和创新驱动作用，走出了一条"精准'双扶'强村富民"的脱贫攻坚之路，为脱贫增收、持续发展提供了新的思路和方向。

林健东：浙江省农办主任、省农业农村厅厅长、省扶贫办主任

专家点评

　　地处经济发展总体良好的东部区域，浙江长兴县紧紧抓住"共同富裕"这一精准扶贫的主旨，至少在两个方面做出了亮点，创造了经验。一方面，针对低收入农户，在"助力""帮扶"和"带动"上下足了功夫。通过专业合作社、产业农合联、基层供销社、结对帮扶等组织形式，以产业增收帮扶行动、社会救助帮扶行动、就业创业帮扶行动、生活设施帮扶行动等行为方式，帮助低收入农户脱贫增收。另一方面，针对扶贫对象的体系设计，在"富民"与"强村"中实现了统筹和协同。将低收入农户、欠发达村庄全覆盖，纳入"双扶"对象，既做到了"富民"，也做到了"强村"，为"全面小康"和乡村振兴奠定了良好的基础。

　　慕良泽：山西大学社会哲学与城乡发展研究中心教授、博士生导师，山西省"三晋英才"支持计划拔尖骨干人才

思考题

　　如何通过产业振兴带动低收入农户和村级集体经济发展？

延伸阅读

1.《长兴县"十百千万"助低收入农户增收》(湖州市人民政府农业和农村工作办公室网,http://nb.huzhou.gov.cn/dcyj/20180724/i901687.html,2018年7月24日)

2.《长兴谋划低收入农户加快增收》(浙江在线——长兴新闻网,2019年2月15日,http://gxxw.zjol.com.cn/gxxw/system/2019/02/15/031458890.shtml)

改进帮扶方式　强化发展能力

——安徽省宿州市埇桥区扶贫扶志深度融合实践

摘要： 脱贫攻坚战打响以来，宿州市埇桥区始终坚持以脱贫攻坚统揽经济社会发展全局，注重扶贫与扶志、扶智相结合，注重把激发内生动力与革除陋习促脱贫相结合，改进帮扶方式，教育激励贫困群众树立主体意识，增强勤劳致富的主动性，不断强化自我发展能力，通过聚焦"扶持谁"，精准把脉，更好地实现因人因户施策；通过聚焦"怎么扶"，创新举措，提高了脱贫成效，增强了脱贫信心；通过聚焦"扶什么"，多管齐下，提升了贫困户的增收能力。

关键词： 扶贫扶志　精神脱贫　乡村振兴

引言： 1988 年 9 月，时任福建省宁德地委书记的习近平在闽东 9 县调研时指出："地方贫困，观念不能'贫困'。'安贫乐道'，'穷自在'，'等、靠、要'，怨天尤人，等等，这些观念全应在扫荡之列。弱鸟可望先飞，至贫可能先富，但能否实现'先飞''先富'，首先要看我们头脑里有无这种意识。"

❖ 背景情况

宿州市埇桥区位于安徽省北部。这里曾是大泽乡起义的揭竿地、霸王别姬的发生地、宋金鏖战的最前沿、淮海战役的主战场。天下第一孝——闵子骞在这里留下了"母在一子寒，母去三子单"的孝贤故事。唐代大诗人白居易寓居于此二十二载，留下了"野火烧不尽，春风吹又生"的千古佳句。同时，埇桥区还是著名的中国书法之乡、中国马戏之乡和中国烧鸡之乡。

　　埇桥区是省级贫困县（区），随着脱贫攻坚进入攻坚拔寨期，埇桥区在取得显著成绩的同时，仍然存在一些问题。比如，仍有一些贫困群众脱贫主体意识淡薄，"等靠要"思想严重，认为国家的钱"不要白不要"，并且越多越好；少数贫困户出现了"言必称贫，以扶求扶""凡事都找帮扶干部""要懒懒到底，政府来兜底"等新现象；甚至有的贫困户对扶贫干部放言，"不给我东西，我就让你完成不了脱贫任务"，出现了"拼穷"、主观上不愿赡养老人等现象。针对上述情况，埇桥区委、区政府全面学习贯彻习近平总书记关于扶贫工作的重要论述和视察安徽时的重要讲话精神，深入贯彻落实中央、省、市脱贫攻坚决策部署，始终将扶贫与扶志扶智相结合，以精神扶贫促进精准脱贫，按照"动力激发、产业支撑、全员参与"的思路，先后开展了一系列卓有成效的扶贫扶志工作，充分激发贫困群众自主脱贫的内生动力，有力支撑了脱贫攻坚。

❖ 主要做法

（一）聚焦"扶持谁"，精准把脉，扶贫先扶精气神

　　首先，排出"病患"。通过调查发现，2017 年年底，埇桥区建档立卡贫困群众中，无劳动能力的占 44.9%，弱劳动力或半劳动力的占 5.2%，丧失劳动能力的占 7.9%，贫困群众就业难、发展生产经营难、脱贫能力弱。全区建档立卡贫困群众文化程度较低，其中文盲或半文盲的占 25.73%，小学文化程度的占 24.93%，初中文化程度的占 30.43%，群众缺乏发展生产经营的技能，难以依靠自身实现脱贫。其次，找准"病因"。通过精准识别分类，找出群众脱贫动力不足的主要症结：一是致富信心弱。部分贫困群众不掌握种植养殖技能，发展生产怕失败，外出务工怕吃苦。二是惰性心理强。部分群众有劳动能力，却不愿参加劳动，安于现状不思进取。三是自我发展难。许多贫困户

找不到脱贫的路子，虽然有一定的劳动能力和脱贫意愿，但缺乏门路，没有办法有效地将自身能力和积极性释放出来。最后，开好"药方"。针对以上症结，埇桥区坚持因人施策、因户施策：对"两有户"（有资源、有劳动能力但无发展门路），大力实施特色产业、就业脱贫；对"两因户"（因学、因病致贫），全面落实教育扶贫和健康扶贫；对"两缺户"（缺资金、缺技术），通过发放扶贫小额贷款支持和开展实用技术培训实现脱贫；对"两无户"（无力脱贫、无业可扶），通过光伏扶贫、社保兜底等方式，实施政策性兜底脱贫。

（二）聚焦"怎么扶"，创新举措，培基固本树新风

强化思想发动。为了转变贫困群众思想观念，凝聚脱贫攻坚"正能量"，埇桥区一方面在全区范围内推广以"一约一堂四会"（村规民约，道德讲堂，村民议事会、道德评议会、红白理事会、禁毒禁赌会）为载体的移风易俗活动，持续加强社会主义核心价值观教育，广泛宣传文明乡风正能量，持续推进群众性精神文明创建活动，有效遏制了农村黄赌毒、铺张浪费、互相攀比、天价彩礼、薄养厚葬、封建迷信等不良风气和陋习，帮助群众树立正确价值导向，以先进文化提振精气神。另一方面，着力推动公共文化设施资源整合。2018年，建成259个乡镇（街道）、村（社区）综合文化服务中心，实现贫困村综合文化服务中心全覆盖。依托综合文化服务中心，打造主题精神文化广场，利用文化墙和宣传栏宣传脱贫攻坚政策，以及"好家风好家训"、孝老爱亲、节俭养德、自强不息、脱贫励志等中华传统美德，激励激发贫困群众奋力脱贫、为村争光的精神动力。印发推动移风易俗、树立文明乡风倡议书，签订"孝老爱亲赡养协议书"总计20余万份，发放孝老爱亲光荣户荣誉证书2万余份。通过戏曲、歌舞等群众喜闻乐见的形式，向群众宣传脱贫攻坚政策，展现党和政府对贫困群众的关心与牵挂，坚定贫困群众脱贫致富、早日步入小康生活的信心。再者，组织各级帮扶联系人尤其是驻村扶贫工作队，积极开展走访，融入贫困群众之中，把脉问诊、对症下药，既把扶贫政策送

到贫困户家中，因户制宜发展产业、增加收入，又把脱贫信心送到贫困群众心坎上，帮助他们树立自力更生、勤劳致富的正确观念，铆足精气神，立志拔穷根。

埇桥区"志愿服务助脱贫·移风易俗树新风"主题月活动启动仪式

签订赡养协议，倡导孝道扶贫

强化榜样带动。埇桥区每年开展一次脱贫典型评选活动，从全区建档立卡贫困户中选树一批自强不息、苦干实干、成功脱贫的先进典型，并对评选出的先进典型进行表彰和宣传，用身边事教育引导身边人，鼓励贫困群众对照学习，树立"自尊、自强、自爱、自信、自立"意识，发扬自强不息、敢于拼搏、不等不靠不要的先锋精神，变"要我脱贫"为"我要脱贫"，营造"我脱贫、我光荣"的社会氛围。从 2018 年以来，先后评选出栏杆镇孙楼村李中兴、夹沟镇夹沟村张存化等 152 个先进典型，有效地激发了贫困户的脱贫积极性。

强化培训推动。埇桥区围绕贫困群众发展产业和就业需要，结合当地实际，组织贫困家庭劳动力参加实用技术和劳动技能培训，增强脱贫致富本领。在培训中，分产业、分项目制订培训计划、设置培训内容，因村因户施策，组织实施家政服务员、养老护理员、面点制作、电子商务、种植养殖等技能的培训，确保建档立卡贫困户和有培训需求的劳动力全覆盖。截至 2019 年 8 月，先后有 5417 名贫困劳动者通过接受技能脱贫培训实现了就业增收。

强化技能培训促脱贫

强化激励鼓动。按照"布局合理、面积适宜、方便群众、便于管理"的原则，埇桥区一方面优先利用村内现有超市，建立"红十字博爱超市"，统一印制积分卡，根据贫困群众参与卫生评比、孝老爱亲美德评比、知识技能竞赛、互助服务等活动中的表现情况，分别给予20分、10分、5分等不同积分奖励，村民持积分卡在超市里选择兑换日用品，让群众有尊严地获取所需物品，增强贫困群众脱贫致富的信心决心，提高贫困群众的生产生活积极性。另一方面深入开展"十项创评""五净一规范""卫生清洁家庭"及文明家庭、文明村镇等先进典型推报、评选和表彰活动，充分发挥先进典型在践行社会公德、讲文明树新风等方面的引领作用，激发贫困群众向上向善的动力。

博爱超市助力脱贫攻坚

强化政策撬动。埇桥区从立足自身增强脱贫信心、改进帮扶方式、推进移风易俗、加强党建引领、强化工作保障等方面进行制度设计，编制《埇桥区 2018—2020 年脱贫攻坚项目库》，谋划项目 13764 个、计划投资 58.99 亿元。2014 年以来，共实施落实扶贫项目 5901 个，针对"等靠要"思想严重的"懒汉"，从制度层面设置前置条件，倒逼贫困对象户树立主体意识，激发脱贫内生动力，确保想脱贫的能脱贫、能致富。

（三）聚焦"扶什么"，多管齐下

发展产业。2019 年埇桥区谋划到村到户项目 428 个，计划投入资金 3.45 亿元。重点打造永镇乡关湖村、夹沟镇镇头村、栏杆镇石相村等 3 个旅游扶贫村，通过发展乡村旅游带动 2009 人脱贫。截至 2018 年年底，全区 74 个贫困村均有主导产业，新型农业经营主体带动了 44739 户贫困家庭。

发展扶贫产业，带动脱贫致富

实现就业。在积极引导贫困群众外出就业的同时，埇桥区持续加强扶贫工厂（场）、扶贫车间建设，让贫困群众不出家门就能就业。截至 2019 年 6 月，埇桥区共举办"春风行动""就业援助""送岗下乡、百企千岗进社区"等主题大型招聘会 18 场，实现就业 1000 余人。截至 2018 年年底，全区共建设扶贫工厂（场）、扶贫车间 127 个，吸纳贫困人口就业 1766 人。

自主创业。积极推进电商扶贫，以青年电子产业园为依托，对有意愿的贫困人口进行电子商务培训。截至 2018 年年底，埇桥区累计培训建档立卡贫困人口 1105 人，孵化各类网店 659 个，其中贫困户开店 61 个；实现贫困村电子商务服务网点全覆盖，建设 21 个电商扶贫驿站，带动贫困人口 1957 人。

继续学业。积极落实教育扶贫学生资助政策，2014—2016 年埇桥区共资助困难学生（含建档立卡贫困户、低保户、残疾、孤儿等困难学生）67337 人次，发放资助资金 5472.11 万元。2017 年以来，教育资助建档立卡学生 54216 人次、资金 4187.23 万元。"雨露计划"资助 7107 人次，发放资助资金 1738.65 万元，实现建档立卡贫困户子女教育资助全覆盖，从根本上解决贫困学生上不起学的问题，阻止贫困代际传递，让每一个孩子都对自己有信心、对未来有希望。

公益岗位。埇桥区出台《埇桥区贫困户互助公益岗位管理办法》《关于进一步开发安置埇桥区扶贫公益岗位的通知》等政策文件，按照"按需设岗、以岗定员、岗需互选"的原则，在建档立卡贫困户中，选择有劳动意愿但劳动能力较弱或因其他原因不能外出务工的人员，设立护林员、护河员、护路员、光伏巡管员等岗位。截至 2019 年年底，3531 名贫困群众走上互助员岗位，每人每月收入 600 元，实现了稳定增收。

对重度残疾儿童送教上门

❖ 经验启示

截至 2018 年年底，埇桥区共脱贫 45040 户 106702 人，74 个贫困村全部出列，全区贫困发生率降至 1.27%，农村基础设施和基本公共服务等各项指标均达到脱贫退出标准，正式退出贫困县序列。2019 年 6 月中旬，全国扶贫扶志研讨班在宿州市埇桥区举办，来自全国 32 个省（区、市）扶贫机关干部近百人到埇桥区现场观摩学习，埇桥区扶贫扶志工作经验和取得的成效得到了国务院扶贫办领导和参会人员的充分肯定。

（一）由表及里的精准化帮扶，增强脱贫信心

贫穷并不可怕，可怕的是不思进取、安于现状。一些贫困村、贫困户，之所以"扶不起"，根本的原因就是缺少勤劳实干的底气和脱贫致富的信心。为彻底改变这类状况，基层党委、政府应深入调研，找准对策，注重将扶贫与扶志相结合，立足当前、着眼长远，既要送温暖更要送志气，要着力从思想上、精神上帮助贫困群众树立脱贫的信心、坚定致富的决心。帮扶干部在进村入户开展工作的同时，要首先解决贫困户眼下面临的困难，然后详细了解贫困户的家庭状况、致贫原因以及该户种植、养殖等方面是否具有一定经验或一技之长，最后再根据贫困户的实际情况寻找脱贫路径，并想方设法落实帮扶措施，帮助贫困户达成意愿，为贫困户指明奋斗方向，使他们看到希望，增强信心。

（二）以分层分类的培训方式，提升脱贫能力

实践证明，"输血"式帮扶或可解一时贫寒，却不能形成稳定、长效的致富机制，要真正拔除"穷根"，必须增强"造血"功能。扶贫必扶智，在采取措施让贫困家庭孩子们接受良好教育的同时，更要立足农村，因地制宜，大力开展技能培训，充分利用本土资源优势，实施"分级、分层次、分产业、分类别"的培训方式，形成一套培训任务项目化、培训管理科学化、培训内

容主体化、培训服务常态化的培训体系，并坚持培训与实践相结合，手把手地教，面对面地传，指导农民干，带着农民干，做给农民看，扎实培育新型技能型职业农民。

（三）用移风易俗的文化举措，补齐"精神短板"

要紧紧围绕培育和践行社会主义核心价值观，不断创新思路和举措，将农村精神文明建设、农村环境"三大革命"等工作与脱贫攻坚紧密结合，多措并举补齐农村"精神短板"，不断促进形成全域文明、全面文明、全程文明的城乡文明一体化大格局，让更多的贫困户子女将孝敬老人从口头转变为自觉践行，营造孝道扶贫新风尚；让勤俭节约、厚养薄葬、文明科学的社会新风尚逐步形成，大操大办、天价彩礼、铺张浪费、炫富攀比等陈规陋俗逐步消退，破解农村群众"礼宴多"等难题，切实减轻群众的生活负担和压力。通过政府引导、群众参与，掀起争创"洁净庭院""卫生清洁家庭"、争相讲文明爱卫生、争取快致富早脱贫的热潮，达到以改善外在环境面貌提升广大群众尤其是贫困户家庭内在精神面貌的良好效果，为切实做好扶贫扶志、加速脱贫攻坚步伐、提升脱贫质量与效果营造浓厚氛围。

安徽省扶贫办主任推荐语

宿州市埇桥区是省级贫困县（区），始终坚持以脱贫攻坚统揽经济社会发展全局，注重扶贫与扶志、扶智相结合，改进帮扶方式，教育激励贫困群众树立主体意识，增强勤劳致富的主动性，不断强化自我发展能力。同时注重把激发内生动力与革除陋习促脱贫结合起来，组织开展各类活动，倡导移风易俗，树立新风正气，取得显著成效，得到国务院扶贫办的充分肯定。

江　洪：安徽省政府副秘书长、省扶贫办主任

专家点评

安徽宿州市埇桥区将扶贫与扶志扶智相结合，以精神扶贫促进精准脱贫，按照"动力激发、产业支撑、全员参与"的思路，在激发贫困群众自主脱贫的内生动力方面进行了有益尝试。案例的亮点和创新之处在于：通过强化思想发动、榜样带动、培训推动、激励鼓动和政策撬动，实现了扶贫扶志、扶贫扶智与产业扶贫的有机融合。案例有较大的推广价值，其启示在于：精准扶贫是系统工程，要想实现可持续脱贫，动力激发是前提，思想发动、榜样带动、激励鼓励是动力激发的重要抓手；能力提升是关键，有针对性地开展就业创业技能培训是提升贫困人口发展能力的重要途径；政策撬动是保障，因地制宜地实施产业扶贫政策和扶贫项目是精准扶贫、精准脱贫的重要保障。

田北海：华中农业大学文法学院院长、教授、博士生导师，中国社会工作教育协会反贫困社会工作专业委员会副会长

思考题

如何改进帮扶方式，促进脱贫攻坚举措与扶贫扶志目标的融合？

延伸阅读

1.《宿州埇桥区：精神扶贫促精准脱贫》(拂晓新闻网，http://www.zgfxnews.com/mtsz/content/2018-04/27/content_205077.htm，2018年4月27日)

2.《安徽宿州：扶贫先扶精气神》(中国江苏网，https://baijiahao.baidu.com/s?id=1595637335583339429&wfr=spider&for=pc，2018年3月22日)

一位贫困户的蝶变

——福建省仙游县榜头镇上昆村贫困户自主脱贫记

摘要：扶贫工作中"输血"重要，"造血"更重要，正所谓扶贫先扶志，更多的是需要贫困户自力更生增收致富，战胜贫困奔小康。在福建省仙游县榜头镇上昆村，贫困户陈国成就是这样一个自力更生、勤劳致富、感恩思进的"有志之人"。困难面前他不泄气、不懈怠，在"扶贫、扶志、扶智"三位一体的扶贫模式与产业扶贫、健康扶贫、教育扶贫组合拳的帮助下，已于2017年年底摘掉贫困帽，不仅实现了自主创业脱贫，而且利用产业带动同村贫困户就业。他用坚强、勤劳为自己的家庭撑起一片希望的蓝天，带领全家踏上美好生活的幸福路。

关键词：贫困户　志智双扶　自主创业

引言：2015年10月16日，习近平总书记在2015减贫与发展高层论坛上指出："我们坚持开发式扶贫方针，把发展作为解决贫困的根本途径，既扶贫又扶志，调动扶贫对象的积极性，提高其发展能力，发挥其主体作用。"

❖ 背景情况

作为"世界中式古典家具之都""中国古典工艺家具之都"的核心生产销售区的榜头镇位于福建省仙游县东北部，全镇共有23.8万人（含外来人口约5.5万人），是仙游县的人口大镇、经济重镇和历史名镇。但由于贫困户内在发展条件的制约，榜头镇脱贫任务仍很艰巨。截至 2019 年上半年，全镇仍有建档立卡贫困户 601 户 2277 人，均为省定贫困户，占全县贫困人口的 12%。其中因病致贫 313 户 1239 人，因残致贫 141 户 525 人，缺劳力 47 户 145 人，缺资金致贫 60 户 237 人，因灾致贫 21 户 70 人，因自身发展动力不足致贫 12 户 37 人，因交通条件差致贫 1 户 3 人，因学致贫 6 户 21 人。

在全镇上下积极开展脱贫攻坚的道路上，榜头镇上昆社区贫困户陈国成另辟蹊径，借着精准扶贫优惠政策的春风，开创了一条属于自己的脱贫之路。

陈国成的妻子患有甲状腺癌，儿子、儿媳妇均为残疾人，孙子在学，一家曾住着破旧的老屋，但是却在 3 年内实现了"逆袭"。陈国成的经历告诉我们：在家人生病、丧失劳动力，在自身无技术、无资金的情况下，也是可以脱贫的。

事实鲜明地摆在我们面前，在"扶贫、扶志、扶智"三位一体的扶贫模式与产业扶贫、健康扶贫、教育扶贫组合拳的帮助下，陈国成的生活发生了翻天覆地的变化。正所谓扶贫先扶志，更多的是需要贫困户自力更生增收致富，战胜贫困奔小康。脱贫的路子上，有一条经典路线：政府有支持，致富靠自己。政府通过优惠政策为陈国成提供发展基础，而陈国成自身的内生动力则是脱贫致富的关键因素。在困难面前他不泄气、不懈怠，在各级扶贫干部的帮扶下，终于在 2017 年年底摘掉贫困帽。他用坚强、勤劳为自己的家庭撑起一片希望的蓝天，带领全家踏上美好生活的幸福路。同时，陈国成在脱贫攻坚路上不忘党恩、不忘乡邻，兴办起家庭小作坊，带领乡亲共同走上致富路。

❖ 主要做法

（一）突出政策引领，着力在措施帮扶上求保障

为了让群众更多地了解党和国家的方针政策，榜头镇党委、政府把宣传

活动贯穿于脱贫攻坚工作的始终，通过入户宣传、集中培训、座谈交流等多种形式，大张旗鼓地宣传精准扶贫、精准识别的工作措施、工作方法、国家政策，帮助和指导群众学习扶贫政策、制定脱贫规划、增强致富技能，不断提升贫困群众自我发展能力，不断汇聚扶贫攻坚的强大正能量，让促发展、促脱贫融入广大群众的"血脉"，成为"惯性动作"。

榜头镇党委、政府多次强调要深入了解才能精准扶贫、精准脱贫。因此，镇扶贫办多次下乡走访贫困户，建立贫困户动态帮扶机制，在真正弄清贫困户致贫原因的基础上，综合采取多种措施精准帮扶，并根据个人意愿和实际情况适时调整，坚决避免出现"一兜了之、一策到底"的现象。榜头镇贫困户陈国成 1956 年 7 月出生，系上昆社区东庄村民，一家 5 口人，其子陈英、儿媳妇戴勤英均为肢体二级残疾，无劳动能力，其孙子陈浚洋在上昆小学就读，一家人的生计全靠他替人养猪的微薄收入维持。特别是其妻子方素琼 2016 年得甲状腺癌，两次手术共花费十几万元，更是让这一原本贫困的家庭举步维艰。一家 5 口人，陈旧不堪的土坯房年久失修，已成了危房，每逢风雨，他总会担心房子漏雨垮掉，生活压得这个汉子喘不过气。镇包片领导、扶贫挂钩干部、扶贫办干部、村干部等多次前往陈国成家，为其宣传精准扶贫优惠政策，帮助他们落实了建房地块，又帮助他们申请了"造福工程"、残疾补助等共计 33500 元，2017 年年初让他们一家的新房子顺利盖了起来。搬进新房，白砖墙、黑瓦房，采光充足，屋内彩电、电冰箱、自动洗衣机等一应俱全，住在这样的屋里陈国成觉得很踏实。现在，其妻子的疾病也有所好转，得益于精准扶贫医疗政策，医疗费百分之百报销，她的精神头一天比一天好。陈国成家现已基本实现"两不愁三保障"。

受制于自身发展能力和条件的陈国成，在精准扶贫、精准脱贫的政策帮扶体系下实现了基本生活的全保障，解除了家庭的后顾之忧。通过扶贫与扶志扶智相结合，不仅改变了困扰陈国成的外在穷困面貌，同时也激发了陈国成对进一步改善家庭生活条件的信心。

陈国成在自家榨油坊工作

（二）巧用扶贫资金，着力在经济增收上求突破

精准扶贫既要"输血"，更要"造血"，贫困群众有了增收项目，才能真正"拔穷根"。陈国成始终相信，幸福生活是干出来的。在医疗、住所有了保障之后，他就开始考虑怎样让自己的钱包"鼓起来"，过上好日子。他决定依靠自己勤劳的双手，自主创业实现脱贫。

他的想法得到了榜头镇村干部、挂钩帮扶干部的大力支持和鼓励。扶贫干部通过入户谈心、实地考察等方式，决定依托本村花生种植面积广等实际条件，帮扶陈国成开设一家花生油加工作坊。产业发展方向的确立，让陈国成信心大增。缺资金怎么办？通过中央、省级扶贫专项资金及村干部、亲戚

陈国成夫妻齐上阵进行榨油操作

朋友的资助和借款，陈国成筹集了创业第一桶金，在自己新房大厅里办起了榨油作坊。各方的帮扶催化了陈国成致富的内生动力。他购买了花生脱壳机、炒料机、螺旋榨油机、空压过滤机等一系列自动化设备，实现了花生加工、榨油流水线作业。村里有许多村民种植花生，给陈国成提供了源源不断的原料，每天都有农户送货上门。榨油后剩下的残渣是很好的饲料和肥料，还可以卖给农户，也能赚钱。陈国成做事认真、负责，绝不偷工减料，他生产的是纯天然花生油，品质好，价格也相对便宜，颇受附近村民的青睐，大家纷纷上门购买，解决了销售问题。

"人家卖十一块，我都是卖十块。"陈国成真诚地说。同时，在镇扶贫办的宣传倡导下，镇村干部也经常到他家购买花生油，使其成了一条实实在在的帮扶措施。此外，借助当地临近天马山等景区的区位优势，很多游客"闻香"前来购买，产品供不应求。销量好的时候，每天有 200 多元的收入。目前，陈国成真正做到了一人稳定就业，脱贫致富一家，在改善家庭生活状况的同时，更加坚定了他对美好生活的向往。

村民向陈国成购买其作坊生产的花生油

在脱贫攻坚的进程中，陈国成抓住了发展机遇，找到了增加收入、摆脱贫困的渠道。利用国家对于贫困户的政策扶持体系，他开始了自己的创业之路，使得原本支离破碎的生活变了新面貌，实现了从依靠国家救济到依靠自己勤劳的双手脱贫的路径转变。如今，陈国成完成了从"输血"到"造血"的完美转身，生活也变得越来越有奔头和希望。

陈国成在自家榨油坊工作

（三）牢记初心使命，着力在回报家乡上求作为

陈国成致富不忘乡亲，心中满怀真情，想为家乡做贡献。在他的带动下，该村的另一位贫困户陈庆杰也来到他的作坊打工，每天有 60—80 元的工资。陈庆杰的妻子早年患癌离世，全家现有 3 口人，次子智力残疾，他不能外出务工，得在家照顾儿子。陈国成看在眼里，记在心里，主动找到陈庆杰提出让他在自家的小作坊上班，这样既能让陈庆杰在自家门口就业，又能就近照顾儿子，解决了陈庆杰生活难题。陈国成说："我有困难的时候，大家帮了我，我也要回馈大家，我要用实际行动告诉身边每一个想脱贫致富的人，只要努力奋斗，就一定会有幸福生活。我已经渡过了困难时期，现在帮

他们也一起渡过。"陈国成用自己的实际行动回馈着村庄。感恩国家曾经对
他的帮助以及自身对摆脱贫困的体会，是他努力帮扶同为贫困户的陈庆杰的
动力来源。

陈国成带领陈庆杰等在榨油坊工作

陈国成没有忘记自己的初心和使命，"在这边能扩大生产就扩大生产，能
多带动几个就多带动几个。"陈国成朴实地谈道。依靠政策体系帮扶开办起来
的榨油作坊，不仅解决了陈国成一家的基本生活保障问题，而且还在进一步
发挥着它所带来的附加价值，带动村庄内部的贫困户就业脱贫，尤其像陈庆
杰那样由于技能和现实条件的限制无自主脱贫能力的贫困户。随着榨油作坊
规模的不断扩展，相信会有更多的村民受益。陈国成在实现自己的初心和使
命上也进一步体现着自身的价值，证明贫困户也可以在党和政府的帮扶下为
打赢脱贫攻坚战贡献力量。

❖ 经验启示

为破解部分群众既无致富技能，又无法外出务工这一难题，榜头镇坚持大力发展产业扶贫，把产业项目与农民意愿相结合，把"造血"式扶贫与"输血"式救济相结合，落实上级政策为每个贫困户量身定制了脱贫目标任务规划和脱贫措施，帮助贫困户想办法、找出路。同时，坚持贫困户主体地位，充分发挥贫困户的主动性和积极性，以及脱贫户的引领和带头作用，为脱贫攻坚添砖加瓦。

（一）干部真抓实干，政策踏实落地

好的政策能不能真正见到效果，关键还在于落实。因此，宣传做得到不到位、范围广不广、效果明不明显，会直接影响到脱贫攻坚工作能否顺利进行。为打赢扶贫这场"攻坚战"，我们广大党员干部，特别是村党支部书记、包村干部要主动融入扶贫"主战场"，充分发挥党组织的战斗堡垒和党员的先锋模范作用，争做精准扶贫的主力军，群众小康路上的贴心人。要向每一位困难群众解释、分析政策细节，让最需要帮助的群众能享受到党的好政策，使政策落到实处。

（二）坚持群众主体，斩断思想穷根

在脱贫攻坚战中，要清楚地认识到人民群众的主体地位，干部扶贫不仅仅是给群众物质上的帮扶，更需要去扶志扶智，激发群众脱贫的潜在动力，让群众成为"主角"。一时的救助只能解燃眉之急，要从源头上断掉穷根需要思想上的"脱贫"，实现由"要我脱贫"到"我要脱贫"的转变。群众想改变贫困现状的想法都是有的，但面临的问题很多。干部要深入了解情况，根据贫困户的实际情况去剖析，帮助群众解决问题，提高信心，鼓舞斗志，让群众相信只要努力奋斗，就一定会有幸福的生活。如"电商＋农产品"等新的脱贫方式，就为群众脱贫开创了新的天地。

（三）典型示范引领，实现内源带动

用脱贫致富的典型来激励贫困群众的脱贫信心和决心，用身边的人和身边的事来激发贫困群众的脱贫动力，从源头改变贫困群众的"等靠要"思想。同时发挥产业扶贫的先导性地位，加大对脱贫致富带头人的支持力度，建立先发脱贫群体带动后发贫困群体的有效机制，形成互帮互助的利益联结机制，在村庄内部形成脱贫致富的风气和互相帮扶的美德。实现从依靠国家外源式帮扶到自力更生内源式脱贫的转变，产业发展是关键因素。以地方产业带动贫困户就业、增收，是真正实现贫困户稳定长效脱贫的路径。

福建省扶贫办主任推荐语

扶贫既要"输血"，更要"造血"。扶贫先扶志，更多的是需要贫困户自主自强艰苦奋斗，依靠自己的辛勤努力实现增收致富。福建省仙游县榜头镇上昆村贫困户陈国成就是这样一位自力更生、勤劳致富的有志有为者，在困难面前他不泄气、不懈怠，在"扶贫、扶志、扶智"三位一体的扶贫模式与产业扶贫、健康扶贫、教育扶贫组合拳的帮助下，不仅自身通过自主创业于 2017 年年底实现脱贫，而且通过发展产业带动同村贫困户就业。该案例带来了脱贫攻坚的正能量，具有代表性、操作性和推广性。

黄华康：福建省委农办主任，省农业厅党组书记、厅长，省扶贫办主任

专家点评

精准扶贫、精准脱贫是一项外在帮扶与内在发展、外部推力与内生动力共同作用、合力攻坚的举措和结果。在脱贫攻坚进入决战决胜的关键阶段，贫困人口的主体性越来越成为影响脱贫进展、效果和质量的控制性因素，亟须引起各界的高度重视。福建省仙游县榜头镇贫困户陈国成在多重

困境下，以医疗、教育和住房等扶贫政策为脱困的基本依托，在可持续脱贫及后续发展上，通过开设花生油加工作坊闯出了一条自主创业脱贫的新路子，实现了国家扶贫资金和帮扶政策的最优化使用。该案例表明，脱贫攻坚需要内生外动的双向力量的齐头并进，只有这样，脱贫路径才具有可持续性和稳定性，也是贫困户脱贫致富的有效路径。

孙兆霞：贵州民族大学社会建设与反贫困研究院、马克思主义学院教授，中国农村社会学学会副会长

思 考 题

1. 在脱贫攻坚过程中，如何保障扶贫政策真正有效落地？

2. 在实际的帮扶过程中，如何协调扶贫与扶志扶智三者之间的关系，真正做到有机结合？

延伸阅读

1.《陈国成靠自主创业实现脱贫》(仙游新闻网，http://www.xyxww.com/2018-08/27/content_801632.htm，2018 年 8 月 27 日)

2.《脱贫攻坚在路上 陈国成：自主创业脱贫致富不忘帮扶的"奋斗人生"》(搜狐网福建新闻频道《新晚报》，http://www.sohu.com/a/334647458_100238326，2019 年 8 月 18 日)

奏响文艺扶贫"新乐章"
鼓足脱贫攻坚精气神

——江西省鄱阳县扶贫扶志的"鄱阳路径"

摘要： 随着脱贫攻坚深入推进，有的贫困户"等靠要"问题成为高质量和可持续脱贫的"绊脚石"。江西省鄱阳县从"文艺扶贫"入手，以先进文化占领农村阵地，以高尚思想塑造新型农民，以鲜明特色打造秀美乡村，走出了一条以"文艺扶贫"助力脱贫攻坚的"鄱阳路径"。主要做法是：以文扶民，激发内生发展源动力；以文富民，开辟产业致富新路径；以文惠民，营造向上向善好风尚。经验启示有：党政重视、多方合力是重要保障；弘扬传统、以"文"化人是有效路径；依靠群众、发动群众是根本所在。

关键词： 文艺扶贫　文化产业　精神脱贫

引言： 2015 年 11 月 27 日，习近平总书记在中央扶贫开发工作会议上指出："扶贫既要富口袋，也要富脑袋。要坚持以促进人的全面发展的理念指导扶贫开发，丰富贫困地区文化活动，加强贫困地区社会建设，提升贫困群众教育、文化、健康水平和综合素质，振奋贫困地区和贫困群众精神风貌。"

❖ 背景情况

　　江西鄱阳县位于江西省东北部，鄱阳湖东岸，是江西省人口第一大县、地域面积第二大县，也是国家扶贫开发工作重点县。2016 年，全县有贫困村

162 个、贫困户 48754 户、贫困人口 159346 人。在脱贫攻坚实践中，鄱阳县发现部分贫困户内生动力不足，对发展扶贫产业、就业产生有畏难情绪，存在"等靠要"思想，成为影响高质量、可持续脱贫的突出问题。

对此，鄱阳县在推行"五包脱贫法"、扎实开展"三位一体"物质扶贫的基础上，不断探索开展"扶志、扶德、扶智、扶勤、扶能"五扶精神扶贫、脱贫攻坚感恩奋进主题教育行动等。该项行动由县委宣传部牵头，从"文艺扶贫"入手，在文艺为民、文艺富民、文艺惠民上做文章，深入推进精神扶贫工程，教育引导贫困群众树立自立自强、勤学苦干、不甘落后的思想意识。鄱阳县走出一条以文艺扶贫助力脱贫攻坚的"鄱阳路径"，被中国文联授予"文艺扶贫奔小康示范县"称号。

❖ 主要做法

（一）以文扶民，激发内生发展源动力

坚持以创新开展"扶志、扶德、扶智、扶勤、扶能"五扶精神脱贫法为核心，全面打响文艺脱贫攻坚战。

一是以扶"志"为先。结合精准扶贫大数据管理平台，将观念落后、不思进取、游手好闲、家庭不睦等问题列为因失德致贫返贫的主要原因，帮扶干部、村干部等与摸排登记的"因失德致贫返贫"家庭及个人结成帮扶对子，开展"一对一"结对帮扶活动，引导贫困户树立自尊、自立、自强精神。

二是以扶"德"为魂。创作了《鄱阳精神"五扶"三字经》，引导贫困群众树立自强自立、勤劳节俭、崇尚科学、孝敬父母、邻里和谐等乡风民俗。在乡镇建设 30 个法治文化长廊，成立 10 支法制政策宣讲队，开展普法宣传活动 500 余次。在近百个贫困村，义务为文化广场绘制文化墙，内容包括政策法规、廉政教育、家风家训等，让精美的墙壁"会说话"，成为一道道亮丽的风景线。

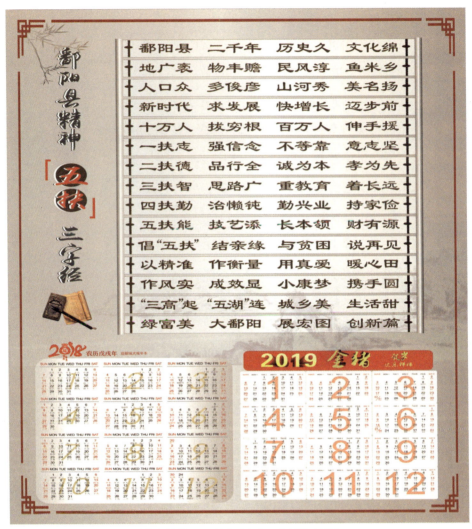

精神扶贫"五扶"新"三字经"挂历

　　三是以扶"智"为本。县委宣传部开展了名为"一湖清水、一城书香"的"倡导全民读书,打造书香鄱阳"主题活动,建成350个特色农家书屋,为贫困村配送图书3万册。县文联开展了"作家教你写作"主题活动,邀请21名省级以上作协会员指导贫困学生阅读、创作文学作品;组织书法、美术、音乐、舞蹈等艺术家在特殊教育学校、四十里街华新小学等20多所乡村学校开展文艺支教，圆贫困学子的艺术梦。

开通"流动图书馆"专线

　　四是以扶"勤"为要。积极培育践行社会主义核心价值观，广泛开展鄱阳好人、道德模范、脱贫致富能手等评选活动，大力宣传一系列先进事迹。例如，牺牲在脱贫攻坚一线的珠湖乡扶贫干部李保春、诚实守信好人吴明月、"中国好人"李春生等。挖掘了朱思义、蔡彩红等一批脱贫致富典型。依托"好人"公园、农村"红黑榜"公示栏，用群众身边典型事迹典型人物，激发贫困群众脱贫致富干劲。

集中展示道德模范先进事迹

五是以扶"能"为重。在珠湖乡建立扶贫基地，组织书法艺术品拍卖会，筹资 20 万元用于解决贫困群众住房补贴、技能培训。组织摄影家到贫困村拍摄风景、农产品等照片，在网络平台上用视觉语言展示贫困户的生产生活实际，帮助拓宽农产品销售渠道和推广乡村旅游。

（二）以文富民，开辟产业致富新路径

依托丰富的自然资源和独特的文化资源，在发展特色文化产业上为贫困群众开辟致富新路。

一是打"文化招商"牌。在全县文化产业招商推介会上，举办"陶瓷梦、鄱阳情"鄱阳籍中青年陶瓷艺术家作品展，唱响"鄱阳湖"文化品牌；举办"翰墨铸光彩——圆梦鄱阳社会扶贫"活动，邀请 20 名艺术家来鄱捐赠书画、陶瓷艺术品，获得社会善款 470 万元。鄱阳县依托鄱阳湖国家湿地公园、鄱阳湖博物馆等平台，建设文化博览旅游综合体、文化景区、商旅休闲综合体三大区域，带动文化演艺、工艺制作、影视传播、广告影印等产业发展。

二是打"文艺节庆"牌。依托主办的鄱阳湖龙虾节、古县渡杨梅节、莲花山柿子节、高家岭果蔬节、三庙前荷花节等乡村文化节庆活动，推动"文艺＋旅游"，实现"以节会友、以节拓市、以节富民"。在鄱阳县第三届莲花山柿子文化节上，县文联举办了"莲花山——星火文学创作论坛""莲花山书画笔会""激情莲花山篝火晚会"等活动，引米万余名游客，不仅让"长在深山人未识"的柿子身价倍增、供不应求，同时也使油茶、茶叶、黑木耳等绿色食品推介会门庭若市。活动期间，莲花山乡销售农产品共赚取 530 万元，实现了文艺搭台、经贸唱戏，经济与社会效益双收，文艺助力物质脱贫在莲花山柿子旅游文化节又一次绽放光彩。

三是打"非遗传承"牌。鄱阳物华天宝、人杰地灵，拥有各级非遗保护项目 70 项，对这些文化瑰宝，在加强挖掘和保护的基础上，通过生产性传承焕发"非遗"活力。建立了国家级非遗项目文化展示厅、脱胎漆器技艺传习所，

涉及传统曲艺、戏剧、传统技艺、民间文学、民俗五大类，为非遗传承提供了广阔的展示交流平台。脱胎漆器和旅游业发展相结合，成为具有吸引力的特色商品，鄱阳草本灌芯糖制作技艺转化为生产力，鄱阳渔鼓、鄱阳渔歌已经成为文艺表演、展演的主要形式之一，走上了生产性保护的良性发展道路。

（三）以文惠民，营造向上向善好风尚

坚持不懈地补齐贫困村公共文化服务体系建设"短板"，打通服务贫困群众"最后一公里"，让农村文化活跃起来、农民精神世界充实起来。

一是打造文化阵地。由县委宣传部牵头抓总，整合县、乡、村公共服务资源，在统筹调配、盘活激活、联通共享上下足功夫，推进新时代文明实践中心（站、所）和农村文化大舞台、村史馆、民俗馆等阵地建设，更好地服务群众、引领群众、凝聚群众。如古县渡镇原来面积 800 平方米的古北教堂，在镇村党员干部的引导下，信教群众放弃教堂使用，自愿改建为古北集镇文化活动中心，涵盖了古北村新时代文明实践站、镇书画展览室、农村意识形态学习基地等，每周都开展理论教育、文艺演出、书画比赛、技能培训等学习与实践活动，让群众乐在其中。

新时代文明实践站

二是建好文艺队伍。鄱阳县成立了新时代文明实践文艺志愿服务支队，下设音乐、诗歌、戏曲等1800余人的13支文艺协会小分队，每周开展"到人民中去"系列主题活动，宣传精准扶贫政策，展示脱贫攻坚成果，讴歌自主脱贫典型。建立了乡土文化人才库，注重民间艺人和文化能人的发现、培训、指导，培育乡土文化人才3000多人。在各村建立艺术创作基地，积极扶持和指导农民自办文化活动，全县农村共有3000多支5万余人的腰鼓队、广场舞队、太极拳队等演出队伍。2019年春节期间，全县各村举办"春晚"156场，举行各类文艺演出500余场。

三是开展文艺活动。依托中国文联"文艺扶贫奔小康"志愿服务活动，扎实开展新时代文明实践精神"五扶"百村行、文艺轻骑兵下基层、文化科技卫生"三下乡""到人民中去"等系列主题活动。围绕脱贫攻坚感恩奋进主题教育活动，排演了国家艺术基金资助项目大型赣剧《红星恋歌》，创作了赣剧小戏《扶》、小品《退贫记》、三句半《精准脱贫感党恩》等群众喜闻乐见的文艺节目，举办感恩奋进文艺大巡演，2019年上半年，在全县行政村演出236场。鄱阳镇、饶州街道、古县渡镇、三庙前乡、油墩街镇等乡镇，组建了各具特色的巡回演出队，到各村（社区）举办"周末文体大舞台、群众生活乐起来"活动，邀请贫困群众、信教群众参演观看。如2019年3月鄱阳镇"崇尚科学、感恩奋进"文艺巡演中，该镇文艺志愿服务队把感恩典型故事编排成小品《家和万事兴》，在全镇22个村（社区）巡演。

开展脱贫攻坚感恩奋进主题教育活动

❖ 经验启示

鄱阳县不断探索开展"扶志、扶德、扶智、扶勤、扶能"五扶精神扶贫、脱贫攻坚感恩奋进主题教育行动，尤其是以"文艺扶贫"为抓手，在文艺为民、文艺富民、文艺惠民上做文章，走出一条以文艺扶贫助力脱贫攻坚的"鄱阳路径"，为扶贫扶志行动树立了榜样。

（一）党政重视、多方合力是精神扶贫的重要保障

鄱阳县把"精神扶贫""文艺扶贫"放在重要位置，县委宣传部牵头拟文，下发了《五扶精神扶贫行动实施意见》《文化扶贫实施意见》《文艺志愿队伍管理办法》等政策文件，将精神扶贫纳入脱贫攻坚工作、意识形态责任制、精神文明建设等考核重要内容。成立了脱贫摘帽文化宣传组，在组织保障、资金投入等方面，融合基层党建、党风廉政、宣传文化、教育体育、卫生计生等部门服务农村工作的职能职责、资金资源，形成了多类型、多形式、多部门共同参与的格局。作为"文艺扶贫奔小康"实施单位，鄱阳县文联以文艺支教、文艺演出等志愿服务为抓手，为广大贫困户提供了精神支撑、创造了增收价值、营造了发展氛围，让文艺在脱贫攻坚战场上大展身手。实现精神脱贫必须坚持以党的领导为核心，各部门通力合作、共同参与是摆脱精神贫困的重要保障。

（二）弘扬传统、以"文"化人是精神扶贫的有效路径

鄱阳县历史悠久、人文鼎盛，赣剧、龙舟赛、帐篷节、柿子节等本土民俗节庆活动多，深受群众喜爱。鄱阳县注重扶持一批文化底蕴深厚的贫困村，通过开展新时代文明实践站、农村文化大舞台等示范点创建，充分挖掘当地本土特色文化、历史名人和选树文明家庭、道德模范等，通过"故事式"宣讲、"演艺式"实践、"指尖式"传播，让优秀传统文化入脑入心、滋养心灵，让自主脱贫的内生动力得到激励激发。精神扶贫需要各地结合实际，充分挖

掘地方文化特色，搭建文化宣传平台，让文化力量在潜移默化中激励贫困人口主动脱贫的意愿，营造自主脱贫的良好文化氛围。

（三）依靠群众、发动群众是精神扶贫的根本所在

鄱阳县组织驻村工作队、村级宣传文化员、文艺骨干，指导全县 573 个行政村全部组建了文化宣传队，利用周末举办文艺演出，把自主脱贫、勤劳致富的故事搬到舞台，以歌舞、戏剧、小品、快板等喜闻乐见的形式，让群众演、群众唱，给群众听、群众看，使广大乡村群众在实践中感悟到强大精神能量，不仅促进了良好村风民风的形成，还激活了乡村振兴的一池春水。贫困群众是脱贫攻坚的主体，稳定长效脱贫离不开贫困群众主动作为、自主有为。精神扶贫以多样化形式、丰富的内容感染贫困群众，真正唤醒贫困人口脱贫致富的积极性、能动性，使得脱贫成效更加持久。

江西省扶贫办主任推荐语

近年来，鄱阳县深入贯彻习近平总书记关于让脱贫具有可持续内生动力的重要指示，强化精准脱贫治本之策，从文艺扶贫入手，更加注重增强贫困群众主体意识、培育文化产业脱贫动能、营造乡村文明健康风尚，教育引导农村群众感党恩、听党话、跟党走，树牢自力更生"风向标"，提振自我发展精气神，为实现高质量可持续脱贫凝聚力量。通过探索创新"扶志、扶德、扶智、扶勤、扶能"五扶精神脱贫法，大力发展文化招商、文艺节庆、非遗传承等特色文化产业扶贫，深入推进农村文化阵地巩固、乡村文明新风倡导、百村感恩奋进活动等乡风文明建设，以文扶民、富民、惠民，"内力""外力"一齐发力，"口袋""脑袋"都富起来，走出了一条以文艺扶贫助力脱贫攻坚的"鄱阳路径"。

史文斌：江西省扶贫办党组书记、主任

专家点评

　　扶贫扶志工作是一项综合性、系统性的工程，牵涉到方方面面，其有效推进也需要借助多种工具和手段。在地方实践中，文艺也可以成为扶贫扶志行动的实现机制和重要抓手。江西省鄱阳县大力围绕"文"字做脱贫攻坚这篇大文章，以"文艺扶贫"作为抓手，以先进文化占领阵地，以高尚思想塑造群众，以得力措施打造风清气正的美丽乡村，由此走出一条坚实可靠的脱贫攻坚之路，并探索出扶贫扶志行动的"鄱阳路径"。这一案例的核心经验可概括为：上下同虞，万众同心，多方合力，发扬传统，以"文"化人，依靠群众，久久为功。

　　牟成文：华中师范大学政治与国际关系学院教授、博士生导师、工会主席，科学社会主义研究所所长，"桂子学者"

思 考 题

　　如何将扶贫扶志感恩教育与宗教治理相结合，进一步教育引导贫困群众感念党恩情、鼓足精气神、激发脱贫志？

延伸阅读

　　1.《天街小雨润如酥——鄱阳县文化扶贫的有益探索》(《江西日报》2017年8月16日)

　　2.《让文艺在扶贫中大显身手——记鄱阳县文联主席徐燕》(《老区建设》2017年第17期)

发挥传统文化优势
实现扶贫扶志相结合

——山东省曲阜市以优秀传统文化消除精神贫困

摘要： 在推进精准扶贫的过程中，既要"物质扶贫"也要"精神脱贫"，通过加强农村精神文明建设，为啃下扶贫攻坚"硬骨头"提供强大的精神动力。近年来，山东省曲阜市依托优秀传统文化资源禀赋，强化党建统领作用，发挥道德文化引领作用，推行"党支部＋乐和家园"，创新实施"育德＋扶志＋解困"精神扶贫模式，通过弘扬传统美德、树立文明新风，推进了扶贫扶志相结合，引导教育贫困人口立德、立志，树立向上、向善的思想观念，激发贫困群众内生脱贫动力，实现物质精神"双脱贫"。

关键词： 精神贫困　精神扶贫　传统文化

引言： 2015 年 11 月 27 日，习近平总书记在中央扶贫开发工作会议上指出："要做好对贫困地区干部群众的宣传、教育、培训、组织工作，让他们的心热起来、行动起来，引导他们树立'宁愿苦干、不愿苦熬'的观念，自力更生、艰苦奋斗，靠辛勤劳动改变贫困落后面貌。"

❖ 背景情况

　　曲阜历史悠久，是古代伟大思想家、教育家孔子故里。早在五六千年前，华夏、东夷祖先就在这里繁衍生息，创造了人类早期文明。2016 年，国家将曲阜优秀传统文化传承发展示范区纳入"十三五"规划。2013 年 11 月，习近平总书记视察济宁和曲阜时指出，"中华传统美德是中华文化的精髓，蕴含着丰富的思想道德资源""培育和弘扬社会主义核心价值观，必须立足中华优秀传统文化"。

曲阜市辖 8 镇、4 街道，截至 2017 年年底共有农村人口 25.2 万，建档立卡贫困户 7847 户 15593 人。在实施脱贫攻坚过程中，曲阜市发现扶贫领域存在的一些问题亟须破解：在思想认识上，一些贫困群众"等靠要"思想严重，甚至"靠着墙根晒太阳，等着别人送小康"。在观念转变上，有的贫困群众市场意识淡薄，不愿接受新事物，有的贫困群众对扶贫政策认识不足、进取精神不强。在家风传承上，一些贫困家庭缺乏尊老敬老、孝悌和睦的孝道家风，缺少邻里互助、守信践诺的诚信家风，欠缺重视教育、尊崇知识的重教家风。与此同时，有的贫困村不重视经常性的群众思想道德教育，对一些陈规陋习不愿管、不会管，引导教育效果不明显。

"拔穷根"就要"富精神"。针对扶贫领域存在的这些问题，曲阜市将目光投向了厚重的"儒家文化"，提出了"做好儒家文化与脱贫攻坚相融合的'大文章'，着力发挥党支部的引领作用，用底蕴深厚的优秀传统文化来教育引导贫困群众、用富有哲理的传统文化感化激励贫困群众"的工作思路。

❖ 主要做法

（一）搭建"精神扶贫"平台

"子曰：'不怨天，不尤人。'在贫困面前，我们既

山东省曲阜市石门山镇周庄村孔子学堂：儒学讲师正在为贫困群众授课

不能埋怨天，也不能怪别人，在政府帮扶下，自身要努力才能脱离贫困……"
在小雪街道武家村、石门山镇周庄村的孔子学堂，时常传出教书声，这是儒
学讲师赵国彦在给村民讲授儒学课。

为做好儒家文化与脱贫攻坚相融合的"大文章"，曲阜市在457个村庄
每村设立一所孔子学堂，为每村配备一名儒学讲师，在传播儒家文化的基础
上进行拓展延伸，向贫困群众宣传习近平新时代中国特色社会主义思想、党
的扶贫政策、培训致富技能，传播弘扬贫困群众依靠自身力量实现脱贫致富
的正能量，形成积极向上向善的社会氛围。印发《关于在全市开展"两个引
领"行动实施精神扶贫的实施意见》，要求各村充分发挥孔子学堂弘扬儒家文
化的载体作用，以文化扶贫引领精神扶贫，以精神扶贫引领脱贫攻坚。印发
《关于加强"孔子学堂"建设推进精神扶贫的实施意见》，建立巡回宣讲制度，
开设"治懒扶志·勤劳致富"讲学内容，培训致富技能，每季度儒学讲师在
"孔子学堂"开展1—2次培训授课活动。

"家里没啥儿困难，现在过得好着来！"阳春四月，曲阜市石门山镇周庄
村周长尖在牛棚里忙活了起来。帮扶干部刚刚到家里来走访，问问日子过得
怎么样，还有什么困难让政府帮忙解决吗……这让周长尖心里暖洋洋的。周
长尖曾是曲阜市石门山镇周庄村的建档立卡贫困户，老伴因身体不好常年吃
药，两个孩子上大学都需要大笔支出，而家里主要靠政府低保金维持生活。
老周原本是个能干的人，有多年养牛经验，之所以没发展起来，一是缺本钱，
二是担心有风险，巨大的思想压力使他一蹶不振。为了让他重塑信心，镇村
干部让他经常参加孔子学堂的儒学讲课，邀请儒学讲师给老周及情况类似的
贫困户进行"好日子不是靠出来的，是干出来的"扶志教育。经过多次儒学
讲座的熏陶，老周脱贫致富的心慢慢热了起来。在镇扶贫办干部的帮助下，
2017年7月，老周用5万元的富民农户贷购买了4头小牛犊饲养。2017年
年底，他养的4头小牛犊都出栏了，净赚1.6万元，实现精神和物质双脱贫。

"以前都说富人过节，穷人过关，说的就是看着人家吃好的喝好的，咱们都没有。往年领导逢年过节往家里送米面油，送衣服送被，现在，政府教育俺要自力更生，让俺自己养牛。现在不靠政府送了，俺自己也买得起了。"

（二）创新宣讲模式吸引群众

平台有了，场地有了，讲师有了，老百姓参与度怎么样？对于受教育程度相对偏低的村民而言，儒学经典字句称得上晦涩难懂。怎样让儒学真正走进百姓生活，流淌进百姓心田，改变他们的人生？围绕孔子学堂"讲什么、谁来讲、怎么讲"，曲阜市牢牢把握内容、队伍、形式三个关键，探索形成了"三化"宣讲模式。

在授课内容上采取"菜单化"。群众"点单"，讲师"埋单"的方式，精心策划课程和内容，推出群众感兴趣的、参与性强的活动。小雪街道武家村是市里首个设立孔子学堂的村子。村支部书记武波表示，设立孔子学堂之初，他们挨家发动村民，可村民一听说"听课"，都提不起兴趣。后来，改变了课堂形式和内容，从"讲课"变为讲家长里短，用大白话把"大道理"讲得入耳贴心，硬是让百姓走进了学堂，听懂了儒学。内容既宣讲习近平新时代中国特色社会主义思想、社会主义核心价值观、儒家文化、文明生活方式等思想方面，又宣讲扶贫政策、法律法规和农技知识等。

在授课队伍上采取"全员化"。建立儒家文化、新时代新思想、形势政策、文明风尚、农技知识、法律法规等多个领域专业人才宣讲队伍。团队由市直部门业务能手和责任心强、具备传习特长的社会各界人士组成，既有党校教师、学校老师、"第一书记"、村"两委"干部、学生文艺工作者，也有道德模范、"五老"、新乡贤等，将宣讲人员作了分类统计和归档，建立了项目培训师资库，涉及28项技术技能共512人。

小学生在息陬镇北元疃村百姓大舞台表演

在授课形式上采取"鲜活化"。按照"课堂式大集中"与"互动式小分散"相结合的原则，不仅在孔子学堂这个固定场所开展集中授课活动，还在田间地头、居民院落等地进行灵活传授，实现了"群众在哪里，传授到哪里"。在授课时间上不固定，农忙时少举办，农闲时多举办；通过快板、三句半、小品、家庭剧场等形式，将授课内容精心编排成群众喜闻乐见的文艺节目，变"单纯讲授"为"生动说唱"。

"群众有困难，干部看得见，主动帮扶不含糊。好村官！全民修身好，守法是关键，经常上课受教育，看实践……"2018年春节，春意浓浓，书院街道党支部书记宫建带领村民演员在孔子学堂表演三句半《夸夸咱的宫家村》，宫家村村民自己举办了一场农民"村晚"，以身边人演身边事，丰富村民的文化生活，促进乡风的文明和谐。在曲阜市各村居，村民们将习近平新时代中国特色社会主义思想、脱贫攻坚实践、文明乡风专门编排成小品、短剧、说唱等形式，群众喜闻乐见、易于接受，真正起到教化育人的作用。

书院街道党支部书记宫建带领村民演员在孔子学堂
表演三句半《夸夸咱的宫家村》

（三）丰富"精神扶贫"内涵

围绕着"以文化人"这一主题，在孔子学堂"讲、评、议"的基础上，曲阜市坚持"文化融入党建、党建引领治理"的思路，推进优秀传统文化深度融入基层党建，发挥党支部的战斗堡垒和党员的先锋模范作用，整合现有场所和设施，推行"党支部＋乐和家园"，成立守望互助、文化节庆、产业扶贫等"十个理事会"开展活动，延伸建设"六个一"精神扶贫工作室，评选身边模范，恢复传统民俗，重塑文明乡风、良好家风和淳朴民风。

搭建一个儒韵乡村大舞台。在文化节庆理事会的组织下，发动基层文化人才积极创作文艺作品，将习近平新时代中国特色社会主义思想和党的十九大精神、核心价值观、优秀传统文化、移风易俗、红色革命等题材内容，编排创作成歌舞、小品、戏剧等形式，把党的惠民政策传递到千家万户，厚植文化根基，培育孝悌和睦家风，增加群众的获得感和幸福感。如建设《论语》街""文明一条街"和"孝贤文化长廊"，开展"唱响曲阜·舞动圣城"人人唱村村演活动、广播宣传"村村响"工程等。

小雪街道武家村孔子学堂：儒学讲师开展传统文化讲座

设立一个善行义举四德榜。"老吾老，以及人之老。"曲阜市注重传承儒家"孝文化"，在守望互助理事会的组织下，积极探索"孝心基金＋村级互助"养老扶贫模式。守望互助服务队对身有残疾、行动不便的精准扶贫户定期开展环境治理，与贫困户进行谈心交流，为贫困家庭送去精神慰藉。建设村级互助养老院，安排贫困老人集中入住，实现离家不离村，相互有照应；村村建立"孝心基金""乐和基金"，通过社会爱心人士捐赠、本村村民募捐等方式筹集资金，每月给予60岁以上贫困老人100元以上的零花钱，形成了"邻里守望、邻里互助"的良好局面。各村设立了"善行义举四德榜"，成立了孝德监督小组，对老人子女缴纳的赡养费进行公示。

提炼一部村规民约。在协商议事理事会的组织下，通过广泛收集民情民意，完善民主管理、卫生管理等制度，约束群众行为，并把村规民约绘画上墙，通过这种方式对群众思想进行引导教育，内外共同发力，不断激发群众致富的信心。在息陬镇"儒韵息陬·德风春秋"曲阜古鲁传统孝廉文化体验街区，"孝为先、诚为本"在人们心头生根发芽，"善行义举四德榜"的上榜者，更是成为村民争相学习的榜样。

评挂一个文明户门牌。在曲阜市、镇、村，每年都要评选脱贫先进个人，用典型激励贫困群众脱贫的信心和决心。在尼山镇圣源村年年推选"好媳妇、好婆婆"，现在村里又换着法子从各项工作里评选先进榜样，2017 年评选 3 户"脱贫致富光荣户"，2018 年评选了 5 户"脱贫致富光荣户"，用脱贫典型激励贫困群众脱贫的信心和决心。

圣源村好媳妇、好婆婆表彰会

成立一个产业扶贫理事会。成立以"五老"乡贤为主，由村干部代表、经济能人、贫困群众代表和党员代表等参加的产业扶贫理事会，通过党支部领办合作社、发展特色扶贫产业等形式，在发展壮大村集体经济的同时，做强做大扶贫项目。同时，充分发挥贫困群众在扶贫项目立项、建设、收益分配等实施过程中的主体作用，增强贫困群众的融入感、存在感，让他们树立起信心、保持着干劲。截至 2018 年 12 月，曲阜市建立各类扶贫理事会 475 个，会员 3877 个，其中贫困户代表 1392 名。

❖ 经验启示

摒弃贫困群众的"等靠要"思想，提升脱贫的内生动力，既是当前脱贫攻坚战的薄弱环节，也是脱贫攻坚战最大的难点，必须拿出"绣花"功夫、久久为功才能收到实效。2017 年，曲阜市 10 个省重点贫困村全部退出贫困村行列，贫困户全部脱贫。

（一）"志智双扶"是实现以传统文化消除精神贫困的有效路径

习近平总书记强调，扶贫先扶志，扶贫必扶智。扶志就是扶思想、扶观念、扶信心，帮助贫困群众树立起摆脱困境的斗志和勇气；扶智就是扶知识、扶技术、扶思路，帮助和指导贫困群众着力提升脱贫致富的综合素质。"志智双扶"为实现以传统文化消除精神贫困注入源源不断的新动能。要从根本上摆脱贫困，必须智随志走、志以智强，实施"志智双扶"，实现与传统文化的有机结合，从而激发活力，形成合力，从根本上铲除滋生贫穷的土壤。

（二）提升宣讲力是实现以传统文化消除精神贫困的关键所在

宣讲培训是帮助贫困群众脱贫最直接最有效的途径。宣讲不能搞大水漫灌、大而化之，一定要因人而异、按需宣讲。在开展宣讲前首先要进行调研，充分了解贫困群众所思所盼、所需所求。要本着"需要什么，宣讲什么；缺什么，补什么"的原则，根据贫困群众的实际需求量身定制、量体裁衣，真正发挥宣讲立竿见影的功效。

（三）讲学做相结合是实现以传统文化消除精神贫困的重要环节

宣讲要真正走进贫困群众内心，准确把握他们的思想动态，把脉问诊、对症下药，大力开展文化扶贫，潜移默化地改变贫困群众一些不良习俗和落后观念。如用喜剧、相声、小品、三句半等当地群众喜闻乐见、易于接受和参与的艺术形式，调动贫困群众人心思进、主动脱贫、勤劳致富的积极性和主动性，铆足精气神，撸起袖子干，立志拔穷根。

山东省扶贫办主任推荐语

山东把精神扶贫贯穿脱贫攻坚全过程，充分发挥先进文化引领、红色精神激励、儒家文化滋养作用，树立勤劳致富、脱贫光荣的价值取向和政策导向，让脱贫具有可持续的内生动力。曲阜市依托优秀传统文化资源禀赋，创新实施"育德＋扶志＋解困"精神扶贫模式，推进扶贫扶志相结合。通过弘扬传统美德、营造乡村文明新风，教育引导贫困人口立德、立志，增强向上、向善的思想观念，激发贫困群众内生脱贫动力，实现物质精神"双脱贫"。

崔建海：山东省农业农村厅党组书记、副厅长，省扶贫开发办主任

专家点评

"拔穷根"就要"富精神"。山东省曲阜市依托优秀传统文化资源，创新实施"育德＋扶志＋解困"精神扶贫模式，用优秀传统文化的精神力量来补足贫困人群的精神之"钙"，实现了物质精神"双脱贫"。这一案例给予我们一些重要启示。一是精准扶贫必须精准施策，首先摸准曲阜市七千多贫困户的致贫根源：思想观念、自主动力的问题，进而着力于精神脱贫。

二是精神扶贫是一个系统工程。此案例创立的"育德＋扶志＋解困"扶贫模式，把"讲学做"有机结合起来，让群众在参与中感悟优秀传统文化的力量，提升了精神扶贫的效果。三是充分发挥本地资源优势。曲阜是儒家文化的圣地，此案例便充分利用其打造出独特的精神扶贫模式。这种"扶贫有方法，但无定法"的理念值得学习和借鉴。

吴晓燕：中共四川省委党校马克思主义学院教授、博士生导师，第十一批四川省有突出贡献的优秀专家

思 考 题

1. 传统文化对于开展扶贫扶志行动有哪些独特的作用和价值?

2. 如何实现传统文化与精神扶贫的有效融合?

延 伸 阅 读

1.《曲阜市书院街道："扶志""扶智"助推"精准扶贫"》(东方圣城网，http://www.jn001.com/news/2017-12/22/content_517150.htm，2017 年 12 月 22 日)

2.《曲阜孔子学堂 457 个行政村全覆盖，每村每月一节课》(大众日报网，http://www.dzwww.com/shandong/sdnews/201901/t20190128_18339757.htm，2019 年 1 月 28 日)

3.《曲阜以村为单位构建"一网、两站、十个理事会"，"党支部＋乐和家园"激活基层党员干劲》(大众日报网，http://paper.dzwww.com/dzrb/content/20181211/Articel13003MT.htm，2018 年 12 月 11 日)

志智双扶的"王万才现象"

——河南省唐河县一位脱贫户的故事

摘要： 2017 年以来，河南省唐河县的脱贫户王万才，由于成为全国贫困户中出版个人著作的第一人和全省乃至全国"志智双扶"的成功典型，形成了独特的"王万才现象"，充分说明扶贫先扶志、扶贫必扶智是脱贫攻坚的必要条件。从最初的甘穷安贫、缺少精神之"钙"，到后来勤思苦干、力拔贫困之"根"，再到现在热心公益并积极向党组织靠拢，王万才的脱贫历程，生动地诠释了我国脱贫攻坚的显著成效和伟大意义。

关键词： 王万才现象　志智双扶　脱贫典型

引言： 2017 年 2 月 21 日，习近平总书记在中国共产党十八届中央政治局第三十九次集体学习时强调："群众参与是基础，脱贫攻坚必须依靠人民群众，组织和支持贫困群众自力更生，发挥人民群众主动性。"

❖ 背景情况

唐河县位于河南省西南部豫鄂两省交界处，南阳盆地东部。作为豫南宛东的一颗明珠，唐河县是一个农业大县、人口大县和革命老区县，也是一个贫困人口较多、脱贫攻坚任务较重的非贫困县。近年来，唐河县把"志智双扶"贯穿于脱贫攻坚全过程，统筹谋划，创新模式，多管齐下、多方联动，通过积分祛懒、文艺浸润、典型引领、教育感化、"三榜"激励等形式，扎实开展"志智双扶",树正导向,激发潜能,推动贫困群众从"要我发展"向"我要发展"转变,实现了物质和精神"双脱贫"。

王万才是河南省唐河县城郊乡王庄村的一位农民,1964年12月出生,初中文化程度,2015年被识别为贫困户。在各级扶贫干部的帮扶下,王万才丢掉思想包袱,放下酒瓶,拿起锄头,撸起袖子加油干,光荣脱贫并积极向党组织靠拢,先后获得县首批脱贫示范户、县劳动模范、2018年度南阳市十大新闻人物、2018年度南阳市劳模助力脱贫攻坚"十大领军人物"、全省脱贫攻坚"奋进奖"、省劳动模范、第二届中国优秀扶贫案例"最美人物"奖等荣誉和光荣称号,为县人大代表。从最初的甘贫安穷,到后来的勤思苦干,王万才的脱贫历程,生动地显示了脱贫攻坚的显著成效和伟大意义。

唐河县脱贫户王万才荣获县劳动模范称号

❖ 主要做法

在党和扶贫政策的帮助下，王万才振奋精神，踏踏实实，在扶贫工作中积极配合，不断探索脱贫新路子，最终成功脱贫。其作品《唐河千帆过——王万才脱贫日记选》2018年由中州古籍出版社出版发行，被评为"中原传媒好书"，这也是唯一一本由农民作者书写的入选作品，并已经报评"中国好书"。

（一）从躺着不干到振奋精神，挺身站起来

王万才初中毕业后，因家境贫穷辍学务农。王万才好读书，能写一笔好字，酷爱对联、诗词、文章创作，时常在微博、微信中和网友交流创作，村民称其"王秀才"。然而，女儿出嫁后，家里剩下3口人，妻子体弱多病，脑瘫智障的儿子久治不愈，啥也干不了，每天需要有人看护照料。全家靠6亩地为生，一年收入仅2000多元，家里穷得叮当响。他终日借酒消愁，是全村空酒瓶扔得最多的"空瓶户"。当时，他的网名就叫"老树西风"，微信签名是"老牛拉破车，一路向天涯"，真实地反映了他绝望无助、破罐子破摔的心态。那时，王万才最惬意的事儿，就是"躺在林中看蚂蚁上树"。

脱贫攻坚战伊始，经过民主评议等程序，王万才于2015年年底成了建档立卡贫困户。2016年2月，县派驻村工作队进驻王庄村。作为帮扶责任人，县直工委副书记郭有霞来到王万才家。面对遍地空酒瓶的小院、凌乱的房间，郭有霞直言不讳："老王啊，人很多时候就是活个精气神，只要你打起精神，再大的难事儿那都不是事儿。今天，咱就先从收拾你的小家开始！"郭有霞说着拿起扫帚开始打扫起来。王万才满脸窘态，自觉"人要脸、树要皮"，让人家县城里来的一个女干部给自己打扫卫生，颜面何在？从那时开始，王万才像变了个人一样，干活儿有劲了！

驻村工作队和帮扶责任人到王万才家走访谈心

（二）从感动感念，到撸起袖子，加油干起来

王万才目睹了扶贫干部日夜忙碌、挑灯夜战，年逾古稀的原村支书李喜才为"整村推进"逐户家访。驻村第一书记徐向涛连续4个多月没回洛阳老家看望父母，发出"王庄村不脱贫，我不结婚"的誓言。村民潘国营、李书强等年轻人开起网上淘宝店，把贫困户的红薯加价回收，网上销售，一年下来赚回了一辆宝马车，"红薯哥"转为"宝马哥"。王万才坐不住了，"你不想动，政府推着你也得往脱贫路上走"。在驻村工作队和帮扶责任人的帮助下，2016年王万才又租了6亩地种植地膜西瓜，还在瓜地里套种了脱毒红薯，还有6亩地膜春花生。经过精心管理，加上当年西瓜价格高，仅西瓜就卖了18000元，王万才尝到了甜头。他又申请了到户增收项目，5000元补助款领到了手。从此，王万才对种地的热情愈加高涨，没事就往地里跑。不知不觉

中，他的酒瘾跑没了，满脑子是咋经营咋致富。随着健康扶贫、粮仓扶贫等惠民政策的扎堆儿出台，王万才觉得日子越来越有奔头了！2016年，经过算账，王万才全家纯收入达到11800元，人均3900多元。

2017年春节，王万才写了两副春联贴在自家门口，来表达自己喜悦、感恩的心情，一副是"秋水半瓢邀月饮，春风十里荷锄归"，另一副是"和谐普世东风化雨，精准扶贫老树逢春"。"老树"当然是王万才自己，只是，他的网名已从"老树西风"悄悄改成了"老树逢春"！其间，县长周天龙、县委副书记张富强到王庄村调研指导。和其他农户的烫金对联不同，王万才家大门口已被晒得发黄的手书对联引起了领导的关注。当听到王万才对脱贫攻坚的认识，并有意将自己的脱贫历程留下印记时，两位领导非常重视、充分肯定，吩咐随行的同志及时给予帮助。从那天起，王万才就更加留意扶贫工作中的点滴，遇到有意义有感悟的人和事赶紧记下来、写出来。

2017年，王万才又种了10亩地膜春花生，土地收入加上各种补贴，再加上闲时务工收入，年人均纯收入达到5800元以上，远超出了当年脱贫标准，为此王万才第一个主动要求脱贫。在他的带动下，王庄村又有十几户收入比较好、稳定达到脱贫条件的贫困户提出了脱贫申请。2017年12月，王万才领到了脱贫光荣证书。2018年春节，王万才又撰写了两副春联贴在自家门口：一副是"疏竹几枝留月影，繁花满树报春晖"，横批是"东风浩荡"；另一副是"浓墨芳菲扶贫大业千秋画，春潮澎湃追梦征程一路歌"，横批是"小康在望"。对联中的"繁花满树"，当然指的还是王万才自己，他的网名已经从曾经的"老树逢春"，又悄悄地改成了如今的"老树繁花"！

"河南省脱贫攻坚奋进奖"获得者王万才（前排右五）出席 2018 年河南省脱贫攻坚表彰大会暨先进事迹报告会，前排右六为省委书记王国生

怀着对精准扶贫的感恩之情，王万才陆续写下了几十篇脱贫日记，在《南阳日报》刊发后，引起强烈社会反响。2018 年 3 月，王万才被县委、县政府评为全县脱贫示范户。同年 4 月 28 日，在唐河县首届劳动模范和先进工作者表彰大会上，王万才平生第一次披红戴花走上主席台，从县领导手中接过唐河县首届劳动模范证书。2018 年 10 月，河南省召开全省 2018 年度脱贫攻坚表彰大会暨先进事迹报告会，王万才荣获"河南省脱贫攻坚奋进奖"，他在会上作了《感党恩，提信心，小康路上大步奔》的典型发言，引起与会人员强烈反响，受到了河南省委书记王国生的亲切接见。

（三）从受益者到奉献者，境界高起来

截至 2018 年 6 月，王万才陆续写下了 35 篇有价值的日记，唐河决定将其交由中州古籍出版社编辑出版。编委会在序中写道："《唐河千帆过——王万才脱贫日记选》虽文字粗浅，但质朴、情切，有典型性和代表性，是记载脱贫攻坚伟大成果的鲜活标本。我们将其脱贫日记进行汇编刊发，就是想以王万才的事迹为榜样，引导教育更多的贫困群众牢树乐观向上的积极心态，增强自主脱贫的坚定信心，通过辛勤的劳动实现致富梦想、创造美好生活。这也正是这本书的现实意义所在。"2018 年 8 月，《唐河千帆过——王万才脱贫日记选》正式出版发行。

王万才脱贫日记选:《唐河千帆过——王万才脱贫日记选》

社会各界对王万才的关注越来越多，各媒体采访报道接踵而至。荣誉面前，王万才非常清醒，认为这一切是党的精准扶贫政策结出的果实，没有这场伟大的脱贫攻坚战，就没有他的今天。党的十九大闭幕后，王万才经过反复思考，向党组织递交了入党申请书。唐河县举办过多场"志智双扶"典型事迹报告会，作为脱贫代表，王万才每次都积极与会现身说法，让大家明白扶贫不是养懒汉，必须撸起袖子加油干，一为自己争气，二为政府争光。

王万才依托"到户增收"项目开起了豆腐坊，踏上稳定增收路

2018 年，王万才又流转了 3 亩土地，一共种了 15 亩花生、西瓜和红薯。2018 年 11 月，王万才盘起了豆腐锅，制售传统豆腐。虽然辛苦，但每天都有收入。又经过一年的打拼，年底一盘点，王万才全家纯收入达到 3 万多元，人均超过 1 万元。于是，就有人说："看看老王，人家可是去过省城、见过大领导的人，还能做这吃苦受累的小生意，咱有啥理由东游西逛，坐等救济？干吧！不怕慢，就怕站，习主席不是说了嘛，幸福都是奋斗出来的！"

2019 年 5 月，王万才成为一名预备党员。为此，他在刊发的《我的入党"初心"之初见》一文中写道："入党了，身份变了，肩上的责任重了。过去，我因为脱贫与党结缘。今后，我还要在党的领导下，在脱贫攻坚主战场、在乡村振兴的大舞台上继续绽放人生光彩，用切实的行动为党争光，为实现伟大的中国梦而继续努力奋斗。"2019 年 7 月 5 日，王万才当选唐河县第十五届人民代表大会常务委员会委员，并进行了宪法宣誓。王万才对大家说："我虽然平凡，但我一样可以追求卓越！在脱贫致富的道路上，在带动示范的实践中，我将继续探索、继续前行。'一朝脱贫为劳模，终生奋斗不停步'，这就是我的承诺！"

脱贫户王万才发展高效农业喜获丰收

❖ 经验启示

精准扶贫，关键在人。以"志智双扶"提升贫困群众脱贫内生动力，是打赢脱贫攻坚战的薄弱环节和最大难点，不可能一蹴而就、一劳永逸，需要绵绵用力、久久为功。唐河县通过多种形式激发贫困群众内生动力，积淀出了扶贫先扶志、扶贫必扶智的"唐河经验"。

（一）"同心超市"巧立民志

通过搭建"同心超市"，组织立志脱贫、环境卫生、孝老友邻、热心公益、移风易俗、遵纪守法6个方面的积分评比活动，实现了对全县贫困村和重点非贫困村的全覆盖和规范运行。按照评分细则，各村定期开展活动，多劳多得、少劳少得、不劳不得，让贫困户"以劳积分、以分换物"，形成"积分改变习惯，勤劳改变生活"的良性循环。

（二）"以文化人"深掘民智

唐河县推出了河南首部大型扶贫现代曲剧《春风化雨》，不间断巡演乡镇200多场，引发社会强烈共鸣。《春风化雨》的诸多矛盾冲突，均来源于主人公夫妇不想实干、争当贫困户的"沾光"意识。最终，夫妇俩明白了"好日子是奋斗出来的"，靠编织手艺走上了脱贫致富路。《唐河千帆过》一书从个案视角展现了唐河3万多贫困人口在县委、县政府领导下，不等不靠、砥砺前行的真实故事，映射了唐河县乃至全国史无前例的减贫史，唐河适时予以荐读。

（三）"榜样力量"凝聚民力

唐河县广大党员干部动起来、沉下去，与贫困户想在一起、干在一起，脱贫攻坚与干部历练共进退，涌现出了因公殉职的原县委常委、纪委书记、监察委主任李勇，患食道癌仍坚守岗位的原扶贫办主任孙天领，为贫困群众谋幸福的黑龙镇党委书记朱星兵等一批优秀扶贫干部。干部有形象，群众有榜样，脱贫有力量，一大批脱贫典型也应运而生，构成"王万才"现象的时代亮色。

（四）"脱贫基地"广富民财

通过实施以奖代补、项目倾斜、贷款扶持等政策，采取流转土地、吸纳务工、资金入股、技术培训、扶持创业等模式，唐河县先后建成148个农业特色产业扶贫基地，实现了村有产业、户有项目、人有技能的初始目标。在全省首创粮仓扶贫新模式。利用贫困户小额贴息贷款，建成56座总库容50万吨的扶贫粮仓。成立众享农机合作社，贫困户以小额扶贫贷款入股，在县农机产业园建设标准化厂房，租赁收益对贫困户分红。全县新打造了4个县级扶贫产业示范园，19个乡级扶贫产业示范基地，带动了1万多户贫困户稳定增收。

（五）"正负激励"端正民风

公开设置"学树行做"光荣榜、善行义举榜、"志智双扶"红黑榜，以发挥正负激励作用。"三榜"就像一面面"会说话"的墙，提倡什么、反对什么一目了然，激励效果明显。制定《唐河县文明行为十规范》，印制10万份发放到群众手中，张贴到人流集中地和公共场所，倡导文明上网，不造谣不信谣不传谣、婚丧嫁娶不大操大办、不参与非法宗教活动等，将培育践行社会主义核心价值观具体化、实际化。

河南省扶贫办主任推荐语

习近平总书记强调，扶贫先扶志，扶贫必扶智。精准脱贫，关键在人。随着脱贫攻坚进入深水区，一些贫困群众"抱守'等靠要'，散失精气神"，脱贫的精神之"钙"明显不足。于是，智随志走、"志智双扶"，从根本上消除"精神贫困"成为决胜脱贫攻坚必须啃下的"硬骨头"。

贫困户王万才通过各级扶贫干部的帮扶，丢掉思想包袱，放下酒瓶，拿起锄头，撸起袖子加油干，光荣脱贫。从脱贫攻坚的受益者转变为一名奉献者，成为全国贫困户中出版个人著作的第一人和全省乃至全国"志智双扶"的成功典型，《唐河千帆过——王万才脱贫日记选》被评为"中原传媒好书"，形成了独特的"王万才现象"，进一步引导更多的贫困群众增强乐观向上的积极心态，增强自主脱贫的坚定信心，通过辛勤劳动实现致富梦想、创造美好生活。

史秉锐： 河南省扶贫办党组书记、主任

专家点评

在扶贫政策的支持和帮扶干部的帮助下，王万才从昔日家里穷得叮当响、终日借酒消愁的全村空酒瓶扔得最多的"空瓶户"，转变为唐河县首批脱贫示范户、首届县劳动模范，生动地显示了唐河县的"志智双扶"举措的显著成效。而搭建"同心超市"引导贫困户"积分改变习惯，勤劳改变生活"，适时推荐阅读《唐河千帆过》并不间断巡演河南首部大型扶贫现代曲剧《春风化雨》，让贫困户明白"好日子是奋斗出来的"，充分利用扶贫干部与脱贫典型的榜样力量，以及发挥"学树行做"光荣榜、善行义举榜、"志智双扶"红黑榜的正负激励作用，则使得一大批脱贫典型应运而生，构成"王万才"现象的时代亮色。因此，志智双扶的"王万才现象"以及其他"扶贫先扶志、扶贫必扶智"形式的"唐河经验"，对于其他地区具有科学指导作用和重要借鉴意义。

张志胜：安徽财经大学财政与公共管理学院教授，行政管理系主任

思 考 题

1. 在脱贫攻坚进入啃硬骨头、攻坚拔寨的冲刺阶段，如何通过培育贫困人口自身"造血"功能，巩固"输血"成果？

2. 如何采取有效举措，调动贫困群众主动脱贫、艰苦奋斗的积极性、主动性和创造性？

延伸阅读

1.《感党恩，提信心，小康路上大步奔——唐河县脱贫户王万才的心声》（《河南日报农村版》2018 年 11 月 16 日）

2.《扶贫先扶志　扶贫必扶智——谈谈如何深入推进脱贫攻坚工作》（《人民日报》2017 年 1 月 23 日）

坚持"五抓五破" 点燃脱贫引擎

——湖北省随州市曾都区扶贫扶志行动纪实

摘要： 打破思想禁锢，方能决胜贫困。湖北省随州市曾都区深挖致贫根源，坚持人文关怀与政策支持相结合，注重能力养成与自我发展潜力培养，构筑全方位产业、就业扶贫支撑体系，为实现稳定脱贫致富注入持久动力。其主要做法是：抓正面引导，破除守旧心理；抓政策落实，破除后顾之忧；抓移风易俗，破除陈规陋习；抓技能培训，破除本领恐慌；抓产业扶持，破除增收瓶颈。经验启示有：脱贫攻坚要注重发挥个体因素的决定作用；脱贫攻坚要注重发挥精神激励的促进作用；脱贫攻坚要注重发挥乡风文明建设的引领作用。

关键词： 精神脱贫　插花贫困地区　乡风文明建设

引言： 2018年2月12日，习近平总书记在成都市主持召开打好精准脱贫攻坚战座谈会时强调："贫困群众既是脱贫攻坚的对象，更是脱贫致富的主体。要加强扶贫同扶志、扶智相结合，激发贫困群众积极性和主动性，激励和引导他们靠自己的努力改变命运。改进帮扶方式，提倡多劳多得，营造勤劳致富、光荣脱贫氛围。"

❖ 背景情况

　　湖北省随州市曾都区是集革命老区、水库库区、丘陵山区于一体的插花贫困地区，2014 年建档立卡贫困人口 27884 人，贫困发生率为 9.17%。在贫困人群中，存在着"人穷志也穷"的现象，严重地阻碍了脱贫攻坚的进程和成效。其具体表现有：

一是多灾多难，对生活失去信心。部分贫困群众或有患病之父母，或有智障之孩童，家庭负担较重，生活阴影常压心头，久而久之，对生活失去了信心，得过且过。部分贫困群众面临困境，虽不向命运低头，却经常不得不承受一些意想不到的挫折与打击，斗志被一点点消磨干净，归于消沉。

二是疾病缠身，对未来毫无盼头。一些贫困群众身患疾病，劳动力不完全，但又不接受治疗，自暴自弃，不愿尝试改变。一些贫困群众身有残疾，自卑心理较重，羞于接触社会，不愿从事力所能及的劳动，甚至为逃避社会而装聋作哑，对美好生活不抱希望。

三是技能缺乏，对前途充满迷茫。部分贫困群众教育程度低，甚至是文盲，没有一技之长，只能守着门前一亩三分地，收入渠道有限。部分贫困群众虽掌握一些技术，但仅有入门之能，只可做零工散工，收入较低；这部分人群往往随波逐流，不知今后如何发展，长期处于彷徨迷茫状态。

四是愚昧短视，对发展无动于衷。一些贫困群众不务正业，热衷于赌博等不良行为，寄希望于赌博发财。一些贫困群众总幻想不着边际的"天上掉馅饼"，砸锅卖铁凑钱参与一些不法行为，结果被骗得人财两空，一蹶不振。还有一些人虽自身创业，但没有长远打算，只顾及眼前利益，导致亏本损失。

五是懒惰成性，对贫困习以为常。一些贫困群众"等靠要"思想严重，安于现状，不思进取、懒惰成性。这部分群体的突出表现为：整天想着怎样享受国家优惠政策、获取更多的财物，总是以各种理由、各种借口逃避责任，长期精神萎靡不振，整日无所事事，不想脱贫，也不愿改变现状，毫无进取之心。

针对这些问题，曾都区坚持扶贫与扶志、扶智相结合，将治愚与扶志同步推进，注重激发脱贫内生动力，不断增强贫困群众的"造血"功能，走出一条精神脱贫与物质脱贫相互促进、同频共振的攻坚之路。截至 2018 年年底，已累计推动 20274 人脱贫，贫困发生率降为 2.24%。

❖ 主要做法

古语有云："授人以鱼，不如授人以渔。"扶志扶智，远比给钱给物难度大，可一旦将脱贫的志气扶起来，又远比给钱给物成效大。曾都区坚持"五抓"，做好"五破"，构建起全方位、立体化的扶贫扶志扶智体系。

（一）抓正面引导，破除守旧心理，让生活希望亮起来

针对一些因病、因残、因灾而失去改变生活信心的贫困人口，特别是孤寡老人、留守妇女、失独家庭等特殊群体，注重人文关怀，引导他们积极面对生活，重建对美好生活的信心。2018 年，全区 106 个行政村放映扶贫主题电影《十八洞村》，一大批贫困群众被主人公杨英俊所感动，不愿在小康路上掉队。广泛开展"百姓宣讲"活动，邀请本地致富能人、周边乡村名人等分享成长故事，带动贫困群众突破"心理挑战"，引导更多群众找回信心、寻回希望。在何店镇天星村一组，有这样一个家庭，妻子智力障碍，没有劳动能力，儿子肢体残疾，长期卧床不起，一家人的生活全靠年过七旬的钱开长撑着，压得他喘不过气，对生活毫无希望。作为村中的贫中之贫，村"两委"干部和驻村工作队重点攻坚，经常入户看望，与其话家常，为其讲政策，真情真意的关心与帮助让钱开长心里有温暖，精神有慰藉，美好生活的希望逐步点燃，束缚脱贫的枷锁完全解开。如今，钱开长一家已从阴影中走出，不仅自己摘掉了贫困户的帽子，而且他的故事正在激励着身边的人。

天星村在钱开长家召开精准扶贫户知情大会

（二）抓政策落实，破除后顾之忧，让发展信心立起来

在脱贫攻坚战之初，部分贫困群众心存顾虑，担心发展失败，仅有的积蓄可能血本无归，故而不敢打破现状，尝试新发展。为提高贫困户对脱贫攻坚的知晓率、参与度，曾都区充分发挥村"两委"和驻村工作队作用，经常开展政策宣讲会、群众知情会，让贫困群众谈想法、说意见、提建议。在此基础上，不折不扣地落实各项扶贫政策，切实做到政策落实到户到人，促使他们心无顾虑参与，放开膀子拼搏。曾都区城南新区管委会白桃村的李承平，其女儿 2012 年被确诊患尿毒症，当年花费住院费 3 万多元，后期每周需要透析两次，每月需要费用 3000 余元。正如李承平所言："我们夫妻长年以种菜为生，文化程度不高，也没有一技之长，只能解决温饱，面对巨额医疗费用，我们倾其所有，还找亲朋借了钱，全家生活几乎无着落。"此种情况下，这一家生怕丁点儿的风险，不敢扩大种菜规模，勉强维持着生计。2015 年被认定为贫困户后，村里先后帮其申请低保补助、5 万元扶贫小额信贷、落实健康扶

贫政策……一系列帮扶措施为其保驾护航，彻底打消了他的顾虑。如今，李承平一家不再担心发展失败，而是一心扩大产业规模，已盖起了 3 个大棚种植蔬菜，农闲时还在附近打零工，家庭收入不断增加，干劲越来越大。

李承平在大棚中查看黄瓜长势

（三）抓移风易俗，破除陈规陋习，让脱贫风尚浓起来

广泛开展社会主义核心价值观教育，合理制定村规民约，认真组织"道德模范""十星文明户"等评比活动，大力倡导孝老、勤劳、节俭的优良传统，让乡风民风更美更文明。利用"10·17 扶贫日"宣传活动月，广泛组织农民文艺活动，将脱贫攻坚的典型事例搬上舞台，自编自演脱贫故事，用身边的事教育身边的人，让"坐吃山空"者自感惭愧，丢掉陋习，逐步树立主人翁意识。2018 年，该区开展基层"道德讲堂"80 余场，邀请自强励志典型贫困户 100 余人次讲述脱贫故事，"病魔缠身，艰苦奋斗者"张方明，唱响脱贫致富曲的尿毒症患者彭小科，"体衰志坚谋发展，自强不息奔小康"的钱玉

操等典型人物的事迹在全区被广泛宣传，营造了浓厚的"勤劳致富、脱贫光荣"氛围，引起贫困群众的精神共鸣，争做"自强模范"逐渐成为新风尚。

脱贫典型邹广兵的母亲讲述脱贫故事

抓技能培训，破除本领恐慌，让致富能力强起来。俗话说，"一技在手，吃穿不愁"。脱贫致富关键在于掌握一技之长。曾都区在抓好贫困群众生产技能培训的同时，定期开展就业技能培训，贫困群众技能覆盖率大幅提升，助推越来越多的贫困群众走上了就业创业之路。2018 年，该区人社、农业、畜牧、工会等部门，分片区、分层次地组织贫困群众技能培训近 20 场次，在香菇种植、小龙虾养殖、畜禽养殖、蔬菜种植等不同领域，累计培训 1000 余人，为脱贫攻坚注入一支"强心剂"。与此同时，不定期组织邀请种养殖专家、科技特派员深入田间地头，实地指导种养殖技术，帮助贫困群众提升技能，实现由"我不干""不敢干"到"我愿干""我会干"的转变。

曾都区科技局组织科技特派员现场指导种植

（四）抓产业扶持，破除增收瓶颈，让脱贫斗志燃起来

产业是实现贫困群众可持续脱贫的重要依托，也是实现贫困群众增收的最直接、最现实的渠道。曾都区坚持自主发展与合作发展相结合，积极与市场主体对接，大力推广"龙头企业＋合作社＋产业基地＋贫困户"模式，采取村集体主导、联合共创、抱团发展等方式，实行差异化激励政策，推动自主产业与集体产业同步发展，以实实在在的成效激发贫困群众的脱贫斗志。截至 2019 年 5 月，该区建成产业扶贫基地 50 余个，发展扶贫香菇 185 万棒、艾叶 1496 亩、银杏叶 2400 亩、畜禽 23 万只、鱼虾 1879 亩、光伏电站 125 座，带动贫困户 6746 户，产业覆盖率达到 88.26%。曾都区洛阳镇张畈村的张猛就是一位依靠产业走向脱贫的典型代表，其母亲早年因病去世，父亲丧

失劳动力，妻子患有精神分裂症，两个女儿嗷嗷待哺，一家 5 口始终生活在
贫困线下。实施精准扶贫后，村"两委"及帮扶干部针对其实际情况，引导
其参加村级产业基地种植香菇，鼓励其发挥特长，发展养殖土鸡、鱼虾、蜜
蜂等产业，并组织技术专家提供服务指导，一项项帮扶措施点燃了其奋力脱
贫的激情。2018 年，该户种养香菇 10000 余棒，养殖土鸡 2500 余只、鱼虾 3
亩、蜜蜂 7 箱，年均收入 50000 元以上，不仅自己盖起了新房，改善了居住
条件，还带动其他贫困户一起发展产业。张猛成为远近闻名的脱贫榜样。

贫困户张猛在自家香菇大棚中

❖ 经验启示

　　湖北省随州市曾都区为插花贫困地区，贫困群众致贫原因复杂，不愿脱
贫、不想脱贫的贫困群众一定程度存在，实现"全面小康，不落一人"难度
较大。为此，曾都区致力于点燃贫困群众对美好生活的希望与斗志，探索出

一套精神、物质"双扶贫"的"组合拳",推动贫困群众在脱贫攻坚路上阔步前行,对插花贫困地区脱贫之路具有重要的启示意义。

(一)扶贫扶志要发挥个体因素的决定作用

脱贫攻坚越到最后,未脱贫户中贫中之贫、坚中之坚的比例就会越高。要实现这部分人群与全国人民一道进入小康社会,必须充分挖掘个体发展潜力,采取针对性措施,一步一步地将其脱贫动力激发出来,使其在自身脱贫攻坚中发挥主导作用,让其感受到成功的喜悦和成就感,从而坚定战胜贫困的信心,形成精神脱贫、物质脱贫相互促进的良性循环。

(二)扶贫扶志要发挥精神激励的促进作用

"冰冻三尺,非一日之寒。"部分贫困人口长期处于贫困状态,消沉、沮丧、悲观等负面情绪短时间难以克服,必须多措并举、综合施策、标本兼治,激发他们追求美好生活的斗志。要将扶志、扶智、扶业等作为一个整体,积极引进市场力量、社会力量和典型力量,采取先进帮后进、先富带后富的方式,让贫困群众感受温暖,帮助他们增加收入,进一步提振脱贫精气神。

(三)扶贫扶志要发挥乡风文明建设的引领作用

陈规陋习已成为阻碍贫困群众脱贫致富的最大障碍,婚丧宴请、抹牌赌博等不良习俗极易造成"脱贫就返贫"。要针对实际情况,充分发挥党建引领、文化铸魂作用,健全完善农村文化阵地,创办一批充满正能量的文艺节目,引导广大群众参与健康向上的文化生活。要给予"好媳妇""好婆婆""好家庭"等道德模范足够的荣誉感,对其进行大力表彰与宣传,让广大人民群众学有榜样、赶有目标、见贤思齐,使先进典型的道德品质成为助力脱贫攻坚的精神力量。

湖北省扶贫办主任推荐语

曾都区在扶贫扶志工作上进行了一系列行之有效的探索与实践,点亮了贫困群众对美好生活的希望，激发了贫困群众的脱贫斗志，希望之火越烧越旺，攻坚动力越聚越强。其典型价值在于：一是邀请群众参加"政策宣讲会，群众知情会"，干部把政策亮出来，群众把困难晒出来，既消除了群众对政策的疑虑，又打消了他们害怕发展的顾虑，促使他们敢干、愿干。二是将产业扶贫、就业扶贫有效结合起来，打破了不会干、不能干的被动发展局面，看得见的收获让贫困群众更加敢闯敢试，形成良性循环，效果倍增。三是将乡风文明建设融入脱贫攻坚，邀请脱贫典型讲故事，提升脱贫户的成就感与荣誉感，推动形成脱贫新风尚，促使贫困群众争相脱贫。

胡超文：湖北省扶贫办党组书记、主任

专家点评

本案例的亮点在于对"志穷"的表现和原因进行了深入分析，总结了五种"志穷"的类型，进而实施高度精准的分类"扶志"举措，并在实践中最终形成了"五抓五破"这一重要的"志智双扶"创新做法，即："抓正面引导，破除守旧心理；抓政策落实，破除后顾之忧；抓移风易俗，破除陈规陋习；抓技能培训，破除本领恐慌；抓产业扶持，破除增收瓶颈。"这一全方位、立体化的扶贫扶志扶智体系，具有重要的推广价值。该案例也告诉我们，穷人存在"等靠要"思想、内生动力不足的原因是多方面的，也是因人而异的，不找准精神贫困的根源并精准施策，难以消除精神贫困。同时，精神贫困既有个人方面的根源，还是外部环境的产物，扶志扶智是一个系统工程，需要综合治理。

丁建军：吉首大学商学院院长、教授、博士生导师，吉首大学武陵山片区扶贫与发展协同创新中心研究员

思 考 题

1. 如何让乡风文明建设在脱贫攻坚中发挥更强的引领作用？

2. 如何用好"德治"与"法治"相结合的方式，解决贫困户内生动力不足的问题？

延伸阅读

1.《勤劳致富摘"穷帽"》(《随州日报》2019 年 3 月 15 日)

2.《"科技宣传周" 随州市曾都区多部门联合开展送科技下乡活动》(人民网湖北频道，2018 年 5 月 23 日)

扶志同筑梦 "评星" 促脱贫

——湖南省株洲市渌口区 "脱贫立志、星级创建" 做法

摘要： 渌口区在扶贫扶志实践中，以公序良俗为引导，探索创立了 "脱贫立志、星级创建" 激发内生动力的新机制。面对贫困户 "等靠要" 思想严重的现状，创新性地提出以正确价值观引导 "立志"，以监督的力量倒逼 "立志" 以及以精神和物质激励 "立志" 的做法，激发贫困群众的内生动力，实现了贫困群众由 "要我脱贫" 到 "我要脱贫" 的思想转变。

关键词： 精神鼓励　脱贫典型　内生动力

引言： 2018 年 2 月 12 日，习近平总书记在打好精准脱贫攻坚战座谈会上强调："要加强典型示范引领，总结推广脱贫典型，用身边人、身边事示范带动，营造勤劳致富、光荣脱贫氛围。"

◆ 背景情况

　　渌口区位于湖南省中部偏东，湘江中游，长株潭城市群南缘，自古为湘东门户，是中原通往广东沿海的咽喉，享有 "湘东明珠" 的美誉。属 "两型社会"（资源节约型社会，环境友好型社会）建设试验核心区。2018 年 6 月 19 日经国务院正式批复撤株洲县，设株洲市渌口区，同年 12 月 18 日挂牌成立。现辖 8 个镇、129 个村 10 个社区（居委会），总人口 35 万，总面积 1053.6 平方公里。株洲市渌口区为非贫困县，2015 年年底有建档立卡贫困人口 3184 户

9551 人、贫困村 12 个。脱贫攻坚开展以来，绝大多数贫困群众走上了脱贫奔小康之路，越干越有劲头。同时，少数贫困群众"人穷志短"不思进取，"等靠要"思想严重，内生动力不足等问题与矛盾亟待解决。扶贫贵在扶志，难在扶志。在全面建成小康社会关键期，特别是在脱贫攻坚取得阶段性成效进入决胜阶段后，如何激发这些贫困户的内生动力，实施扶贫扶志，打赢脱贫攻坚战，形成长效脱贫机制，尤为重要。中共湖南省委副书记乌兰对株洲县（现为渌口区，下同）"脱贫立志、星级创建"工作作出批示："应很好总结提升株洲县激发贫困户内生动力的做法。"湖南省委办公厅《工作情况交流》第29 期以"给贫困户'评星'，抓扶志促脱贫"为题，全文刊载推广株洲县"脱贫立志、星级创建"扶贫扶志的做法。并在全省非贫困县非贫困村脱贫攻坚推进会上作经验发言。新华社《新华每日电讯》以"湖南株洲县：用'星'说话，'靶向帮扶'促脱贫"为题进行了报道。

❖ 主要做法

打赢脱贫攻坚战是一项系统工程。渌口区在扶贫扶志实践中，大力学习贯彻习近平新时代中国特色社会主义思想和社会主义核心价值观，以公序良俗为引导，探索创立了"脱贫立志、星级创建"新机制，对贫困户各方面表现进行"评星"定级，将"评星"结果与"面子""票子"有机挂钩，教育引导贫困户"人穷志不短"，切实培养贫困户同奔小康的精气神，将扶贫与扶志、扶智相结合，精准滴灌，引导激发贫困户树立正确的荣辱观和价值观。通过"脱贫立志、星级创建"活动，既激发了贫困户自我发展脱贫的动力，又提升了干部的帮扶水平，还凝聚了脱贫攻坚的社会共识，涌现出了一批脱贫立志典型。

（一）正导向，立标准，以正确价值观引导"立志"

从 10 个方面对贫困户的现实表现进行评价，每个方面设置明确的评价标准，符合标准的得一颗星，不符合标准的不得星，根据得星总数对贫困户综合表现划定等级。

一是坚持问题导向，设置评星内容。扶贫过程中，有的贫困户"等靠要"思想严重，好逸恶劳，甚至以"穷"为荣，贫困户之间相互攀比慰问资金和物资。有的贫困户不懂得感恩，发牢骚，有怨言，不配合镇村和帮扶单位开展工作。有的贫困户素质不高，不守公序良俗，生活态度消极，甚至家庭环境卫生都搞不好。对此，渌口区坚持问题导向，针对当前贫困户存在的较为普遍的突出问题，结合社会主义核心价值观和乡风文明建设要求，设置 10 项评星内容，即爱党爱国之星、诚信守法之星、团结友善之星、感恩怀德之星、清洁卫生之星、重教好学之星、勤俭持家之星、孝老爱亲之星、勤劳上进之星和创业致富之星，为贫困户立志指明方向、明确目标。

二是力求简易操作，明晰评判标准。坚持好理解、好操作原则，对每颗星的评价标准进行定性定量。比如，"感恩怀德之星"要求贫困户不发牢骚，积极配合工作，不无理取闹、不缠访闹访；"创业致富之星"明确要求家庭人均年收入需达到 1 万元以上。由易及难合理设计进步阶梯，适当拉开差距、体现差异，让评星结果呈现"两头少、中间多"的分布特点，使少部分贫困户成为先进典型，大部分贫困户学习有标兵、进步有空间。评价过程中，根据得星总数对贫困户表现情况划定 4 个等级，仅获得爱党爱国之星、诚信守法之星的为基本合格，3—6 星为一般，7—8 星为较好，9—10 星为优秀。

三是培育乡风文明，营造良好风尚。将乡风文明建设与"脱贫立志、星级创建"活动有机结合，大力开展移风易俗行动，在全区范围推行"村规民约"，大力弘扬中华传统美德和社会主义核心价值观，营造良好的道德风尚，使贫困户在良好的大环境中，通过耳濡目染，主动戒除"等靠要"等不良思想，树立"向善向上"的生活态度。通过"脱贫立志、星级创建"活动，既丰富了乡风文明建设的载体，又开辟了一条镇村管理新路径。

渌口区受扶贫困户在自家屋外竖立国旗

（二）严评议，晒成绩，以监督的力量倒逼"立志"

建立"多方参与、程序严谨、广泛监督"的评议机制，确保评定结果客观真实、公信度强；在一定范围公示评定结果，充分发挥社会力量的监督、鞭策和激励作用，切实增强贫困户的正确荣辱观，把星级评定的过程转变为贫困户立志自强的过程。

一是多方参与，确保客观真实。按照"全社会参与脱贫攻坚"的工作思路，引入第三方力量参与评议，在贫困户自主申请的基础上，由村"两委"通过聘请、组织乡贤能人，德高望重的老党员、老干部、老教师，以及致富带头人等组成第三方"评议小组"，参与贫困户"评星定级"。通过提高非贫困群众的参与度，打破过去"干部大包大揽"的格局，确保结果真实有效、客观合理。

渌口区龙门镇花冲村正在进行村组评议

二是严格程序，做到公平公正。创建活动设定"贫困户自评、村组评议、帮扶干部鉴定、区镇审定"四个步骤，每季度评定一次，年终进行总评。评星定级以村为单位，先由贫困户自愿申请并对照标准自评，原则上不申请的不予评议，不奖补。村"两委"组织评议小组并邀请驻村工作队队长和结对帮扶干部召开评议会，对自评结果进行审定、修正，多方讨论无异议后确定评议等次，报镇扶贫办复核。

三是公开结果，广泛接受监督。严格执行公开公示制度，严禁弄虚作假、搞形式主义。每季度评选结果复核确认无误后，在镇、村公示专栏张榜公示，接受社会力量的广泛监督。同时，区扶贫办不定期组织专

渌口区渌口镇湾塘村贫困户张立春正在对标自评

门队伍对评星结果进行随机抽查，其中 7 星及以上的贫困户抽查复核率不低于 50%。通过对评星定级结果的公开公示，让表现良好、主动脱贫的贫困户有面子、有干劲，让不思进取、好逸恶劳的贫困户有压力、增动力，不断激发贫困户的脱贫致富主动性、积极性。

渌口区新燕村"脱贫立志、星级创建"情况公示栏

（三）重奖惩，树典型，以精神和物质激励"立志"

强化"脱贫立志、星级创建"结果运用，将评星定级结果与"面子""票子"挂钩，通过荣誉激励、专项奖补等方式，对贫困户实施精细化管理、差异化扶持和规范化奖补，最大限度地激发贫困群众比学赶超、争先向上同奔小康的动力。

渌口区龙门镇花冲村
贫困户获得七星荣誉

一是与精神激励结合。根据评星

定级结果，每季度区、镇两级分别对评为"优秀""较好"等级的贫困户进行授牌表彰，通过"小奖状"为贫困户注入"大能量"，并择优推荐参加上级的评先评优活动。对得"星"进步显著、主动要求脱贫退出等典型事例，进行集中宣传和推介，引导贫困群众树立自力更生、自主脱贫意识，营造争相脱贫的良好氛围。古岳峰镇白壁村53岁的李明光，小时候因患骨头结核引起脊柱变形，五六年前又患上肺气肿。身有残疾，又要照顾老母亲，在开展"脱贫立志、星级创建"活动前，一度消极懒散，抱着"没有吃的，反正国家会给"的想法，好吃懒做，成天无所事事。在2018年第一季度"脱贫立志、星级创建"评比中，只评得3颗星。村里公示专栏上的3颗星，激起了李明光脱贫的斗志。他奋起直追，勤劳苦干，白天到村工厂打工，下班后回家养兔、养鸡，除了搞好家里卫生，还参与村里公益事务……李明光的脱贫决心、勤劳态度、热心公益得到了大家的认可，在第四季度评比中拿到了9颗星，当年底各项收入达3万多元，顺利脱贫。龙潭镇花田村胡喜祥，曾经生活穷困，几乎丧失信心。通过星级创建活动和干部的精确帮扶，胡喜祥立志脱贫，重振信心，依靠自己勤劳的双手，发展黑猪养殖产业，走出了一条脱贫致富之路，在全区起到了典型示范作用。2018年第三季度，他拿到10颗星，被评为"优秀"等级。

渌口区古岳峰镇白壁村贫困户
李明光通过养兔致富脱贫

二是与物质奖补结合。规范帮扶资金使用，科学制定"脱贫立志、星级创建"奖励标准，创建星级越多，奖励标准越高，帮扶力度越大。对基本合格等级的已脱贫户、未脱贫户分别设置 100 元、200 元的奖励基数，"一般"等级的每增加一星增加奖励 50 元，"较好"等级的每增加一星增加奖励 100 元，"优秀"等级的每增加一星增加奖励 200 元。随着活动深入推进，定级标准逐年提高，奖补标准也有新变动。同时，专项奖补还与产业帮扶、就业帮扶结合起来，让立志奋斗的贫困户得到更多激励，让"等靠要"受到触动而改变。

三是与精准帮扶结合。通过星级评定，帮扶责任人可以全面掌握贫困户的精神状态、思想观念、劳动能力等方面的实际情况，从而针对贫困户缺失的星级进行"靶向帮扶"，制订专项帮扶计划和帮扶措施，做到一户一策、精准施策，推动帮扶工作取得实效。星级评定实行动态管理，建立贫困户星级创建管理档案，帮扶责任人能及时掌握贫困户表现"退步"或者波动较大的情况，并及时调整帮扶措施，完善帮扶计划。同时，进一步运用创建成果，开展"自强户"申报活动。对脱贫一年以上，并且四个季度获得星数合计在 25 颗以上，而且还要获得"勤劳上进之星"或"创业致富之星"1 次以上，收入稳定的对象，经户主本人自愿申报"自强户"，区、镇审批后，授予"自强户"光荣称号，实现逐户销号。2019 年第一季度，全区评定"自强户"212 户。

❖ 经验启示

渌口区自从开展"脱贫立志、星级创建"活动以来，在社会上产生了良好的示范效应和正能量。从正确价值观引导、建立有效的监督评议机制以及典型带动三方面入手，取得显著脱贫成效。截至 2018 年年底，株洲市渌口区累计完成减贫 7792 人，贫困发生率降至 0.59%，12 个贫困村全部出列。同时，"脱贫立志、星级创建"做法被写入全国扶贫扶志研讨班国务院扶贫办主题报告，被称为扶贫攻坚"渌口经验"，为全国扶贫扶志提供了生动案例，被视为扶贫扶志的新路子、实路子、好路子。

（一）明确星级创建标准，实现扶志工作由模糊到精准的转变

扶志，首先要解决的就是找准"失志"的病灶、"有志"的表征。通过把贫困户的现实表现具体化、量化，找准扶志的根子和重点，由过去简单地做思想工作，转变为有针对性地解决具体问题，让扶贫措施更加精细精准，从而达到扶贫扶志的目的。

（二）强化星级创建结果运用，实现内生动力培育由虚到实的转变

贫困户的关切所在，就是动力的源泉。通过差异化的精神物质激励，打破了"吃平均粮"的格局，有效抓住了贫困户的关注点和兴奋点，促使贫困户变"心动"为"行动"，搅活了"一池春水"。通过对先进典型脱贫户的物质和精神奖励，激发后进贫困户的内生动力，使其在比较中看到差距、感知荣辱，增强了积极向上的行动自觉，从而达到激励志气的目的。

（三）推行星级创建动态管理，实现贫困户由一时到一贯的转变

脱贫立志，贵在坚持。实行动态化管理，通过"勤吹风""敲警钟"，潜移默化地转变了贫困户的思想观念，让脱贫立志成为行动自觉。同时，动态的奖励与监督评议机制也倒逼贫困户时刻上紧思想的发条，拧紧行为的螺丝，始终保持良好的精神状态，有效防止了惰性思想和不良习气"反弹回潮"，从而达到笃定志气的目的。

（四）实施星级创建的民主机制，实现帮扶管理由软到硬的转变

过去"大锅饭"格局下，针对贫困户的帮扶管理难以产生足够的约束力。采用民主化的测评机制，其结果客观真实、公平公正，进行贫困户帮扶工作也能名正言顺地根据评定结果，掌控好扶贫资源分配这一管理手段，实现帮扶管理由软到硬的转变，促使贫困户严格规范自身行为，更加积极主动地配合帮扶单位开展工作，从而达到提升志气的目的。

湖南省扶贫办主任推荐语

　　渌口区创新开展"脱贫立志、星级创建"活动，在扶贫扶志、激发贫困户内生动力方面，先行先试，积极探索，采取了有效措施，找到了有力抓手。"脱贫立志、星级创建"活动，坚持问题导向，对标社会主义核心价值观和乡村公序良俗，通过"正导向、严评议、重运用"，反复评议、广泛监督，打破了过去"吃平均粮""干部干、群众看"的格局，有效抓住了贫困户的关注点和兴奋点，很好地解决了贫困户的"等靠要"问题。它标准明晰、操作简便，强调外部多方评议，触动了贫困户的内心，提升了群众参与度。通过具体化的评星标准、差异化的结果运用和动态化的评级管理，为扶志工作和内生动力培育找到了一条过硬的好路子。该做法已在湖南全面推广，效果好。

　　王志群：湖南省扶贫办党组书记、主任

专家点评

　　湖南株洲市渌口区以公序良俗为引导，在"脱贫立志、星级创建"以激发贫困地区和人口内生动力方面进行了创新实践。案例的创新之处在于：通过明确星级创建的标准，实现了扶志工作由模糊到精准的转变；通过强化星级创建的结果运用，实现了内生动力培育由虚到实的转变；通过推行星级创建的动态管理，实现了贫困户立志由一时到一贯的转变；通过实施星级创建的民主机制，实现了帮扶管理由软到硬的转变。案例有很高的推广价值，适合在全国范围内推广。案例的启示在于：扶贫扶志的前提在于找准贫困人口"失志"的病灶、"有志"的表现，找准扶志的根子和重点，精准确立扶志的目标；扶贫扶志要善于实现正面引导、积极激励与监督警

示、批评教育两类工作方法的有机结合；扶贫扶志也要建立长效机制，注重动态管理。

田北海： 华中农业大学文法学院院长、教授、博士生导师，中国社会工作教育协会反贫困社会工作专业委员会副会长

思考题

1. 在扶贫扶志过程中，如何有效激发贫困户的内生动力？
2. 如何创新物质激励与精神激励有效结合的实现机制？

延伸阅读

1. 《湖南株洲县：用"星"说话，"靶向帮扶"促脱贫》（新华网，http://www.xinhuanet.com/mrdx/2018-12/07/c_137657275.htm，2018 年 12 月 7 日）

2. 《湖南：用"星"点亮脱贫之路——株洲市渌口区"脱贫立志、星级创建"工作纪实》（湖南日报网，http://www.cpad.gov.cn/art/2019/6/26/art_5_99261.html，2019 年 6 月 26 日）

3. 《株洲渌口区"脱贫立志、星级创建"工作介绍片》（《随州日报》2019 年 3 月 15 日）

从"懒汉"到
"致富带头人"的华丽转身

——广东省龙川县周塘村贫困户的蜕变

摘要：广东省河源市龙川县铁场镇周塘村的李军辉原是当地的典型"懒汉"贫困户，"游手好闲，好吃懒做"是他的最大特征，这也直接导致了他的婚姻失败。后来，随着精准扶贫工作的不断推进，李军辉在深圳市东部公共交通有限公司帮扶下转变思想，发展产业，成了当地有名的"致富带头人"。

关键词：扶贫扶志 产业扶贫 致富带头人

引言：2017 年 6 月 23 日，习近平总书记在深度贫困地区脱贫攻坚座谈会上强调："注重调动贫困群众的积极性、主动性、创造性，注重培育贫困群众发展生产和务工经商的基本技能，注重激发贫困地区和贫困群众脱贫致富的内在活力，注重提高贫困地区和贫困群众自我发展能力。"

❖ 背景情况

李军辉，一位 40 岁左右的庄稼汉，头发蓬乱，皮肤黝黑，经常挽着裤脚，光着脚丫从地头走到田间。他是广东省龙川县周塘村土生土长的村民，几代人生活在靠山边一处破旧的土房里。在帮扶之前，这间赖以栖身的"寒窑"仅剩他和他的 3 个孩子，其中一个儿子患有一级言语残疾，在特殊学校上学，另外一儿一女分别读初中和小学。

在深圳市东部公共交通有限公司（以下简称东部公交）开展精准扶贫前，李军辉是周塘村典型的"懒汉"贫困户之一，游手好闲，好吃懒做，人生过得很不如意，连最基本的温饱问题都无法自行解决，经常向村民"东借一餐，西借一餐"来勉强维持生计，妻子无法忍受这种困境，遂与李军辉离婚。妻子的离去给李军辉带来了沉重的打击，他越发自暴自弃，彻底变成了一个混混儿，3个孩子只能依靠政府和社会的救助抚养而继续求学，住房问题更是没有着落，只能借住于兄弟家。在周塘村，李军辉是出了名的"二流子"，遭到全体村民的嫌弃。但随着精准扶贫工作的不断推进，李军辉借助"造血式"扶贫，并通过个人的努力，原先灰暗的人生终于迎来了光明。

❖ 主要做法

（一）由"衣食无着"到"自给自足"，思想扶贫促蜕变

李军辉是周塘村土生土长的村民，但由于懒惰成性，妻子早与其离婚，他一人带着3个子女生活。生活的压力早已将他压垮，他逐渐成为村中的混混儿，被他人所嫌弃。但是，随着新时期精准扶贫工作的逐步开展，即从东部公交扶贫工作队进驻周塘村开始，李军辉的生活悄然发生了变化。驻村工作队通过入户走访摸排及在其他村民的只言片语中了解到李军辉的真实情况，工作队成员便从思想上着手，耐心地跟李军辉讲政策、讲致富、讲实例，多次劝导他脱贫要靠劳动，并以多种形式慰问、开导他，包括免费发放鸡苗及承诺回购等实质性的措施来激励他脱贫致富。至此，李军辉的思想才开始慢慢转变，积极性逐步提高，不再游手好闲、一天只靠两顿饭勉强度日，他开始把心思放在种植、养殖及照顾孩子等方面。在驻村工作队的协助下，他开始懂得劳动的真正意义，并且努力找零工挣钱来改善生活。特别是东部公交统一回购成鸡的时候，他一下增收了8000元，激动得无以言表，终于认识到依靠种植、养殖等劳动方式就能摆脱自己目前的困境。

在农村地区，农民依靠几亩稻田来填饱肚子很容易，但小农经济的价值体现毕竟有限。李军辉根本不知道如何做才可以让自己走得更远，他说自己只是一个没见过世面的庄稼人。李军辉原本种植两亩水稻（其中只有 0.6 亩为自家所有，其他都是家族兄弟免费给他种植），只能满足自己一家人的日常食用，虽然他时常也打一些零工，但还不足以摆脱贫困的阴影。驻村工作队针对国家帮扶政策以及公司产业帮扶的措施，结合李军辉的个人情况，鼓励他租用村里的荒地种植百香果。李军辉每年春季开始种植果树，7 月开花，9 月便可以收果，来年在 4 月开始开花，果实也可以收获 4 个多月。这样不仅可以增加收益，也能获得"以奖代补"的政策补贴，一举两得。

在驻村工作队免费提供果苗、周塘村百香果产业基地提供技术支持、家族兄弟免费提供土地的帮助下，李军辉种植了 5 亩百香果。在李军辉对果园精心打理下，百香果收成喜人。驻村工作队在百香果成熟之后为李军辉架设好了销售渠道，以 7 元一斤的市场价由东部公交负责推销。百香果收获的季节，李军辉生平第一次终于"有钱了"，他的 5 亩百香果园第一年的经济收益接近 20000 元。

"有钱了"的李军辉开始慢慢转变，他不再像以前那样见了谁都躲，而是剪了头发，理了胡须，给自己和孩子们都添置了一些干净的衣服。变化更大的是，他每天起早贪黑，不是在稻田里除草就是在果园里施肥，整天忙得不亦乐乎。驻村工作队把这一切看在眼里，记在心里，都由衷地为李军辉的表现感到高兴。

通过驻村工作队的积极引导，李军辉用种植百香果"以奖代补"领取到的财政产业扶持资金又买了上百只小鸡，还开垦鱼塘养起了鱼。"家禽＋果树＋鱼塘"三位一体的微循环立体种植养殖模式让他逐步开始摆脱贫困。在国家政策和东部公交帮扶措施的帮助下，李军辉也完成了危房改造项目，住进了新房，真正实现了从"衣食无着"到"自给自足"的目标。

李军辉种植的百香果

在 2017 年的村民小组选举会议上，李军辉作为村里的脱贫典型被村民选为村小组组长，这是他生命中的一次转型，也是他人生路上的一次重大蜕变，他的生活也由以前被人嫌弃到如今开始被人羡慕。

在东部公交的帮扶规划中，周塘村自然村道路硬底化帮扶建设项目共规划有 6.1 公里，其中，李军辉所在的村小组占有 430 米左右。硬底化的前期工作，是由各个自然村负责先行打造路基工程。李军辉作为小组组长，积极主动地联系村民、规划路线、筹集资金，与相关人员交流沟通，组织村民搭建路基等。通过李军辉的工作对接，该段宽 3.5 米、长度约 430 米的道路硬底化工程顺利完成。在这一过程中，他体验到农村工作的许多难处，从而更加理解和支持村委会工作及扶贫各项工作的开展。

（二）从"好吃懒做"到"脱贫致富"，产业帮扶助脱贫

2018 年年初，经过驻村工作队与李军辉的多方打听及调研后，广东省重点家禽养殖场之一的兴宁市利兴养殖服务有限公司的养殖模式深深地吸引了

大家的目光。该公司为村民提供鸡苗及饲料，承包养殖技术指导及承诺回购的服务，这种养殖模式刚好弥补贫困村产业发展缺乏成熟销售市场环节的弊端。驻村工作队决定引进"龙头企业＋基地＋贫困户"的三合一模式，以此来助力产业脱贫。扶持贫困户李军辉作为项目带头人，建立了长效脱贫机制，进一步提高和稳定了贫困户的收入，脱贫成效十分显著。

李军辉深知"授人以鱼不如授人以渔"的道理，认为"喂养式"的扶贫解决不了根本问题，只有打造长效的产业才是真正出路。因此，2018 年 3 月，在东部公交驻村工作队、驻村第一书记及村"两委"的关心与支持下，李军辉争取到了周塘村 14 户贫困户以财政资金投资入股的 15.7 万元项目启动资金，正式启动肉鸡养殖项目。按照项目规划，鸡场可每年养殖肉鸡 5 批次共计 5 万羽，将带动 14 户贫困户连续 5 年分红返本 4.71 万元。昔日"懒汉"开始慢慢向"产业致富带头人"转变。

李军辉和他的养殖基地

　　成为"产业致富带头人"的李军辉变得更加忙碌了，他需要跟进养殖场的搭建、落实鸡苗及饲料的运输、参与公司开展的养殖技术培训等。驻村工作队、第一书记、村"两委"及贫困户的关心支持，仿佛化为了推动他克服困难、不断前进的无限动力。

　　随着养殖场的搭建完成，在 2018 年 6 月 20 日迎来了第一批住客——1万羽肉鸡苗。对于这寄托全部希望的"鸡宝宝"，李军辉也迎来了第一个难关——如何打响开门红的第一炮。从此以后，李军辉自身发生了质的变化，不论刮风下雨，还是艳阳高照，他始终驻扎在养殖场中，时刻照看着这些宝贵的"鸡宝宝"，生活中事事不离养鸡，如照顾自家孩子般悉心照料，一心只想着如何给这些"鸡宝宝"提供最优的生长环境。

李军辉正在悉心照顾"鸡宝宝"

　　苍天不负有心人。正是靠这份艰辛的付出，鸡场的肉鸡长势喜人，并创下了新养殖户的最低损耗率——1万羽肉鸡只损耗了200羽。2018年8月24日，随着利兴养殖公司的运输车辆驶离周塘村，李军辉如愿收获了肉鸡养殖产业的第一桶金。第一批肉鸡的成功售出，增强了李军辉致富的信心，也宣告着李军辉从"懒汉"到"致富带头人"的华丽转身。

　　在听闻了李军辉的事迹后，深圳市派驻龙川县工作组组长、龙川县委常委张百松率队到周塘村进行参观调研，并给予了李军辉高度肯定及支持，他说，产业扶贫是脱贫最直接、最有效的办法，但如何打造好扶贫产业的长效机制仍是目前各贫困村遇到的一个极大难题，该肉鸡养殖模式依托当地的龙头企业，由龙头企业负责解决技术、销售市场等环节，把以往单纯依靠帮扶单位的"输血式"产业转变为"造血式"产业，在建立长效扶贫脱贫机制上做出了很好的探索，值得借鉴与学习。

驻县工作组组长张百松参观调研肉鸡养殖产业

（三）从"不求上进"到"带头致富"，模范引领抢争先

随着顺利完成 2018 年度分红返本任务，李军辉心中最大的一块石头已然落地。在经历了三批次养殖肉鸡的基础上，李军辉向驻村工作队提出了他想再扩建一个鸡场，把肉鸡养殖产业的规模再扩大一倍的想法，带动更多的贫困户参与到入股投资分红中来。

驻村工作队根据周塘村产业帮扶情况，结合周塘村实际，为鼓励有强烈脱贫意愿的贫困户通过自身努力成为"致富带头人"，并充分发挥帮扶单位对产业帮扶的作用，进一步增加全村贫困户的收入，巩固脱贫成效。鉴于李军辉的肉鸡养殖项目具有风险较低、收益有保障等优势，并结合河源市相关部门、驻县工作组关于产业帮扶的指导意见，驻村工作队决定加大对其产业的帮扶力度。

2019 年年初，驻村工作队投入公司自筹帮扶资金 22 万元，用以支持李军辉修建第二个养鸡场，帮扶他扩大产能，在原有的养殖规模基础上实现养殖规模翻一番。届时，养鸡场养殖规模将增至 2 万羽/批次，实现年出栏量达到 8 万羽以上，年产值可提升到 144 万元。进一步发挥贫困户的内生动力及"致富带头人"的作用，带领贫困户脱贫，该项目的所有投资回报将全部用于 46 户贫困户直接增收。

在得到第二笔产业帮扶资金后，李军辉化身成为一名"设计师"。二期养殖基地的场地建设较一期养殖基地更为合理。在卫生上，二期养殖基地为封闭式养殖，加强了养殖基地的环境卫生和防疫管理，健全了养殖基地卫生和防疫管理长效机制。在设备上，二期养殖基地建设安装了水帘、风机及恒温加热箱等设备，在温度控制上更加快捷、可靠。目前，二期养殖基地已经正式建成投入使用，并于 2019 年 8 月 16 日迎来了第一批"住客"。

在收获事业成功的同时，因为勤劳、踏实，2019 年年初，李军辉也迎来了爱情，娶到了心仪的对象，再次组建了美满的家庭。对于未来，李军辉充

满了信心和干劲。生命是一种姿态，不同的追求，不同的奋斗，必将演绎出不同的人生。李军辉正用他自己不懈的努力，谱写着摆脱贫困最壮丽的诗篇。

已经投入使用的第二期养殖基地

❖ 经验启示

（一）提高贫困户的思想认识和技能是激发内生动力的前提

扶贫不是简单地给钱给物，如果扶贫不扶志，扶贫的目的难以达到，即使一度脱贫，也可能会再度返贫。要帮助贫困群体发挥对生产生活的主观能动性，从根本上改变贫困群众落后的精神面貌和思想状态，使之懂技术、讲方法、具条件，做到意志坚定、思想开放、奋发有为、开拓进取，这样才能促进贫困地区全面发展，共同促进社会主义和谐社会的构建。

（二）为贫困户谋求产业发展之路是脱贫致富的根本

一个地区的快速发展，一定伴随着产业的崛起，没有产业的区域，则会变成一潭死水。因此，产业是强县之本、致富之源、脱贫之基。送钱、送物只能解决燃眉之急，发展产业才可以形成可持续的扶贫态势。产业扶贫要充分利用当地的资源、人力优势，为此我们要大力培养经济支柱产业，让产业带动地方经济发展，真正助力扶贫攻坚。

（三）脱贫典型的示范带动能更有效地发挥辐射效应

要时刻注重发挥模范们的引领作用，以他们的实际行动影响和带动周边的普通村民。通过以点带面的方式，形成强大的示范辐射效应。先锋模范要不断增强服务群众的意识，使其模范作用在脱贫攻坚中得到充分发挥。此外，先锋模范也要努力学习了解脱贫攻坚的新理念、新思想和新政策，并将其宣传给贫困户和非贫困户，充分调动全村群众脱贫致富的积极性，让全村群众都当脱贫政策的明白人。

广东省扶贫办主任推荐语

李军辉作为中国万千典型贫困人口的一个缩影，他从一个"懒汉"到"致富带头人"的成功转变不仅彰显了扶贫扶志的重要性，也为广大贫困群众增强了立足自身实现脱贫的信心。李军辉的典型事例从根本上帮助贫困群众改变落后的精神面貌和思想状态，激励贫困群众发挥对生产生活的主观能动性，形成勤劳致富、脱贫光荣的价值取向和政策导向，凝聚打赢脱贫攻坚战的强大精神力量，切实增强贫困群众自我发展能力，确保贫困群众持续稳定脱贫。

顾幸伟： 广东省委农办主任、农业农村厅厅长、省扶贫办主任

专家点评

该案例通过一个贫困户脱贫致富的鲜活故事，生动地展现了精准扶贫的具体历程和生动实践。其价值和意义主要有：其一，正确的思想认知和

积极向上的精神状态是贫困人口脱贫致富的前置条件和基本表征。贫困人口脱贫摘帽的关键是其是否具有足够的志气、志向和志愿，思想扶贫和精神扶贫是脱贫致富的重要前提与基础。其二，发展产业和解决就业是激发内生动力的有效手段和路径。贫困人口内生动力不能空谈，必须要依托于一定的长效机制，产业和就业始终是稳定脱贫的根本，可为激发内生动力提供有力支撑。其三，脱贫典型示范带动是扶贫扶志行动的重要实现机制。在开展扶贫扶志行动中，可通过致富能人的示范引领，激发其他贫困户的发展愿望，增强其脱贫信心。

孙兆霞： 贵州民族大学社会建设与反贫困研究院、马克思主义学院教授，中国农村社会学学会副会长

思考题

1. 在脱贫攻坚过程中，如何更好地帮助贫困群众摆脱思想贫困，树立主体意识，激发内生动力，提高自主发展产业的积极性？

2. 如何在脱贫攻坚时间紧、任务重的责任考核机制下构建产业扶贫的长效机制？

延伸阅读

《从"穷汉"到"致富带头人"——龙川县铁场镇周塘村贫困户李军辉脱贫记》(《河源晚报》2018 年 9 月 7 日）

精神扶贫的"合山经验"

——广西壮族自治区合山市"三扶合一"新路子

摘要： 广西合山市积极探索科学有效的精准扶贫新思路，从"思想、志气、信心、心灵、智力"等方面实施"精神扶贫"，全面激发贫困户脱贫致富的内生动力，精准破解"不想脱贫""不敢脱贫"等难题，使"会脱贫、要脱贫、敢脱贫"成为合山贫困户的精神常态和共同追求，从而探索了一条西部经济欠发达地区精准扶贫、精准脱贫的发展新路子，形成了具有广西特色示范意义和推广价值的精神扶贫"合山经验"。

关键词： 扶贫扶志　精神扶贫　合山经验

引言： 2013 年 11 月，习近平总书记在湖南省十八洞村考察时指出，脱贫致富贵在立志，只要有志气、有信心，就没有迈不过去的坎。

❖ 背景情况

合山市岭南镇溯河村有个村民叫谭罗斌，他家里特别穷。有个成语叫"家徒四壁"，可是他家连四壁都没有，只有三面墙，另一面墙是靠着邻居家的。他在村里有个外号，叫"酒坛子"，结果是越喝越懒，越懒越穷，一心想着政府扶持和领低保金，成了全村典型的懒汉贫困户。

合山市是国家扶贫开发工作重点县（市、区）之一。在整个合山市，像谭罗斌这样怀揣"等靠要"思想的贫困户不在少数，这种消极等待的心理就像无形的"三面墙",虽然看不到,却实实在在挡住了他们脱贫致富的脚步。

为此,合山市率先创新开展"扶志脱贫争先锋"活动,全面推行扶贫同扶志、扶智相结合的"三扶合一"攻坚模式,从"思想、志气、信心、心灵、智力"五个方面实施"精神扶贫",精准破除"等靠要"的"三面墙",全面激发贫困群众主动脱贫的内生动力,实现了"富口袋"与"富脑袋"的有机统一,打通了脱贫攻坚的"最后一公里"。2016年,合山成为广西首批脱贫摘帽的4个县(市、区)之一,共有2474户贫困户8978名贫困人口顺利脱贫。

❖ 主要做法

(一)构建"三扶合一"攻坚体系,破除"等靠要"的"三面墙"

"船上人不用力,岸上人挣断腰。"近年来,扶贫政策惠及广大贫困群众,但是,仍有许多扶贫对象多年得到帮扶却未脱贫,甚至脱贫后又返贫。对此,合山市委书记认为,"贫困户'等靠要'的思想比较普遍,就像无形的'三面墙',不遮风挡雨,却挡住了脱贫致富的脚步"。

为改变这种局面,合山市推行精准扶贫同扶志、扶智相结合的"三扶合一"攻坚模式,通过筑牢基层党组织战斗堡垒和发挥党员干部先锋模范作用的"思想扶贫",建强脱贫攻坚骨干队伍,推动帮扶力量下沉,资源下移,实现由"要我脱贫"向"我要脱贫"转变。通过选树典型、励志宣讲、创先评优、志愿服务的"志气扶贫",充分发挥典型示范引领作用,全面激发贫困群众的脱贫斗志。通过创新惠农举措、培育富民产业、增强服务保障、完善金融扶持的"信心扶贫",坚定贫困群众创业致富的脱贫信念。通过帮扶留守儿童、空巢老人、贫困学生等弱势群体的"心灵扶贫",解决实际困难和治疗心理疾病。通过强化农业、农村实用技术培训的"智力扶贫",帮助贫困群众提高劳动技能增加收入,实现脱贫目标。

一等二靠三落空,一想二干三成功。推倒"三面墙"、矗起新楼房的岭南镇溯河村脱贫户谭罗斌以及见证他蜕变的村民们如今都真正意识到了"三扶合一"的重要性。"多亏了'精神扶贫','酒坛子'才大变样。"村党支部书记罗永安如是说。也正因如此，2017年合山成为广西首批脱贫的4个县（市、区）之一，在21个自治区级贫困县扶贫开发工作成效考核中位居第一，其贫困发生率从2015年的12.84%降至2.42%。

2018年，合山市河里村驻村工作队送戏曲下乡，
在台上就扶贫政策解读与群众进行互动

（二）创新组织机制，破解"不想脱贫"难题

2016年，合山市人社局仲裁院仲裁员蓝照山自从成为北泗镇文定村第一书记以来，在一段时间的摸排走访后发现，歪贝屯、上桐屯、上文定屯等村屯的28户贫困户中，有很多存在"坐等扶贫"的想法。以村民石桥为例，他表示，"自己连危房指标都懒得申请，对脱贫失去激情，在家等着就好"。

为此，合山市决心以组织创新为核心，充分发挥基层党组织的战斗堡垒和党员、干部等的先锋模范作用，着力破解一些贫困群众安于现状、不想脱贫的消极等待局面。合山市成立抓党建促脱贫工作队，组建以贫困村第一书记、驻村工作队员和结对帮扶干部为主体的扶贫骨干队伍，进村入户深入开展动员、宣讲、教育工作，坚持做通群众思想工作，并帮助其树立脱贫信心。"书记领着工作队苦口婆心跟我反复解释，明白了脱贫中自己才是主体，我一定要努力干活，等脱贫了，我也要娶个媳妇，给她好生活"，文定村村民石桥感慨道，当初丧失脱贫动力的自己，经过工作队的反复宣传，如今不仅养了 3 头牛，还种了 5 亩经济作物，"忙到脚不沾地，有望快脱贫哩"。

与此同时，创新组织帮扶机制。为化解过去大水漫灌式低效扶贫，合山市实施部门包村、干部包户"531"精准帮扶机制，即处级干部联系 5 户、科级干部联系 3 户、普通干部联系 1 户以上贫困户，采取"一帮一、一帮多"

贫困户妇女学习老年护理技术

的贴心帮扶方式。2016 年以来，合山市共有 1736 名党员干部与 3852 户贫困户结对联系，参与"思想扶贫"40000 余人次，解决或化解群众思想认识"疙瘩"500 多个，在贫困群众中形成"众志成城攻坚，脱贫摘帽光荣"的强大思想共识。

（三）创新激励机制，破解"不敢脱贫"难题

"不敢脱贫"不同于"不想脱贫"。"不敢"主要是由于贫困户基于生存风险考量，同时受制于自身能力和外部政策，缺乏拼、闯、干的动力。溯河村下村屯的贫困群众莫柳同便是如此。莫家有两个女儿在上高中，是典型的因学致贫户，靠微薄收入供应子女上学的压力，使她既不能享受贷款政策，也

不敢借钱发展生产，生活水平长期处于贫困线以下。整个合山地区，诸如莫柳同这样不敢脱贫的人家不在少数。为此，合山市以创新激励机制为抓手，通过党员带头、政策扶持、故事引领，多措并举、内生外引，激励贫困户迈开"敢于脱贫"的步伐。

通过实施贫困党员"脱贫争先工程"，以身边的贫困党员脱贫致富典型感动身边的人、以身边党员的脱贫故事带动身边人，将脱贫党员争先摘帽、努力致富的事迹汇编成《党员微故事·红星闪闪促脱贫》一书，形成"想脱贫、要脱贫、会脱贫"的正能量，合山市最终形成脱贫一户带动一村（屯）的示范效应，极大地增强了脱贫内生动力。

"贫困户贷款，政府给担保，不用抵押，那么好的政策，我不搏一搏怎么行？"靠小额扶贫贷款发展种养的莫柳同坦言，起初她也有顾虑、怕失败，经过驻村工作队和村干部多次上门耐心讲解政策，她决定甩开膀子大干一场。2016 年 7 月，莫柳同申请 5 万元小额贷款用于发展产业，到年底，仅生猪养殖这一项就实现收入上万元，加上酿酒生意、给人做季节工砍甘蔗，还有肉牛、水稻、玉米等，通过勤劳的双手实现脱贫致富。正是得益于政策扶持，莫柳同才敢在脱贫的道路上越走越远。

与此同时，合山市立足于讲好励志故事，增强群众敢于脱贫的信心。2016 年以来，合山市开展"励志·活力"系列宣讲活动 42 场次，巡回讲述破除脱贫攻坚"三面墙"等故事，覆盖全市 3 个镇。在微信平台推出"你脱贫，我点赞"致富能人评选活动，及时反映扶贫工作成效，宣传受众 6 万多人次。通过故事巡回宣讲，合山市形成了"人人敢脱贫，人人争脱贫"的良好氛围。

脱贫户在三方见面活动上讲自己的脱贫故事

（四）创新培智机制，破解"不会脱贫"难题

69 岁的邓祖旺是河里镇中心小学的一名勤杂工。早些年，妻子韦成凤患上糖尿病，儿子邓红福又患有肾结石，邓家一下子陷入贫困，对于未来，没有读过多少书的他感到很茫然，"咱们年纪大了，又没有什么手艺，想挣点钱很困难"。在整个合山地区，受多方面条件制约，类似于邓祖旺这样的贫困群众，文化素质整体偏低，依靠自身能力脱贫的难度相当大。为此，合山市坚持从"扶智"入手，通过提供技术增信心、保障教育拔穷根，逐渐增强他们的脱贫能力。

"如果你需要的话，我们可以帮你联系广西农业方面的专家过来指导，还有种植、养殖方面都有。"2017 年 9 月，河里村第一书记唐新勇了解到下街屯邓祖旺有发展养猪的意向后，第一时间给他送来关于技术专家的消息。通过持续不断的技术帮扶，邓祖旺很快成为远近闻名的"土专家""农秀才"，自主脱贫能力显著增强。

贫困户正在进行中式烹调师培训

教育受阻是贫困代际传递的重要因素。因为家庭贫困、父母外出务工，合山市上塘小学的很多留守儿童像 12 岁的黄某一样，整日游走在辍学边缘，等待年纪足够便踏上父母所走的老路。为了拔穷根，合山市选拔优秀教师建立扶助因学致贫家庭工作队伍，通过帮助贫困学生办理助学贷款、发放助学金、免除学费、学习辅导等措施，帮助贫困学生增强学习信心和决心，同时做好贫困学生家长的思想工作，做到建档立卡贫困户"零辍学"。2016—2019 年，落实学前教育资助 3871 人次，资助金额 262.37 万元。落实义务教育阶段资助 11743 人次，资助金额 660.35 万元。全市享受"雨露计划"补助 1686 人，补助资金 323.68 万元。

帮扶干部为贫困户子女送上助学金

❖ 经验启示

　　广西壮族自治区合山市围绕精神扶贫所探索的"合山模式",通过构建"三扶合一"攻坚体系,破除了"等靠要"的"三面墙",通过创新组织机制、激励机制、培智机制,分别破解了"不想脱贫""不敢脱贫""不会脱贫"的难题,从而成功激发当地群众内生脱贫动力。

　　(一)精准脱贫以机制创新为手段,增强贫困人口的自身发展能力

　　当前,不少贫困人口仍然存在"坐等扶贫"的思想,面对扶贫干部和扶持政策,既不想挪挪身,更不想搭把手,扶贫成效在消极被动中大大削弱。因此,扶贫先扶志,精准脱贫工作应从加强贫困人口的主体性方面入手,着力改变他们"等靠要"的懒汉思维。合山市围绕"精神扶贫",通过组织机制创新、激励机制创新、培智机制创新,构建"三扶合一"攻坚体系,有效地

转变了当地群众在脱贫工作中凸显的"不想、不会、不敢"思维，提升了贫困户的内在动力、知识技能和发展信心，从而激发其内生脱贫动力，实现由"要我脱贫"到"我要脱贫"的转变。

（二）贫困治理应以准确把握不同类型贫困群体的精神观念为切入点

精准脱贫的关键在于，开对了"药方子"，才能拔掉"穷根子"。那么，如何才能找到正确的"药方子"呢？问题的核心在于因人施策。通常而言，贫困是内外因共同作用的结果，由此导致贫困人口的精神观念呈现出千差万别的特征，而很多地方在践行扶贫政策时，时常选择性忽视扶贫对象心理特征的异质性，"一刀切"的工作方式带来的常常是贫困群体冷漠的参与。鉴于此，贫困治理应从准确把握不同类型贫困群体的心理状态入手，在此基础上，通过因人施策来提升扶贫措施的针对性。合山市通过分析不同群体的致贫原因及其心理状态，针对"不想脱贫""不敢脱贫""不会脱贫"的贫困人口，分别施以扶志、扶策、扶智等措施，有针对性地解决了相应人群的痼疾隐忧，为其实现自我"造血"增加内生动力。

（三）打好脱贫攻坚战应以构建常态化扶贫体制机制为重心

作为一种可逆状态，脱贫人口的返贫问题成为吞噬扶贫开发工作成果的痼疾，而导致返贫的因素有很多，包括政策性返贫、能力缺失返贫、因灾返贫、发展型返贫等。对此，运动式的贫困治理方式常常显得长效性不足。鉴于此，有必要建立一套常态化的扶贫体系与机制。合山市针对自身实际，通过构建一套以"精神扶贫"为主线的"三扶合一"攻坚体系，将不想脱贫、不敢脱贫、不会脱贫的贫困人群纳入同一个工作体系之中，并在实践中围绕其提炼出组织机制、激励机制、培智机制，为打赢脱贫攻坚战提供了长效的机制支撑。

广西壮族自治区扶贫办主任推荐语

广西合山市结合实际，把"群众要脱贫，就要从思想上率先脱贫"作为切入点，以思想教育、思想动员、思想指导等多措并举，推动各级各部门力量下沉，资源下移。充分整合镇、村、企业及后盾单位的力量，特别是把党建资源转化为扶贫优势、党组织的政治优势转化为思想教育优势，形成"思想扶贫"的强大合力，破解了一些贫困群众"不想脱贫"的突出问题。全面激发了贫困户脱贫致富的内生动力，"会脱贫、要脱贫、敢脱贫"成为合山贫困户的精神常态和共同追求，从而探索出一条西部经济欠发达地区精准扶贫精准脱贫发展新路子，形成具有广西特色示范意义和推广价值的"合山样板"。

蒋家柏：广西壮族自治区政府副秘书长，自治区扶贫办党组书记、主任

专家点评

广西壮族自治区合山市在扶贫工作中，立足本地区的实际，发挥党员干部的能动性，探索出扶志工作的"合山经验"，其中有两条具体举措很具创新性，对其他地区具有借鉴意义。其一，从"思想、志气、信心、心灵、智力"五个方面实施"精神扶贫"。致贫原因往往十分复杂，除去天灾、地理条件恶劣等客观原因外，固有思维限制、缺乏致富动力、失去生活信心、劳动技能匮乏等也是导致贫困的元凶。"五位一体"的扶志措施由于充分考虑了致贫原因的复杂性，在实际工作中才不会挂一漏万，从而发挥"扶志"的实效。其二，将脱贫党员争先摘帽、努力致富的事迹汇编成书，从而形成良好的宣传和带动效应。该书从一个个活生生的案例出发，通过有血有肉、极具感染力的先进事迹，讲述个人的脱贫奋斗史。将

党的政策、干部的作为和贫困群众自力更生的形象活生生地展现出来，往往能够在群众中起到极好的示范带动作用。

燕连福：西安交通大学马克思主义学院院长、教授、博士生导师

思 考 题

1. 如何实现贫困群众"富脑袋"与"富口袋"的有机统一？

2. 如何探索一套适合本地的脱贫攻坚体制机制？

延伸阅读

1.《推倒"三面墙" 蠹起新楼房》(新华网，http://www.gx.xinhuanet.com/dtzx/laibin/201810/17/c_1123569353.htm，2018 年 10 月 17 日)

2.《合山的脱贫故事很精彩》(人民网，http://gx.people.com.cn/GB/n2/2018/0806/c379224-31901990.html，2018 年 8 月 6 日)

夜校照亮脱贫路
热线搭起致富桥

——海南省脱贫致富"电视夜校+"模式

摘要： 自 2016 年 11 月 18 日脱贫致富电视夜校开办以来，海南省通过"电视夜校+"的模式，为贫困群众搭建了一个学政策、学技术、卖产品、找工作、找信息的学习与服务平台，将扶贫与扶志扶智、基层组织建设、产业发展、技术培训等有效结合起来，为海南脱贫攻坚工作作出了积极贡献，产生了良好的成效，得到了社会各界的广泛认同与赞誉。

关键词： 电视夜校　扶贫与扶志扶智　教育培训

引言： 2018 年 2 月 12 日，习近平总书记在打好精准脱贫攻坚战座谈会上指出："要加强教育引导，各地要办好各种类型的农民夜校、讲习所，通过常态化宣讲和物质奖励、精神鼓励等形式，促进群众比学赶超，提振精气神。"

❖ 背景情况

2016 年，海南全省建档立卡贫困户 10.6 万户，贫困人口 47.7 万。整体上看，全省贫困人口总量相对较小，但脱贫任务仍然艰巨，主要原因有：一是自然条件优越，生存压力小，"山上的野果充饥""溪中的小鱼下酒"，不用太多的付出，就能"生活得很舒适"。二是有些贫困户认识不到位，少数群众还以争当贫困户为荣，出现不愿脱贫和脱贫户申请返贫的现象，缺乏诚信、不知感恩，"等靠要"思想严重。三是有些贫困户虽有较强的脱贫愿望，但缺乏对扶贫政策的了解，缺乏技术与资金的支持，脱贫能力不强。四是有些帮扶干部，对政策不熟悉，能力不强，办法不多，措施不实等。针对贫困群众"受穷不急、信心难立、脱贫无方"等问题，海南省委省政府决定，整合广播电视、远程教育站点、互联网、移动终端等各种媒体资源，发挥媒体快捷、直观、群众喜闻乐见、教育面广等优势，自 2016 年 11 月起，开办电视夜校。

电视夜校采用"电视＋夜校＋服务热线"的模式。每周一晚上 8 点至 9 点由海南电视台播出一个专题，专题播出之后由帮扶干部组织讨论或延续学习半小时以上，而一些技术性的问题由夜校组织专家到田间地头解决，同时开通"961017"服务热线，进一步解决群众关切的问题。电视夜校这一扶贫新模式受到了国务院扶贫办的肯定，得到了中央电视台、《人民日报》《光明日报》等中央和省内媒体的关注和报道，获赞"零距离助脱贫，一对一解民忧"。

❖ 主要做法

（一）以上率下，部门联动聚民心

为推动夜校工作的顺利开展，海南省委省政府成立了脱贫致富电视夜校工作推进小组，由省委副书记李军、省人大常委会党组副书记何西庆、省政府副省长刘平治任组长，省委组织部为牵头单位。省委组织部、省委宣传部等五个单位为副组长单位，省旅游委、省财政厅等 14 个省职能部门为成员单位，海南广播电视大学和海南广播电视总台为承办单位，囊括所有相关部门，共促夜校建设工作全面推进。

同时，在海南广播电视大学设立专门的电视夜校工作推进小组办公室，负责夜校日常工作开展，包括策划选题、选教师、教学设计与田间地头的技术培训等工作；省广播电视总台负责专题节目；省农业厅、教育厅等单位参与授课和接听热线咨询电话以及工单办理。各部门各司其职，密切配合，在省委省政府有关部门的指导和关怀下、在相关成员部门和机构的共同努力下，夜校工作顺利开展，并受到国家的认可。2018 年 10 月，海南省脱贫致富电视夜校工作推进小组办公室被评为全国脱贫攻坚奖组织创新奖。

党的十九大代表、白沙黎族自治县打安镇副镇长羊风极
在电视夜校课堂宣讲党的十九大精神并展示村里的扶贫产品

办好电视夜校，离不开相关部门及主要领导的关注、认可和重视。建设发展电视夜校作为一项重要的工作任务，不仅被写进了中共海南省委七届三次全会的报告及其他的重要文件中，而且被海南省委省政府主要领导在多个场合重点强调。截至 2019 年 10 月，电视夜校共播出专题 151 个，全省 900多万人口中，有 500 余万人参加过学习；接听热线电话 63000 多个，处理工单 54000 多个，组织田间地头学习培训 80 余次，激发了贫困户的脱贫动力，汇聚人气，凝聚民心，形成了干群齐心协力脱贫攻坚、社会各界广泛参与扶

贫开发的强大"合力场"。

（二）党建引领，齐抓共管解民需

从省到村都由党组织负责人担当，电视夜校有了强大的"发动机"。省委高度重视夜校工作的开展，由省委组织部专门专项负责电视夜校的组织领导和监督考核指导工作，将电视夜校工作列为各级党委的年度考核和党建述职的重要内容，各市县（区）将"夜校办"设在组织部，乡镇党委书记或副书记担任分校校长，村党支部书记或驻村第一书记担任教学班负责人。

为了不让听课流于形式，基层干部以多种多样的课后活动帮助贫困户巩固学习成果。如陵水县文罗镇新华村驻村第一书记陈栋曾在每一期节目后组织大家参加"课后小考"，加深贫困户对扶贫政策的理解。可见，电视夜校不仅为贫困群众提供了学习的平台，还为基层干部提供了与贫困群众同上课、同学习、同讨论的平台，不仅提升了基层干部掌握和运用帮扶政策的水平，而且厚植了党执政的群众基础。原先有事才见面的干部群众，现在每周至少见一次，共商村庄脱贫计策，干群关系变得更加和谐。

海南省澄迈县福山镇福山社区群众在收看"脱贫致富电视夜校"节目

全省各级农村基层组织在抓电视夜校过程中转变作风、冲锋在前，教育党员、管理党员、监督党员和组织群众、服务群众、凝聚群众、宣传群众的能力得到提升。定安县、白沙县、琼中县部分偏远村山路崎岖，第一书记和村"两委"干部或租用三轮车或用私家车组建"夜校专用车队"接送路程较远的贫困群众，既方便组织学习，又密切了干群关系。

（三）精雕细琢，载体创新启民智

"多少贫困，源于民智未开。"启迪民智对于脱贫攻坚的作用不容小觑，而电视夜校正是开启民智、增强脱贫致富积极性的法宝。临高县临城镇头星村的贫困户林青说："电视夜校给了我一个学习的机会，让我的思想有了很大的变化。致富有千条万条路，只要勤劳就有路。天上不会掉馅饼，躺着好日子也不会自动送上门。"

电视夜校的五类教师主讲五类专题，即：领导干部讲政策，院校专家讲产业，农科人员讲技术，帮扶干部讲方法，致富典型讲经验。电视夜校专家团队大都具有高级职称，策划能力强，熟悉海南农村生活，熟悉成人教育与技术培训。紧紧围绕"一教二帮"的教学宗旨和受众需求，突出"身边人讲身边事""身边的技术人员解决实际问题"，确保其学有所悟、学有所获，有效解决了"看不懂"问题。在党的十九大胜利闭幕后，特别邀请羊风极、黄丽萍等来自基层的十九大代表，到夜校"现身说法"，鼓励贫困群众积极参与到打赢脱贫攻坚战中来。同时，注重用方言俚语解读和引导，设置有奖问答，调动现场气氛，增加趣味性，解决了"看不长、没兴趣、效果差"的问题。

习近平总书记指出，没有内在动力，仅靠外部帮扶，帮扶再多，也不能从根本上解决问题。海南省通过电视夜校普及扶贫知识、宣讲扶贫政策，从而增强了贫困农户脱贫致富积极性。琼中县湾岭镇的"醉鬼"王成安改变陋习、脱贫致富后被请到电视夜校讲课，现身讲授脱贫故事与脱贫经验，引起了较大的反响。由于品质优良、成效显著，夜校节目被原国家新闻出版广电

海南省脱贫致富电视夜校节目策划人员在荔枝园
向创业青年代表了解情况，收集节目素材

总局评选为"2017年度广播电视创新创优节目"，主创人员两次受联合国粮食及农业组织邀请，在"互联网＋农民田间学校扶贫"、中国FAO主题研讨会上分享经验，并得到联合国粮农组织亚太办项目官员与参会人员的称赞。

（四）利用技术，实时管理汇民情

电视夜校作为创新扶贫扶志的技术手段，在技术层面上注意与时代接轨，还注重运用先进的信息技术及管理技术。电视夜校引进"钉钉"系统，建立信息数据库，录入全省2700多个教学点、5600多名驻村第一书记、村党支部书记的信息，并进行考勤管理，确保人员在岗带班学习。组织对各教学点开展实地明察暗访和抽样检查，将管理人员签到、教学对象参学情况向全省通报。将每期直播的电视节目同步上传到省远程教育平台和海南党员教育视频网，教学点既可用站点实时学习，也可以组织补课、重复学习。

与开办脱贫夜校同步，"961017"脱贫致富服务热线也开通了，给贫困群众提供菜单式帮助，精准帮扶到家到人。缺资金拨打热线，小额信贷员上门服务；缺技术拨打热线，专家立赴现场解决难题。为了保证热线咨询有人接、群众困难有人解，夜校节目播出时段由省职能部门派人现场接听来电，工作日正常上班时间由省广播电视大学安排专人接听，并根据内容分类转至职能部门处理，有关部门要在规定时间内办理，并将办理结果报夜校办公室。

"961017"脱贫致富服务热线客服人员接听群众来电

如果说夜校扶贫是门诊通道，解决的是贫困户普遍遇到的问题，那么热线服务就是私人定制，一对一解疑释惑，精准帮扶到家到人。群众对帮扶工作满意度大幅提升，发自内心地感谢党和政府。陵水县委宣传部干事万兴吐说："电视夜校让贫困户感受干部的生活、党做的工作，贫困户不是一味去埋怨，而是感恩。"

（五）拓展功能，志智双扶惠民生

在电视夜校原有的教学功能基础上，海南省还将夜校作为一种渠道，通过策划举办"夜校集市""爱心集市"，组织贫困群众在教学点销售优质农副产品，传播消费扶贫理念。此外，与省妇联举办"乡亲相爱"相亲活动，利用平台和"961017"热线，帮助困难群众牵线搭桥、解决婚恋问题。2017年11月18日下午，白沙黎族自治县对俄村村民符金三在海南省脱贫致富电视夜校一周年特别节目的舞台上，单膝跪地为心爱的女孩送上婚戒，郑重地许下了要用一生兑现的诺言。那一刻，他底气很足，他再也不是守着贫瘠土地混日子的贫困户，而是有政府支持、有种养技术、有致富门路的脱贫典型。那一刻，他感慨万千，就是这方舞台曾鼓励他唱出对美好生活的向往，也是这方舞台把一部部"致富经"传到了他和乡亲们的手中。

电视夜校传授实用技术、介绍销售信息、就业需求，联合市县组织部、就业局开展"夜校帮你找工作"线下活动，每周专门开辟板块提供招工信息，为近千名贫困群众提供了找工作机会。海口市三江镇江源村潘在发，通过学习成了"养猪大户"，收入翻了几番，一家7口人住上了新房。他自信地说："有了电视夜校和'961017'热线，养猪的技术提高了，收入增加了，饲料费再贵也不怕！"

海南省脱贫致富电视夜校第一期白沙培训班
五里路理事长符小芳带领学员实习

　　海南省借助电视夜校功能的扩展，将扶贫与扶志结合起来，将纾解民困与增强动力结合起来，不仅拓宽了贫困群众脱贫致富的渠道和平台，而且有效提升了贫困群众脱贫致富的能力。2019年5月20日，中国（海南）自由贸易试验区制度创新案例（第三批）发布的12项制度创新案例中，电视夜校为第11项创新案例——利用视讯手段开展志智双扶，开辟脱贫致富新通道。

❖ 经验启示

　　海南省把最强的组织优势和最佳的学习方式、优质的学习资源，用在了最弱的人群上，并以党组织的强大组织优势组织实施，为打赢脱贫攻坚战和新时代农民教育培训提供了一个可借鉴、可参考的生动范例。

（一）把农村基层党组织建设与扶贫扶志有机结合起来

　　电视夜校把过去涣散的、有所弱化的村集体组织能力强化起来，有效地推动全面从严治党向基层延伸，激活了党组织的"神经末梢"和"微细胞"，焕发了村"两委"干部的精气神，提升了他们的自豪感和自信心。同时，增强了基层老百姓的凝聚力、纪律性，改变了恶习，让老百姓越来越信任党和政府，为开展脱贫攻坚、实施乡村振兴战略奠定基础。

（二）把基层干部作风转变与扶贫扶志有机结合起来

　　基层干部工作作风转变，关系到党群关系融洽，关系到脱贫工作的成效。海南省运用"钉钉"管理系统，"钉"紧了各级干部脱贫攻坚的战斗责任，真正把干部的联系服务工作做到群众的"家门口"，做到群众的"心坎上"，倒逼基层干部工作作风的转变，提升了为民服务的境界，创新了方法。

（三）把新时代农民教育与扶贫扶志有机结合起来

　　新时代开展农民教育，不仅有助于祛除脱贫工作中的"等靠要"思想，而且对于解决"三农"问题具有重要意义。电视夜校通过系列精准、科学、高效的教育和管理，引导农民从自发学习走向自觉学习，使得农民素质得到提升，产业扶贫扎根农村，精神扶贫落细落实，文明新风入脑入心，并转化为过上美好生活的新动力，助推"三农"问题的切实解决。

海南省扶贫办主任推荐语

海南省针对贫困群众"等靠要"思想严重、脱贫意愿和能力不足，帮扶干部政策不熟、能力不强等问题，创造性开设"脱贫致富"电视夜校，整合了电视、夜校和热线资源，用群众喜闻乐见的方式，传授政策措施、生产技术，让群众身边人讲授脱贫故事，得到社会各界广泛赞誉，被海南省委副书记李军评价为"是一场把贫困群众召集到一起学习的革命"。该组织方式于2018年获全国脱贫攻坚奖组织创新奖。

孟　励：海南省扶贫办党组书记、主任

专家点评

"多少贫困，源于民智未开。"海南省开办电视夜校，采用"电视＋夜校＋服务热线"模式，开启了民智，增强了贫困群众脱贫致富的积极性。"电视夜校＋"模式中：领导干部讲政策，坚定了贫困群众脱贫致富的信心；院校专家讲产业、农科人员讲技术、帮扶干部讲方法，使得贫困群众产业脱贫有了坚强保障；致富典型到夜校"现身说法"讲经验，祛除了贫困群众中"等靠要"思想，增强了他们脱贫致富的自觉性。海南省的"电视夜校＋"围绕"一教二帮""身边人讲身边事""身边的技术人员解决实际问题"的教学宗旨，将扶贫与扶志扶智、基层组织建设、产业发展、技术培训等结合起来，使产业扶贫扎根农村、农民素质得到提升，从而为打赢脱贫攻坚战以及新时代的农民教育与培训提供了一个可借鉴、可参考的生动范例。

张志胜：安徽财经大学财政与公共管理学院教授，行政管理系主任

思 考 题

1. 在脱贫攻坚过程中，如何将基层党建优势转化为发展动力？

2. 在新时代背景下，如何利用现代信息技术助推扶贫工作高效开展、助推农村思想教育深入开展？

延伸阅读

1.《海南办起脱贫致富电视夜校 变"要我脱贫"为"我要脱贫"》(《人民日报》2017 年 1 月 8 日）

2.《海南电视夜校助推贫困精准"拔穷根"》(《光明日报》2018 年 4 月 20 日）

扶志行动打开"三变"新局面

——重庆市武隆区羊角镇艳山红村的脱贫故事

摘要： 党的十九大报告强调，"坚持大扶贫格局，注重扶贫同扶志、扶智相结合"。近年来，重庆市武隆区羊角镇艳山红村遵循中央要求，立足于本地实情，第一书记游四海带领全村人民围绕"凝心聚力促发展，扶志扶智助脱贫"展开脱贫工作，使该村成功实现了"三变"，即人心由"散"变"齐"，容颜由"旧"变"新"，荷包由"瘪"变"鼓"。

关键词： 扶志扶智　内生动力　脱贫攻坚

引言： 2019年4月15日，习近平总书记在重庆市石柱土家族自治县中益乡华溪村考察时指出："党员干部要到脱贫攻坚的一线、到带领群众脱贫致富的火热实践中历练，经受考验，磨炼党性，增进群众感情，增强做好工作的本领。"

❖ 背景情况

　　武隆区位于重庆东南部，距重庆主城区170公里。地处中国著名山脉——大娄山与武陵山的交错地带。全区面积2901.3平方公里，人口41万。2018年，全区脱贫660户2049人，脱贫人口人均可支配收入增长到8991元，未脱贫人口减少到971户2882人，贫困发生率下降至0.77%。

　　艳山红村位于武隆区羊角镇乌江北岸，距武隆城区31公里。当时，全村共 492 户 1715 人，其中贫困户 69 户 279 人，贫困发生率为 16.2%，外出务工 910 余人，是典型的"空壳村"。2017 年年底，区委组织部选派区总工会干部游四海担任该村第一书记，不到两年的时间，他带领村民探索出"转变思想、凝聚民心、产业发展"的新路子，以扶志扶智紧抓产业脱贫，使该村成功实现了人心由"散"变"齐"、容颜由"旧"变"新"、荷包由"瘪"变"鼓"的"三变"目标。2018 年年底，艳山红村只有 6 户 19 人未脱贫，贫困发生率降至 1.1%，全村人均年收入从 2014 年底不足 5000 元到 2018 年底实现人均年收入 11800 元，这个贫困的小山村发生了翻天覆地的变化。2018 年11 月 24 日，中央巡视组在武隆区调研时，对武隆区羊角镇艳山红村激发群众内生动力开展扶志扶智工作给予了高度评价。

❖ 主要做法

（一）转变思想，激发内生动力，人心从"散"变"齐"

习近平总书记指出，扶贫开发工作已经进入啃硬骨头、攻坚拔寨的冲刺期，各级党委和政府要扶贫先扶志、扶贫必扶智。艳山红村认真践行习近平总书记的重要指示精神，把改变村民思想、激发内生动力作为扶贫工作的首要任务。

以前的艳山红村，村民思想较为落后，大都是单打独斗，各自为政，长期的小农意识导致部分村民还存在"望人穷"的思想。村民对干部的不信任，导致干群关系不和谐，村委会的各项决策、发展项目难以实施。如今，随着村民自身思想素质不断提高，党员干部也充分发挥带头作用，武隆区委书记黄宗华肯定艳山红村"不等不靠，自强不息，真抓实干，奋发有为"。

村民在文明实践站的联合工会劳模大讲堂培训

　　1. 成立新时代文明实践站，提升村民素质。2018 年年初，艳山红村成立了新时代文明实践站。乡镇党委政府主要领导干部、市区劳模、司法干部、律师等都义务到讲习所为村民"传道授业解惑"。连续一周的宣传培训，让村民了解了党的十九大精神，知道了实施乡村振兴战略、建设美丽乡村，学到了有关文明礼仪以及烹饪、种植养殖方面的技术，还学到了妇女儿童、农民工权益保护以及安全方面的知识。村支部书记钱代兵更是一个活生生的"流动文明实践站"，他经常拖着音响设备走村入户，通过院坝会等形式为村民宣讲各项政策，让全村的规划目标深入人心。截至目前，该村文明实践站已经开展讲习培训 59 场次。

艳山红村流动文明实践站活动现场

2. 建立村三级理事会，充分实施村民自治。为了实现村民自治，让村民最大限度地感受到公平公正，艳山红村建立了"三级理事会"制度。村一级理事会贯彻村总体事务，几个村民小组划片成立第二级理事会，每个村民小组成立第三级理事会。三个党支部也同步成立了理事会。村民自己选出信得过的人担任理事长，理事会牵头组织村民讨论制定了《艳山红村村规民约》和《艳山红村红九条》。理事会既协助村社干部管理各项事务，收集民情民意，同时也监督村"两委"的工作。村民有了主人翁意识，想要改变和想要脱贫致富的动力更足。

3. 创新脱贫方式，激发村民脱贫致富奔小康。艳山红村通过建立微信群、QQ 群等创新脱贫方式。其中，建成了两个 500 人的村理事会群，成员达 750人；建成了村党员及入党积极分子微信群、QQ 群；8 个村民小组建立小组微信群；村上的大事小事在微信群和 QQ 群里交流，在外务工的 910 名农民工通过群里的通知纷纷加入村联合工会，成为持有中国工会会员证的中国工人，可在务工地享受志愿律师提供的法律服务及当地职工的法律权益。2018年7月6日，艳山红村遭受特大暴雨袭击，洪水铺天盖地而来，通过微信群里发布暴雨信息后，45名志愿队队员自发地到公路上清理淤堵物，保持了公路的畅通。村民都说村里的微信群是每天必看的内容，党的惠民政策、村上农旅融合发展规划、入股分红章程、种植养殖技术、清洁卫生评比等信息量大又实用，村里的微信群、QQ群真正成了党凝聚人心的好地方。

4. 创新脱贫方法，提质增效。通过"三预"实现"三金"。所谓"三预"即"项目预储备，土地预流转，技术预培训"。艳山红村走的是农旅融合发展的脱贫道路，适合种植养殖发展的产业、适合乡村旅游发展的项目必须在科学规划的前提下预先储备，报各相关部门审核批准。全村的土地通过"四议两公开"约定各村民小组不同地块的土地年租金，预先由村集体与各村民签订土地预流转协议，一旦村集体引进专业公司或种养殖大户时，村民便会把自己的土地正式流转给村集体，村集体与引进的经营主体签订合作协议，高效快速地实施项目。此外，村民技术技能的提升必须先行一步。这需要通过预先培训来解决。外出务工的村民通过加入村联合工会，在务工地可参加技能提升培训和技能比赛，成绩合格者可取得区县市人力社保局颁发的技能等级证书。同时，组织本地的村民积极参加区人社局、区总工会、区扶贫办等单位组织的技术技能提升培训及比赛，取得相应的技能等级证书。2018年本村共有12名村民取得厨师证、电工证、安全员证、救护师资证等。

5. 村民感恩共产党，自办丰收节。通过扶贫工作，村民实实在在地感受到党的政策好，亲眼

为村庄老人义务理发、洗头、剪指甲

目睹着村容村貌发生巨大变化，发自内心地感恩共产党。2018年8月初，村理事会提议"今年是中国首届农民丰收节，咱们也来举行一场丰收节庆祝庆祝"。这一提议一呼百应，村里的微信群立刻"炸开了锅"，许多远在外地打工的村民纷纷表示要赶回家参加丰收节。短短几天时间，村民们捐大米、捐腊肉、捐月饼，还有的村民直接捐现金，累计捐款捐物10万元左右。9月21日，艳山红村迎来了有史以来最隆重的一次盛典。村社干部负责安全引导，迎宾礼仪全由村里的姑娘担任，主持人是本村村民，舞台上表演的演员也是本村村民，这是一场"土味"十足的丰收节。"艳山红，红艳山，感恩共产党"的大幅横标在舞台中央十分醒目。这一天，艳山红人让外来游客见识了村民们的多才多艺，感受到全村上下团结一心的良好风貌。村民龚相兰说："没有党的好政策、没有扶贫工作，就没有艳山红村的今天。"许多外村人说："如今艳山红村民的精气神才是新时代农民真正应该具有的。"

艳山红村"土味"十足的丰收节

（二）凝聚民心，汇集脱贫力量，容颜从"旧"变"新"

自从村里实施"绿化、净化、亮化、美化"工程以来，村民的生活习惯、生活环境发生了巨变。庭院种花种树，各种农具摆放整齐，很多村民还参与到义务清扫村道路的活动中来。如今的艳山红村，俨然一个美丽的花园。

常在村大门口绿化保洁的艳山红村志愿者

1. 志愿服务队，倾情服务暖人心。针对"空壳村"的现状，村里组织成立了村党员先锋模范队、村职工志愿服务队、村红十字会服务队和村巾帼服务队等四支志愿服务队。在农户家中张贴便民服务卡，哪家有困难需帮助，志愿者便会主动前往。巾帼服务队每月定期为留守老人理发、修剪指甲、打扫卫生等，这让很多空巢老人感动不已。2018年10月17日，区红十字艳山红志愿服务队举行成立暨授牌和授旗仪式，在第一书记的带动下，全村有19名村民获得救护员证书，3名村民获得救护师资证书，有18位村民签订了捐赠器官的协议。

2. 村级职工工会，务工人员的娘家人。2018年1月18日，艳山红村联合工会成立，900多名外出务工人员通过加入微信群找到了娘家人——村联合

志愿者清理大雨后被损坏的公路

工会。村联合工会在春节前后通过请专家、讲师授课等方式提高外出务工人员的业务素质；通过志愿律师为外出务工人员传授维权知识、电话追讨欠薪、帮忙为村外出人员收集整理证据等方式，切实为外出务工人员维权。目前，艳山红村的外出务工人员有了双重身份：村民＋农民工，全国各地总工会都是他们的娘家人。

3. 村民主动出资安路灯，出行安全心敞亮。为确保村民晚上的出行安全，村委会提议在道路两旁安装路灯。在村理事会的发动下，村民们纷纷解囊，许多从村里走出去在外工作的人也积极响应，第一书记带头捐款1万元，村总支书记、村主任、村专干、村民小组长捐一个月的补助，党员同志最少捐款300元，有的村民甚至捐献1000元至2000元不等的现金。不到一个月的时间，村民共捐款30余万元。该款项全部交由理事会负责管理，在村委会和村民的监督下使用。在安装路灯的过程中，村民积极投工投劳，目前110

余盏太阳能路灯已安装完成,在照亮脚下的路的同时,也照亮了村民前进的道路。

(三)产业发展,增强造血功能,荷包从"瘪"变"鼓"

发展集体经济后,许多村民实现了在家门口就业,利用农闲时间到基地打工,种地打工两不误。363户村民入股了集体经济,效益越好他们分红越多,所以,每个人都把自己当成集体经济的主人。通过"土地流转金+打工薪金+分红股金"的方式,村民的钱袋子慢慢鼓了起来,全村人均年收入从2014年年底不足5000元提升到2018年年底的11800元。

1.因地制宜引企业,产业兴旺美乡村。大批青壮年外出打工,导致土地荒芜。艳山红村充分利用闲置土地,加强对外衔接,建成2000只种鸽基地、万斤泉水鱼基地、有机芽苗菜车间、菜籽油车间、苕粉车间、土酒作坊等村集体经济产业。同时,还引进一个水果种植大户与村集体签订了合作协议,流转500亩土地发展种植各类特色水果。真正做到因地制宜引企业,产业兴旺美乡村。

2.劳模在前有示范,发展产业富乡亲。艳山红村是典型的劳模村,新中国成立以来,先后出过1个全国劳模,5个省部级劳模,2个区县级劳模。村委充分发挥劳模效应,动员重庆市劳模谢莉苹在村上建立种鸽养殖场,建1万只黑土鸡养殖场。同时成立了人字崖水果专业合作社,建立了1万斤泉水鱼生态养殖园,窖藏原浆高粱酒1万余斤。新建成菜籽油加工车间、有机芽苗菜车间、苕粉车间。在劳模带动下,村集体经济的布局已经完成,力争2020年全村人均纯收入达到1.8万元。

3.村民入股变股民,共同脱贫奔小康。2018年,363户村民入股集体经济,股金达56.5万元,其中贫困户入股率为100%,股金达17.5万元。村集体每年以不低于10%的红利分给股民。2018年年底,入股的村民已经领到第一笔分红,共计9.6万元。

4.花卉基地，美了乡村富了村民。花卉基地是村"两委"经过3个月的努力为村里引进的第一个产业项目，也是集体经济的重要收入来源之一。基地培育出来的花卉，主要供城区市政美化。同时，村道路两旁、农户庭院里也种了不少花卉。花卉基地的建立，其最终受益者依旧是当地村民，贫困户贺廷胜就是这方面的典型代表之一。他家入股了集体经济，土地流转给花卉基地，他平时在花卉基地做工负责花卉管护，他的老伴负责给基地的农民工做饭，一个月两人的工资共有3000元左右。这样一来，花卉基地的建立，直接给他家增加了"三金"，一是土地流转租金，二是入股分红的股金，三是他们老两口的做工薪金。

艳山红村花卉基地

❖ 经验启示

（一）一个好支部是凝聚人心凝聚力量的核心

制约贫困村脱贫、乡村振兴战略实施、农业科学发展的瓶颈，并不在于缺点子、缺项目、缺资金，而在于缺少带领村民尽快脱贫致富的好支部。"村看村，户看户，群众看的是党支部。"在大部分农村地区，青壮年外流现象普遍，留下的老弱病残无法发展任何项目。村"两委"人员少、年龄大、视野窄、整体素质偏低、乡村治理办法陈旧老套，直接制约着农村的科学发展和乡村振兴。因此，建设一个坚强有力、永跟党走的优秀党支部，把党的惠民、强民、富民政策坚强有力地贯彻到乡村，这是促进贫困村脱贫的重要前提。

（二）一个好的治理组织是扶贫扶志的金钥匙

乡村治，则百姓安。农村要成为安居乐业的家园，离不开科学有效的治理。高效可行的"村规民约""红九条"等规定促使村民能自治，更要善治。艳山红村通过成立村三级理事会，建立四支志愿服务队，成立村联合工会，完善村妇女联合会，健全村集体经济理事会、监事会职责。目前，将"法治德治、自治"相结合的治理模式已成为很多乡村的重要治理手段。正是通过这样的治理，艳山红村从根本上改变了村容、村风、村貌。

（三）充分利用东西扶贫协作的政治优势为扶贫扶志注入动能

重庆市武隆区羊角镇艳山红村由山东省济南市历下区对口支援。以东部发展优势弥补西部发展短板，以东部先发优势促进西部后发崛起，变"输血"式扶贫为"造血"式扶贫，不仅成为缩小东西部差距的加速器，更激活了西部自身发展的内生动力，使得西部奋起直追，力争实现跨越式发展。"东西部扶贫协作和对口支援"扶贫模式，是中国特色社会主义制度优越性的具体体现，无疑向全世界展示了解决贫困问题的"中国智慧"。正如习近平总书记所言，这在世界上只有我们党和国家能够做到，充分彰显了我们的政治优势和制度优势。山东省济南市历下区支持艳山红村东西部扶贫协作资金已超过千万元，强力支持了贫困村脱贫致富奔小康。

重庆市扶贫办主任推荐语

　　2019 年 4 月，习近平总书记视察重庆并主持召开解决"两不愁三保障"突出问题座谈会时指出，"要加强扶贫同扶志扶智相结合，让脱贫具有可持续的内生动力"。如何更好地激发贫困地区、贫困群众的内生动力，近年来重庆做了大量探索，涌现出一批先进典型。武隆区羊角镇艳山红村遵循党中央要求，立足于本地实际，围绕"凝心聚力促发展，扶志扶智助脱贫"工作思路，狠抓村党支部建设，深化基层治理，强化扶贫协作，使该村实现人心由"散"变"齐"，容颜由"旧"变"新"，荷包由"瘪"变"鼓"。艳山红村通过扶贫扶志激发群众内生动力，凝心聚力发展产业增加群众收入的做法，具有一定典型性，特予推荐。

　　刘贵忠：重庆市扶贫办党组书记、主任

专家点评

　　重庆武隆区艳山红村扶贫扶志的工作过程，很好地做到了两个结合：其一，将贫困户个人内心的转变与集体外在环境的塑造相结合。艳山红村通过新时代文明实践站、村三级理事会、网络群组、节日节庆、村联合工会等组织形式，激发脱贫志气，塑造脱贫氛围，使个人脱贫志气的增溢形成了人人争相脱贫的氛围，村庄整体环境的更新引导和提振了贫困人口的脱贫信心。其二，将精神脱贫和物质脱贫相结合。艳山红村通过发展集体经济产业，改革集体经济实现形式，发展、壮大了村庄整体经济实力，使得精神脱贫有了物质上的兑现，物质脱贫夯实了精神脱贫的勇气。

　　慕良泽：山西大学社会哲学与城乡发展研究中心教授、博士生导师，山西省"三晋英才"支持计划拔尖骨干人才

思 考 题

1. 村集体经济如何为农户长效增收提供有力保障？

2. 基层党组织如何创新思路吸引优秀的返乡创业人员积极向党组织靠拢，为村"两委"储备新生力量，确保贫困村长期稳定脱贫？

延伸阅读

1.《武隆羊角镇艳山红村第一书记游四海：为承诺一直前行》(武隆文明网，http://cqwl.wenming.cn/daodejs/201811/t20181120_2959462.shtml，2018 年11 月 20 日）

2.《第一书记的扶贫日记——走访重庆市武隆区羊角镇艳山红村》(《重庆日报》2018 年 12 月 3 日）

以乡村"道德银行"
提升乡风文明水平

——四川省南江县扶贫扶志行动创新探索

摘要：扶贫先扶志、扶贫必扶智，解决内生动力不足、发展能力不足的短板，由"输血"式扶贫向"造血"式扶贫转变，是决战决胜脱贫攻坚、持续巩固脱贫成效的关键所在。久困于穷、冀于小康。近年来，四川省南江县创新乡村"道德银行"社会治理机制，本着"积小善为大善、积小德为大德"的道德理念，以"道德可积分、文明又加分、满意度得分"为主要内容，人人参与积分评比，宣扬先进，鞭策后进，实现"帮穷"与"扶志"并举、物质与精神共建。

关键词："道德银行" 扶志扶智 积分制

引言：2018 年 2 月 12 日，习近平总书记在四川省成都市主持召开打好精准脱贫攻坚战座谈会上指出："脱贫攻坚，群众动力是基础。必须坚持依靠人民群众，充分调动贫困群众积极性、主动性、创造性，坚持扶贫和扶志、扶智相结合，正确处理外部帮扶和贫困群众自身努力关系，培育贫困群众依靠自力更生实现脱贫致富意识。"

❖ **背景情况**

四川省南江县地处四川东北部、秦巴山区连片扶贫核心区域，是川陕革命老区振兴示范县、国家扶贫开发工作重点县。2014 年，全县共精准识别贫困村 156 个，识别贫困人口 24065 户 88348 人，贫困发生率达 15.9%。2015年 11 月，党中央决定在"十三五"期间全面打响脱贫攻坚战，提出到 2020年确保我国现行农村贫困人口实现全面脱贫、贫困县全部摘帽，解决区域性整体贫困。南江县要在 2020 年与全国全省同步实现小康，满足群众的脱贫愿望，县委县政府责任巨大、压力空前。

在脱贫攻坚已进入决战决胜、攻坚拔寨的重要关头，南江县在一些历史性矛盾尚未得到根本解决的前提下，又滋生蔓延出生活环境"脏乱差"、自我发展意识差、歪风陋习得不到根治等现实问题，主要表现为以下几个方面：一是封建迷信、攀比之风、不讲清洁卫生、邻里关系不和、好逸恶劳等陈规陋习未得到根本解决，譬如高价彩礼、红白事大操大办等现象时有发生。二是"得者不知足，未得者更不满"的问题更加突出，部分建档立卡贫困户存在"等着送小康""靠人来救济"等依赖心理，而某些非建档立卡贫困户则对现行的"特惠"政策不理解，对村干部和贫困户充斥着不满情绪。三是基层干部找不到有效解决农村新问题的着力点，在工作中忙于应付上级所下达的工作任务和各项考核，扶贫工作成效不佳。四是帮扶部门和帮扶干部虽出资出力，但帮扶作用发挥得并不明显，部分群众不念党恩、不念党情的现象依然存在。针对这些现象，南江县先行在关坝镇试点，继而在全县实施"党政引导、村社实施、群众主体、活动引领、常态推进"的"道德银行"积分管理机制。

❖ 主要做法

南江县对标"两不愁三保障"脱贫标准，在补齐"住房、医疗、教育、交通、饮水"等脱贫短板的基础上，着力构建新型农村社会治理体系，坚持以新风培树为切入点，围绕完善"自我管理、自我教育、自我服务、自我监督"新型农村社会治理体系，本着"积小善为大善、积小德为大德"的道德理念，广泛传播凡人善举，持续引导道德自觉，细化完善了以"道德可积分、文明又加分、满意度得分"为主要内容的家庭道德积分激励机制，创立并在全县推广乡村"道德银行"建设，将爱心"摆上货架"、道德"存入银行"，全面引导村民养成好习惯、形成好风气，全力营造"业兴、家富、人和、村美"的文明新村新气象。

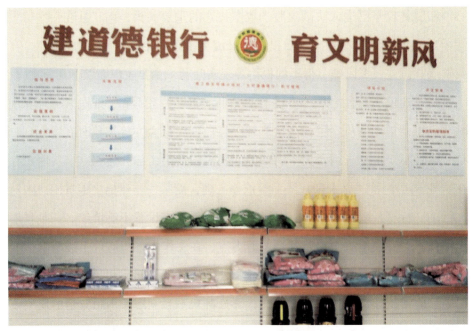

南江县乡村"道德银行"阵地建设

（一）议行为标准

一是议项目。结合各村情实际，通过召开村民代表大会，从律己守法、移风易俗、清洁卫生、勤劳致富、敬老爱亲5个方面47个细项议定"道德银行"积分标准，引导群众明白应该做什么、必须做什么、不能做什么。二是议分值。实行积分制管理，明确群众哪些该积分、哪些该扣分，逐项落实对应分值，细化出赌博迷信、铺张浪费、好逸恶劳等17项负面指标，实行有积也有扣。三是议办法。出台《"乡村道德银行"建设实施方案》和《"乡村道德银行"积分申报表》，经村"两委"集体研究并报经乡（镇）党委政府审定后，召开村民大会全面组织开展争创活动。

（二）树正反标杆

一是定期评。坚持公开透明、一月一申报、一月一评比、一季度一兑现的原则，每月围绕"律己守法先进、移风易俗典范、清洁卫生能人、勤劳致富之星、敬老孝亲模范"等方面，通过召开由乡（镇）驻村干部、村"两委"负责人、帮扶单位、第一书记、村民代表参与的评定会，对村民自主申报事项进行集中评定。二是如实核。道德积分评定小组对村民申报的积分事项，通过入户调查、邻里走访和征询帮扶干部意见等方式，进行认真审核评定。三是广泛听。设立群众投诉电话和举报信箱，将农户当月道德积分公示 3 个工作日，鼓励群众向道德积分评定小组直接反映，并及时安排人员进行核实，将真实情况纳入评分范围。

（三）晒道德积分

一是设榜示。对农户所得道德积分在村务公开栏和政府网站、QQ 群等网络平台"晒"出，让群众点评群众，让群众明辨美丑，让群众教育群众，从而增强群众的脸面意识。二是会场讲。依托农民夜校、晏阳初道德大讲堂，每季度召开故事会，组织工作人员或当事人，对先进典型事迹进行公开宣讲，以群众身边人身边事教育影响群众。三是门上贴。合理运用道德积分成果，对乡村"道德银行"5 个大项进行授星，并将道德积分评定结果张贴在农户家门口，农户哪方面存在问题一目了然，以此激励该户向好向善发展，若农户发生改变后可对其加星。

（四）奖模范典型

一是设账户。坚持物质奖励和精神激励相结合，把无形的道德资本变成有形的道德资源，各村在村内建立村民"道德银行"，分户开设"道德银行"

账户，每月分户将道德积分存入村民"道德银行"。二是注资金。坚持道德有价、善有善报，整合帮扶资金、社会捐助、精神文明建设和村集体经济收入等资金，购置群众生产生活日常用品，根据群众道德积分值兑换相应物品（每分价值1元），改变直接给群众送钱送物的方式。三是兑奖品。年终根据村民家庭四个季度总体道德积分情况，按照得分高低分村评选出5户幸福家庭和5户进步特别大的家庭并发放奖牌，对奖牌实行动态管理，同时额外奖励100至500分积分，并在项目安排、产业发展、技能培训、就业推荐等方面对其给予优先支持。南江县小田村的李奇美因照顾痴呆姐姐15年获50分加分，她说："没有'道德银行'，我该做的一样要做，但是现在我做的受到了肯定，当然更来劲了。"

南江县乡村"道德银行"积分集中兑换仪式

群众通过乡村"道德银行"积分兑换生产生活物资

（五）除陈规陋习

南江县通过创新开办推广乡村"道德银行"，村民的一些陈规陋习得到根除，健康向上的生产生活习惯逐渐形成，文明新风不断深入人心，贫困群众自主脱贫、奋发有为的精神不断得以激发，达到了宣扬先进、鞭策后进的目的，涌现出一批感党恩、不等不靠、自主致富奔小康的先进典型。一是人心向善村风民风持续向好。在此之前，村民总以自我为中心，总按照以前的陈规陋习生活，通过乡村"道德银行"创建和推广，在干部的教育引导下，村民们有了具体的行为标准，大家明白了什么可做、什么必须做、什么不能做，若做好了自己受益，若做不好非但会遭受别人看不起，还得不到道德积分，在此情况下大家自觉养成了按规定办事的习惯。二是群众自立自强意识得到增强。以前，部分贫困户存在"等着送小康""靠人来救济"的依赖心理，虽然得钱得物但生活状态改变不大，同时会遭受到部分非贫困户的白眼。通过乡村"道德银行"创建活动开展，让德者有得，让变者受益，大家都通过自身努力赚取积分，我改变我受益。贫困户在此过程中受到了很大的触动，他

南江县正直镇举办首届"道德模范"表彰活动

们抛弃了"等靠要"的思想，自立自强意识大大增强。南江县小田村的覃发英说道："'道德银行'分数越低越丢人，自己虽是个贫困户，但丢脸的事儿可不干。"三是贫困户与非贫困户关系更加融洽。南江县改变了直接给群众送钱送物的方式，通过乡村"道德银行"创建活动让所有村民参与进来，用道德积分兑现成果，贫困户与非贫困户之间的相互理解更加深入，关系更加融洽。以前，在入户走访过程中，大家总会听到村内浮现出这样的声音："又在给他们发棉被了哦，什么时候才轮到我们？""国家的政策我们啥都没享受到，国家的一颗米我们都没看见过。"群众觉得惠民政策实施不公的思想普遍存在。结合乡村"道德银行"等活动开展，让非贫困户参与到村庄活动中来，通过政策宣讲等多种方式对其进行正面引导，他们对贫困户所享受到的特惠政策越来越理解，"你特惠，我普惠，共同奔小康"的观念不断深入人心，邻里关系变得更加和睦。四是基层组织战斗堡垒作用不断巩固。以前，村"两委"的干部召开会议评定事项、宣传政策，村民总以自己要干农活为由不予配合，干部开展工作比较艰难。通过乡村"道德银行"的创建和推广，村民若不参与村内会议便会被扣分，若不参加公益活动，其积分就比别人少，当前很多村民认识到了村民自治、自己的事自己应知晓。现在，村内不论干什么事情，当村民接到通知后都能按时参加，让村干部的工作得以顺利开展，干部为群众办事的心态也越来越好，干部的地位也越来越高，村"两委"的公信力、形象得到进一步提升，基层组织战斗堡垒作用得到充分发挥。小田村第一书记唐强对"道德银行"实施后的效果由衷感慨："以前村里召集村民开会很难到齐，现在只要通知一声，村民都来了。我当着全村点名批评得分低的几家，他们心服口服地对我说批评得好。"

一村民展示乡村"道德银行"兑换的奖品

❖ 经验启示

行者方致远，奋斗路更长。扶贫与扶志扶智相结合不可能一蹴而就，文明新风培育任重道远。南江县探索的乡村"道德银行"建设，改善了干群关系，激发了贫困群众内生动力，促进了村风民风大转变，为全县脱贫攻坚提供了强大的精神力量和有力的道德支撑。

（一）党政引领是前提

坚持党的领导，是打赢脱贫攻坚战的根本保证。在"道德银行"建设活动中，南江县充分发挥基层党组织的作用，成立乡村"道德银行"建设领导小组，制订具体实施方案，安排专人负责日常工作，严格资金管理，组织开展好各项活动，避免走过场，从而提升广大群众对"道德银行"建设的知晓度、认可度，提高群众参与脱贫攻坚战的积极性。

（二）群众参与是基础

全面同步小康面对的是广大人民群众，扶贫扶志的开展必须以群众为主体，如果没有群众的参与，则是无本之源。南江县在推广乡村"道德银行"创建活动中，没有落下一户一人。一方面通过电话、微信群和QQ群与外出务工人员联系，宣传和说明乡村"道德银行"创建活动，引导他们主动参与和关注。另一方面，对于虽长期在家但参与积极性不高的农户，干部入户深入了解其思想动态，进一步开展宣传，引导其参与"道德银行"建设，提升村民参与度。

（三）公平公正是关键

扶贫扶志面对的是全体村民，如何做到让群众信服，是保持其生命力的关键。在扶贫扶志活动的开展中，无论是制订实施方案还是操作环节，都应接受群众监督，做到公开、广泛征求意见制订统一适用的评分细则，公开进行民主评议，做到"一碗水端平"，不能有特例。坚持公开公示评分结果、公开进行道德积分兑换，才足以确保政府与村"两委"的公信力。

（四）奖励激励是动力

适当激励是推进脱贫攻坚战的动力源之一。在开展志智双扶活动过程中应学会擅用与巧用激励机制。道德积分评定公示结束后，须按时兑现积分成果，从而有效激发群众的内生动力。通过物质与精神的双重激励让全体村民保持对扶贫扶志活动的信任、热情，才能使脱贫攻坚具有可持续的生命力。

四川省扶贫开发局局长推荐语

南江县的乡村"道德银行"本着"积小善为大善、积小德为大德"的道德建设理念，构建形成了以"道德可积分、文明又加分、满意度得分"为主要内容的家庭道德积分激励机制，有效地促使贫困群众养成了良好的生产、生活和行为习惯，不断地激发了脱贫奔小康的内生动力。其做法虽然是"小工程"，但彰显的是"大智慧"，体现的是"大境界"，为持续营造扶贫扶志的良好氛围，塑造向上向好的乡风文明不断注入了新的活力，具有可复制、可推广的借鉴意义。

降　初：四川省扶贫开发局党组书记、局长

专家点评

四川省南江县本着"积小善为大善、积小德为大德"的德育思维，创新乡村"道德银行"社会治理机制，以"道德可积分、文明又加分、满意度得分"为激励机制，引导村民人人参与积分评比，将爱心"摆上货架"、道德"存入银行"，让"德者有得，变者受益"，使贫困户深受触动并抛弃"等靠要"思想，实现了"帮穷"与"扶志"并举。南江县的乡村"道德银行"建设，实现了物质与精神的双重激励，不仅激发了贫困群众脱贫致富的内生动力，还极大改善了干群关系，并有效推动了"业兴、家富、人和、村美"文明新村新气象的营造。南江县以乡村"道德银行"建设，让全体村民扶贫扶志活动始终保持信任和热情，使脱贫攻坚具有可持续的生命力，从而为其他地区的脱贫攻坚提供了"扶贫扶志"样板。

张志胜：安徽财经大学财政与公共管理学院教授，行政管理系主任

思 考 题

如何将脱贫攻坚实现的志智双扶成果转化为乡村振兴的动力？

延伸阅读

1.《四川南江小田村建起了乡村道德银行——有德才有得、脱贫奔小康路上的乡村文明培育计划》（人民网，http://sc.people.com.cn/n2/2017/1209/c379469-31014023.html，2017 年 12 月 9 日）

2.《扶贫先扶志　乡村"道德银行"助力脱贫攻坚》（《精神文明报》2018 年 12 月 19 日）

以"6334"组合拳打好脱贫攻坚战

——贵州省贵定县扶贫扶志行动

摘要：近年来，贵州省贵定县不断深化"思想是先导、群众是主体、设施是重点、产业是核心、就业是出路、干部是关键、作风是保障、党建是统领"思想认识，通过打好物质扶贫"六个山"、思想扶贫"三做到"、情感扶贫"三加强"、扶贫结果"四个好""6334"攻坚组合拳，让扶贫扶志工作走入群众心里，有力激发贫困户热起来、动起来，确保打赢脱贫攻坚战。

关键词：思想扶贫　智志双扶　内生动力

引言：2019年4月16日，习近平总书记在重庆考察时强调，扶贫要扶智，更要扶志。要通过"扶"激励"干"，不能通过"扶"促进了"懒"，这就南辕北辙了。

❖ 背景情况

贵定县位于贵州中部，属黔南布依族苗族自治州，是滇桂黔石漠化集中连片贫困地区贫困县，总面积1631平方公里，辖6镇2街道95个行政村，总人口30万，农村人口24.83万，以苗族布依族为主，少数民族占总人口的51%。2014年，全县有8个贫困乡51个贫困村，其中深度贫困村22个，建档立卡贫困人口12408户45540人，贫困发生率为18.38%。

决胜贫困征程中，除了要战胜地理位置、自然资源、交通区位等导致贫困的外在因素外，部分贫困户受社会环境、文化水平、生活习惯等制约，思想观念落后，发展意识不强，坐着等扶贫，躺着等小康，扮穷争好处，装困要实惠，不配合脱贫甚至抗拒脱贫等内在因素，更是当地脱贫攻坚工作难过的坎、难爬的坡。针对存在的问题，贵定县把扶贫与扶志、扶智相结合，改善物质条件、转变思想观念并举，通过"6334"组合拳，帮助群众摆脱"精神贫困"，增强战胜贫困的勇气，树立自主脱贫的志气。2018年底，全县累计减贫11067户41678人，贫困发生率降至1.56%，8个贫困乡51个贫困村全部出列。

云雾镇长寿寨舒适的乡村居住环境

❖ 主要做法

（一）全面推进物质扶贫"六个山"，让贫困户怀揣希望

脱贫攻坚战中，贵定县集中力量打硬仗，全面改善基础设施和发展环境，为贫困户致富奔小康提供硬件支撑。总攻"山区公路组组通"，全县累计完成通组公路建设356.07公里，95个行政村30户以上自然寨全部通硬化路，群

众出行"难"问题全面解决。决胜"山寨道路户户连",按照"集中连片、突出重点、先干后补"的建设思路,实施串寨连户水泥路硬化 652 公里,实现全县自然寨寨内农户家家"连通水泥路"。落实"山间清泉家家到",以"水质水量 100% 有保障"为目标,建成骨干水源工程 3 座、在建 5 座,实施农村安全饮水工程 149 个,解决 13.02 万人农村安全饮水问题,全县农户家家用上安全水。推进"山上产业村村有",以茶叶、刺梨、蔬菜、食用菌、中药材、生态畜禽等特色优势产业为主导,大力发展山地种养业。全县累计发展茶叶 27.7 万亩、刺梨 18 万亩、蔬菜 24 万亩、中药材 1.5 万亩,并实施小种植业、小养殖业、小加工业"三小工程"7295 户。确保"山中危房栋栋除",累计投入 6.89 亿元,大力实施农村危房改造和改厨、改厕、改圈、改坝、改电"五改",共实施危房改造 8658 户,开展老旧户透风漏雨整治 5669 户,解决群众"居有所安"问题。促进"山乡环境处处美",以农村道路硬化、卫生净化、环境美化、村寨亮化、生活乐化"五化"为目标,扎实推进小康寨建设、农村电网改造、通信扩容、乡村环境整治等工作,生态环境、乡风民俗、庭院家风和精神风尚明显转变,农村基本公共服务和群众自治能力显著提高。

山区公路组组通——云雾镇东坪村路网建设成果

（二）着力强化思想扶贫"三做到"，让贫困户燃起信心

"思想扶贫做到户、党恩教育做到人、文明创建做到家"，是精神扶贫在贵定乡村的实践。如今，违反公序良俗原则的陋习和思想正在被摒弃，积极向上的正能量和传统美德得到大张旗鼓地弘扬，一个个小山村掀起的"头脑风暴"，引发了破旧立新的思想裂变，点燃了贫困户脱贫致富的信心。思想扶贫上，以"勤劳创造好日子、幸福不忘党恩情，懒惰贫穷不光彩、礼让谦和人称赞"为主题，通过新时代农民讲习所、群众"院坝会"、脱贫户现场讲脱贫事等形式，向贫困户传递党的好政策，以及贫困户脱贫奔小康的事例。通过发动群众集思广益、群策群力，围绕村级产业发展、合作社运营、环境整治等难点问题和重点工作制定完善村规民约，各组（自然寨）参照制定寨规寨训，进一步提升村民自治水平。通过引导和指导农户结合中华民族传统美德，制定家训，亮出家风，引导群众治家立业。通过书写永久性敬语、社会主义核心价值观等标语，充分展现群众热情好客、乡风文明的和谐景象。云雾镇塘满村组织由离退休老干部、老教师、离任老村干、老党员、老退伍军人等志愿组成的村民自治"乡贤会"，协助村"两委"参与村级公益事业、土地纠纷调解、群众矛盾化解。在全村环境卫生评比中，"乡贤会"成员按照村"两委"制定的寨与寨比、组与组比、户与户比办法，每季度开展1次分组交叉入组入户检查，实行积分制度，群众根据检查得分多少在村办积分超市兑换价值不等的生活用品。群众不仅对检查结果服气认账，还形成了相互比、相互赛的主动自觉意识。党恩教育上，将党的十九大精神宣讲与专题党性教育相结合，通过县级干部进村、科级干部进组、机关干部入户，实现党员教育全覆盖。通过探索党建向小区、楼宇、行业、产业、村社、村寨渗透，强化支部联建、发展联动、产业联抓、村寨联合，实现基层党建全覆盖。通过强化党员先进性教育和警示教育，健全问责问廉问效机制，以纵向"看"横向"比"和反向"倒逼"，"看"出不足，"比"出进步，"倒逼"出效能。文

明创建上，贵定县在全省首创了"新时代文明贵定'十不做十当好'全民公约"，深入开展全民签诺、示诺、践诺活动，让"全民公约"具体内容和精神内涵家喻户晓，增强贫困户讲文明倡新风的思想行动自觉。2018 年，当地通过农户榜样选树，及时为全县"脱贫攻坚村干部榜样""脱贫攻坚村民组长榜样""脱贫攻坚共产党员榜样""脱贫攻坚自力更生榜样""脱贫攻坚勤劳致富榜样""脱贫攻坚卫生家庭榜样"等 1.3 万户榜样示范户点赞，农户的思想逐步从"争口气"转变为"争先进"。例如，新巴镇新华村村民陈丹，家庭经济拮据，在全县开展"六山"行动时，主动将需占用的自家土地出让，支持脱贫攻坚。同时，在其母亲可以评选低保时放弃名额，说要靠自己的能力赡养老人。在新巴镇，像陈丹这样决心靠自身能力脱贫的群众越来越多，发展黑毛猪、香菇、木耳产业脱贫致富成为群众想干的正事。

昌明镇火炬村刺梨大丰收

（三）不断深化情感扶贫"三加强"，让贫困户鼓起勇气

"干部经常走村寨要加强、干部经常访农家要加强、干群经常拉家常要加强"是县委县政府对全县党员干部的明确要求。近年来，该县通过开展结对帮扶"干部大遍访、教师大家访、医生大巡访"活动，逐步拉近干群关系，用干部的真情实意帮助贫困户鼓起勇气。干部遍访"指路子"。2018年5月，贵定县落实"划小承包、网格管理"，将全县95个村1345个村民组划分为1829个网格，将全县62387户农户逐户明确到全县2100名干部头上，由党员领导干部带头，与所有农户实现干群联亲，与贫困户结成帮扶对子，实现全县所有贫困户和非贫困群众联系走访的全面覆盖。医生巡访"开方子"。以"医生大巡访健康进万家"活动为抓手，卫生系统医务人员对所有贫困户实行签约服务，并确保每月上门服务不少于两次，常态化开展健康咨询、义诊活动。教师家访"治根子"。以"教师大家访温暖进万家"活动为载体，全面开展贫困生资助方案进家庭、学法指导进家庭、心理辅导进家庭、教师关爱进家庭、科学教育进家庭的"五必进"活动。通过不断深化情感扶贫"三加强"，全县结对帮扶工作取得了明显成效。

"驻村工作组到我杨柳村，为的是我杨柳人民，服务的是每一个村民，我代表大家支持你们的工作，代表大家感谢你们。"这是杨柳村栗木坪五组贫困户金升福发给驻村干部王丽波的一段话，自然淳朴的文字饱含了村民的感激之情。提起当初的金升福，寨里群众可是气恼得想将他从组里"开除"。金升福家4口人，妻子患精神病，自己每日不是喝酒就是"玩兰花"，两个儿子20多岁了却游手好闲，家里劳力看着强却穷得叮当响。结对帮扶金升福以来，王丽波不厌其烦地上门做思想工作、讲扶贫政策，帮助金升福由"玩兰花"转为"卖兰花"，鼓励他与其他村民成立伟江农民专业合作社，争取扶贫资金助推合作社发展，帮助金升福的儿子报名参加挖掘机操作培训，日子越过越红火。脱贫后，金升福志气大长，在兼顾兰花种植基地和合作社运营的同时，

每年 7—9 月份还组织带领当地 60 多名群众到青海省诺木洪农场采摘枸杞，月人均收入最少 3000 元，多时达 5000 元。金升福的儿子获得挖掘机操作证后，现在厦门当挖掘机司机。如今，金升福家在驻村干部的帮助和自身的不懈努力下，成了村里响当当的脱贫示范户。

贵定县骨干水库工程——四寨水库

（四）发力实现扶贫结果 "四个好"，让贫困户自主脱贫

以 "改造好群众生产条件和生活环境、改造好群众收入结构和增收质量、改造好群众思想观念和不良习惯、改造好干部作风和干群关系" 为主攻方向，抓村与村比拼促自治，抓寨与寨比赛促自强，抓户与户比武促自立，在全县形成浓厚的比拼赶超氛围，镇（街）、村组主战场、主阵地的动能动力得到有效激发，促进了贫困群众由 "要我脱贫" 到 "我要脱贫" 的观念转变。昌明镇打铁村群众把 "打铁要靠自身硬" 作为村训刻在碑上，相邻的高坡村制定了 "高坡更要志气高" 的村训。两个村的支书是叔侄关系，他们就提出 "两村比武、叔侄比赛" 口号相互 "较劲"、比拼发展，劲头非常足，变化都非

常大。沿山镇紧扣破解"三化同步"建设遇到的热点、难点问题，在实践中探索提炼出让群众"唱主角"的"议事会、公投会、质询会""群众三会"模式，让"群众的事交给群众议、让群众说了算"，充分调动群众参与村级事务的积极性和主动性。

家风家训墙

❖ 经验启示

（一）注重扶贫扶志工作困难问题真解决

山多坡又陡，海拔落差大，基础设施差，村寨小而散，产业支撑弱，是贵定县的主要特点，更是拦在群众脱贫致富路上的一座座大山。贵定县集中力量，以物质扶贫"六个山"行动及时着力改善当地基础设施条件、产业发展现状、群众生活环境，有效解决了群众生产生活面临的困难和问题，让贫困户对脱贫致富充满希望。

（二）注重积极探索扶贫扶志工作勇创新

思想扶贫工作中，不仅要转变贫困户观念，也要转变党员干部观念。在村寨建设中，注重结合实际、突出自然、就地取材、变废为宝；提倡不铺张浪费、不千篇一律，因陋就简；突出群众人人动手、家家参与，注重党恩教育的实物化、直观化的感召感染。在改善基础设施和拓宽群众增收渠道的同时，要把思想扶贫与同步推进乡村治理结合起来，不仅要强化群众思想扶强、动能激发、荣辱观教育，也要注重抓好村民自治工作的模式和内涵拓展。

（三）注重扶贫扶志工作干群互动聚真情

"知屋漏者在宇下，知政失者在草野。"要做到想群众之所想、急群众之所急，进一步密切干部群众的关系，实践证明没有捷径可走。只有在村里真蹲实驻，一次次不厌其烦地走访农户，才能让扶贫扶志工作走进群众心里。

贵州省扶贫办主任推荐语

贵定县属于滇桂黔石漠化集中连片特困地区贫困县。近年来，贵定县坚持以习近平总书记关于扶贫工作的重要论述为指引，在决战脱贫攻坚、决胜同步小康工作中，不断深化"思想是先导、群众是主体、设施是重点、产业是核心、就业是出路、干部是关键、作风是保障、党建是统领"的思想认识，通过打好物质扶贫"六个山"、思想扶贫"三做到"、情感扶贫"三加强"、扶贫结果"四个好"，全面决战脱贫攻坚，探索创新了"6334"脱贫攻坚组合拳，有力助推脱贫攻坚取得显著成效。2018年贵定县顺利实现贫困县脱贫摘帽。"6334"脱贫攻坚组合拳，是聚焦问题导向发力、以群众评价为落脚点、全面提升脱贫攻坚实效的有力抓手，是聚集资源要素统筹、突出靶向精准、着力改善群众生产生活条件的有力举措，是聚心主体合力增强和激发群众积极向上、自力更生、勤劳致富昂扬精神的有力药方，是聚情干群关系密切，走好群众路线，拉近党群、干群关系的有力纽带。

李　建：贵州省委副秘书长，省扶贫办党组书记、主任

专家点评

　　一些地方贫困人口内生发展动力不足，既有内因，也有外因。激发贫困人口的内生发展动力，既要抓细致的贫困群众的思想转变工作，也要抓贫困地区的条件改变工作，让贫困人口从帮扶工作中体会到实效、学习到本领，进而也就能够提升脱贫致富的信心和动力。贵州省贵定县处理好物质条件改善、思想情感激励和扶贫实效之间的关系，打出了扶贫扶志工作的组合拳，有效地激发贫困户热起来、动起来，形成了脱贫攻坚内因—外因之间的良性互动。

　　左　停： 中国农业大学国家乡村振兴研究院副院长，人文与发展学院教授、博士生导师，国务院扶贫开发领导小组专家咨询委员会委员

思 考 题

　　在脱贫攻坚中，如何调动群众参与的积极性，从根本上破除"等靠要"的思想？

延伸阅读

　　1.《为了彻底撕掉千百年来的贫困标签》(《求是》2019 年第 10 期)

　　2.《安居乐业乡风美——贵州贵定县"物质扶贫六个山"工作侧记》(中国扶贫网，http://www.cnfpzz.com/column/lanmu4/jingyanjiaoliu/2018/0416/12410.html，2018 年 4 月 16 日)

打造"直过民族"
跨越发展"新引擎"

——云南省怒江州以新时代农民讲习所破解"智志"双扶难题

摘要： 在脱贫攻坚过程中，通过宣讲和培训激发贫困群众脱贫致富内生动力是必不可少，而且尤为重要的一个环节。云南省怒江州通过发挥新时代农民讲习所平台优势，创新工作方法，提升贫困群众素质，破解"智志"双扶难题。其主要做法是：广泛动员，全面推动，打造"新引擎"；坚持创新，活用方式，挖掘"新动能"；提振精神，凝聚力量，释放"新动力"。怒江州新时代农民讲习所通过苦干实干、辛勤耕耘，取得了成绩，赢得了各界广泛关注和鼓励，其经验有：高度重视，精心组织，周密部署，是办好新时代农民讲习所的基础和保障；依靠群众，发动群众，组织群众，是办好新时代农民讲习所的切入点和落脚点；统筹协调，凝心聚力，整合资源，是办好新时代农民讲习所的重要条件。

关键词： 新时代农民讲习所 "智志"双扶 "直过民族"

引言： 2017 年 12 月 18 日，习近平总书记在中央经济工作会议上强调："要端正思想认识，树立正确政绩观，注重扶贫同扶志、扶智相结合，把提高脱贫质量放在首位，把激发贫困人口内生动力、增强发展能力作为根本举措。"

❖ 背景情况

怒江傈僳族自治州地处中、缅交界处和滇、藏接合部，是一个典型的集

"边疆、民族、宗教、直过、贫困、峡谷"为一体的民族自治州，是全国"三区三州"深度贫困地区之一。据 2018 年年底的统计，怒江州建档立卡户未脱贫 3.7899 万户，贫困人口 14.29 万，贫困发生率高达 32.52%。怒江州四县（市）均为国家级贫困县，全州 29 个乡镇中有 18 个乡镇是整体"直过"区，"直过"区人口占全州总人口的 62%。全州群众人均受教育年限仅为 7.6 年，文盲、半文盲人口多，分布面大。

怒江州作为我国深度、连片、特殊贫困地区的典型和缩影，贫困面大，贫困程度深，贫困群众脱贫主体意识淡漠，内生动力不足。主要表现为：一是"峡谷意识"根深蒂固，求稳怕变，缺乏进取心的状况尤为突出。二是劳动力文化素质偏低。农村贫困群众长期受到宗教文化、民族传统文化中的陈规陋习浸染，习惯于按照固有的、陈旧的思维方式行事。三是生产生活技能缺乏，有 40% 的少数民族群众不会说汉语，不少年轻力壮的贫困农民因受制于知识和眼界，没有一技之长，只能"宅"在家，不敢走出去。四是"等靠要"思想突出，主动要求脱贫、积极寻求脱贫的意识不强。

针对少数民族群众文化素质偏低、劳动技能缺乏、脱贫攻坚内生动力严重不足的现状，中共怒江州委努力践行习近平总书记的重要指示精神，在全州范围内建立新时代农民讲习所，打造"新引擎"，挖掘"新动能"，释放"新动力"，使其成为宣讲习近平新时代中国特色社会主义思想的重要载体，推动"直过民族"在社会发展"高速公路"上快速前行，实现"组织农民、培训农民、提高农民、富裕农民"的目标。

❖ 主要做法

（一）广泛动员，全面推动，打造"新引擎"

2017 年 11 月 13 日，由州委书记纳云德授牌，州新时代农民讲习所、四县（市）新时代农民讲习所成立。怒江州以有机构、有阵地、有讲师、有计划、有成效和有示范带动作用"六有"为规范，建立了州、县（市）、乡（镇）、村、组五级讲习所。

怒江州新时代农民讲习所在片马镇片四河村进行政策宣讲

截至 2019 年 9 月底，怒江州已创建讲习所 1921 所，其中州 1 所，县（市）4 所，乡（镇）29 所，村 371 所，村民小组 1516 所。全州 4 县（市）29 个乡（镇）255 个村委会，有新时代农民讲习员 426 人，他们既是村级组织活动场所和新时代农民讲习所的管理者，又是讲习活动的组织员、服务员和讲习员。同时，建立了涵盖机关干部、行业名家、技术专家、致富能手、乡土人才等 3269 名讲师的讲师库，奋斗在脱贫攻坚一线的中、青年扶贫干部成为讲习活动开展的主力军。通过"课堂式大集中、互动式小分散"，将"集中讲习"和"流动讲习"相结合，讲习阵地延伸到田间地头、农家小院，突出"便民化"，形成了村村创办讲习所、人人争当讲习员的怒江州大讲习格局。在各级党委、政府的正确领导和各挂联帮扶单位、企业的大力支持下，怒江州新时代农民讲习所从无到有，从零起步，在探索中发展，在困难中进取，在协调中推进，为提升广大贫困群众的综合素质、助推脱贫攻坚，积极勤奋工作。新时代农民讲习所肩负着宣传党的路线方针政策、传播技术技能、提升贫困群众素质的伟大使命，通过聚焦政策宣讲暖人心、强化技能培训提信心、激发内生动力振决心、增强感恩意识筑爱心、突出基层党建聚民心，新时代农民讲习所成了激发怒江大峡谷"直过民族"脱贫致富奔小康、跨越发展走向新时代的强大"新引擎"。

（二）坚持创新，活用方式，挖掘"新动能"

新时代农民讲习所是一所农民的学校，要破解群众内生动力不足的难题，就是要把正能量、好声音传达到群众的心里，就是要使贫困群众有更多的幸福感和获得感。讲习员肩扛使命，用心用情，把群众当亲人，与群众面对面、手拉手、心连心，让群众都朝着"一家人都要过上好日子"的目标奋斗。

怒江州新时代农民讲习所深入托坪村召开板凳会进行政策宣讲

活用老方法，善用新途径，挖掘"新动能"。讲习员察民情、访民意，用傈僳语、怒语、独龙语、普米语、白语等民族语言，采用"文艺轻骑兵、红歌进讲堂"等形式，开展"讲好身边故事""感党恩、听党话、跟党走"教育活动，讲习所成为群众喜欢的"宣讲所、培训所、致富所"。讲习员把课堂开到田间地头、村民小组，通过院坝会、板凳会、火塘会等组织动员机制，采取看视频、讲故事、谈感受、话发展、议变化、评成效等参与方式，利用小品"演"、诗歌"颂"、政策"读"、共同"唱"等表现形式，确保群众听得懂、记得住、学得会，讲习活动上接"天线"、下接"地气"，营造了干部带着群众一起干、坚决打赢脱贫攻坚战的良好氛围。截至 2018 年年底，全州各级讲习所共开展讲习培训 5416 场，其中政策宣讲 4135 场、文明道德宣讲 360 场，技术技能培训 408 场，其他类别宣讲 513 场，宣讲受众达 331215 人（次）。2019 年 1 至 9 月，全州 4 县（市）共开展讲习培训 5106 场，受众达 384945 人（次）。

（三）提振精神，凝聚力量，释放"新动力"

打赢怒江深度贫困脱贫攻坚战，是一场只能赢不能输的"硬战"。怒江州新时代农民讲习所成立以来，积极整合各方资源，争取各类扶贫资金，鼓励动员、组织引导贫困群众深入学习领会党的十九大精神、习近平新时代中国特色社会主义思想和习近平总书记关于扶贫工作的重要论述，结合乡村振兴战略，针对不同群体的需求，聚焦脱贫攻坚，积极组织开展培训讲习。2017 年以来，怒江州充分利用中国交通建设集团、中国三峡集团的帮扶资金和州职教中心的教育培训资源，与全州 22 家行业扶贫部门协同举办了讲习员及工作人员、保安员、保洁员、农药经营人员、砌筑工、电焊工、电工、生态护林员、乡村能人、易地搬迁"尖刀班"、摩托车维修、电商等培训，1743 名学员参加了培训，其中有 935 名建档立卡户，1532 名培训学员获得了相关资格证书，通过招聘应聘，800 多名建档立卡贫困人口在州内外的保安公司、保洁公司、建筑工地找到了工作，开启了靠自己的双手创造美好幸福生活的新征程。

怒江州新时代农民讲习所举办钢筋工培训班

怒江州新时代农民讲习所举办保安员培训班

"没来讲习所前，由于没有技术、没有证书，只能打零工，月收入 1500 元左右，除开补贴家用外，兜里就所剩无几了。"福贡县上帕镇建档立卡户邓前迪说。2018 年 10 月，邓前迪参加了怒江州讲习所为期 15 天的专业学习，不仅学到了技术、改变了观念，还拿到了砌筑工证书，有资质后就承包起了小工程。现在，他月收入达 6000 多元，不仅收入增加了，脱贫的信心也增强了，还带动了村里 7—8 名建档立卡户跟着他干，每人月收入达到 2500 多元。

闪当村羊肚菌种植培训现场

各级讲习所一方面深入田间地头开展草果、砂仁、花椒、茶叶、蔬菜、中药材、林产业、中蜂养殖等技术培训，有效地促进了怒江特色种植养殖产业的发展。另一方面，开展缝纫、家政服务、砌筑工、挖掘机驾驶、烹饪、电商等实用技能培训，帮助农村贫困群众掌握一技之长，在扶贫车间实现稳定就业。再者，通过农村劳务经纪人培训，更加有效地发挥劳务经纪人在企业招工、服务农村劳务经济和促进贫困人口扶贫脱贫中的重要作用；通过乡村能人培训，有效地促进了乡村能人的素质提升，使乡村能人成为强有力带动农村贫困人口脱贫的生力军；通过普通话培训，使怒江大峡谷各少数民族会说普通话、说好普通话，加快脱贫致富的步伐；通过非遗传承人的培训更好地弘扬和传承了各民族传统文化。此外，讲习员还到贫困群众家中，教贫困群众形成折衣叠被、整治家居环境的习惯，从实处着手、细处着眼，从生活习惯的改变入手，带领贫困群众学常识、学技能，学礼仪、增智慧，不仅打开了贫困村民的视野，提升了他们的发展能力，也点燃了他们生活的勇气，释放了决战脱贫攻坚、决胜全面小康的"新动力"。

❖ 经验启示

怒江州新时代农民讲习所通过不懈的努力，取得了可喜的成绩，荣获了"云南省2018年脱贫攻坚扶贫先进集体""怒江州2018年脱贫攻坚扶贫先进单位"等称号，被云南省委宣传部评为云南省学习宣传贯彻习近平新时代中国特色社会主义思想基地，被共青团云南省委、云南省青年联合会评为"云南青年五四奖章集体"。先后有数百位中央、省、州领导同志数次到讲习所检查工作或作批示，并给予了鼓励和好评。《人民日报》《中国民族报》《农民日报》等多家媒体对讲习所的工作进行了宣传和报道，扩大了宣传效应，营造了良好舆论氛围，也为深度贫困地区破解"智志"双扶难题积累了宝贵经验。

（一）高度重视，精心组织，周密部署，是办好新时代农民讲习所的基础和保障

正是在州委、州政府的高度重视、全面推进下，全州上下统一思想、狠抓落实，经过不懈努力，才使得新时代农民讲习所遍布怒江峡谷的村村寨寨。也正是在州委州政府的精心组织、周密部署下，通过把"组织农民、培训农民、帮助农民、富裕农民"作为目标任务，建立机制、完善制度，才使得新

时代农民讲习所能够将党的声音传递给贫困群众，将技术技能、文明道德等传授到偏远贫困村寨，才使得讲习所能够"讲"出新动能、新状态，"习"出新动力、新成效，才使得讲习所成为决战脱贫攻坚的加油站、决胜全面小康的助推器。因而，只有党委和政府层面高度重视，精心组织，周密部署，强力推动，才能够为办好新时代农民讲习所，并使其成为提升贫困群众的脱贫能力和脱贫"志气"的"新引擎"提供坚实的基础和保障。

（二）依靠群众，发动群众，组织群众，是办好新时代农民讲习所的切入点和落脚点

只有认真贯彻群众路线，依靠群众，发动群众，组织群众，把群众当亲人，将全心全意为人民服务的宗旨贯穿始终，才能为办好新时代农民讲习所找到准确的切入点和正确的落脚点。怒江州全州五级讲习所，426名讲习员、3269名讲师正是通过下沉一线，苦干实干亲自干，一线带动，一线示范，与贫困群众休戚与共，挖掘"新动能"，才搭建起了干部与群众的连心桥，使群众切身体会到"一家人都要过上好日子""全面建成小康一个民族都不能少"的精神内涵，释放"新动力"，提振了贫困群众的内生动力。

（三）统筹协调，凝心聚力，整合资源，是办好新时代农民讲习所的重要条件

怒江州新时代农民讲习所整合了22家行业扶贫部门的培训资源、加强了与24家成员单位及帮扶怒江州的各企业、各挂联单位和各职业技能学校的联合合作，发动了种植养殖专家、行业能手、乡土人才，通过联合、协调、配合、统筹，形成合力。实践证明，只有举合力攻坚，进行充分的整合与协调，把扶贫同扶志、扶智紧密相结合，给"新引擎"破解"智志"双扶难题注入强劲动力，才能从根本上摒弃"等靠要"思想，也才能全面激发贫困群众脱贫致富的内生动力，全面提振干部群众精气神。

云南省扶贫办主任推荐语

怒江州集"边疆、民族、贫困"为一体，是全国典型的深度贫困地区之一。在脱贫攻坚的伟大进程中，怒江州深入学习贯彻习近平总书记关于扶贫工作的重要论述，结合贫困群众脱贫主体意识淡漠、内生动力不足的实际，发挥新时代农民讲习所平台优势，破解"智志"双扶难题。讲习所创新工作方法，讲习工作接地气、聚人气，用多种形式，面向群众深入宣传党的路线、方针和政策。创办实训基地，开展农民素质培训、创业和就业服务，培养和提升群众创业致富的能力，取得了实实在在的成效。讲习所也得到了各级领导的肯定和媒体的广泛关注，成为怒江大峡谷"直过民族"脱贫致富奔小康、跨越发展走向新时代的强大"新引擎"。

黄云波： 云南省政府副秘书长，省扶贫办党组书记、主任

专家点评

本案例的亮点是：基于"直过民族"和"深度贫困"的区情，建立了覆盖全州范围的新时代农民讲习所，并充分发挥这一平台优势，以组织、培训、提高、富裕农民为目标，破解"智志"双扶难题。其创新性做法体现为：组织上，形成了有机构、有阵地、有讲师、有计划、有成效和有示范带动作用的"六有"五级讲习所体系。功能上，实现了宣传所、培训所、致富所"三所"合一和暖人心、提信心、振决心、筑爱心、聚民心的"五心"荟萃。形式上，采用大集中、小分散，入田头、进教堂等便民化、接地气、借外力的多样化途径。该案例对于深度贫困地区、"直过民族"地区、"等靠要"思想较严重地区的"志智"双扶难题破解，打好打赢精神脱贫攻坚战，具有重要的参考和借鉴价值。

丁建军：吉首大学商学院院长、教授、博士生导师，吉首大学武陵山片区扶贫与发展协同创新中心研究员

思 考 题

如何更好地构建新时代农民讲习所平台，以更有效地提升深度贫困地区的脱贫内生动力？

延伸阅读

1.《下足绣花功夫，激发持续动能——来自深度贫困地区云南省怒江傈僳族自治州的调研》(《人民日报》2018 年 10 月 21 日)

2.《险流争渡，一往无前，这就是怒江精神！》(搜狐网，http://www.sohu.com/a/245744935_296734，2018 年 8 月 7 日)

脱贫不忘感党恩
现身说法助攻坚

——西藏自治区革吉县布贡村久美老人的脱贫攻坚故事

摘要： 西藏阿里地区作为深度贫困地区中"坚中之坚、难中之难"的一部分，在党的带领下，充分发挥党员在脱贫攻坚中的模范带头作用。阿里地区革吉县革吉镇布贡村一位出身农奴、职位平凡的老人久美，铭记党员责任，"饮水思源"，不忘初心，古稀之年依然战斗在脱贫攻坚一线，积极发挥党员的先锋模范作用，身体力行走遍乡村每个牧业点，用心宣讲党的政策，将"四讲四爱"群众教育实践活动深入人心，充分激发村民的脱贫致富志气，让贫困群众成为脱贫"局内人"。

关键词： 老党员　阿里精神　脱贫典型

引言： 2018 年 7 月 16 日，习近平总书记对浙江省安吉县黄杜村农民党员来信提出向贫困地区捐赠白茶苗作出重要指示："增强饮水思源、不忘党恩的意识，弘扬为党分忧、先富帮后富的精神，对于打赢脱贫攻坚战很有意义。"

❖ 背景情况

阿里地区位于西藏自治区西部，地处羌塘高原核心地带，素有"世界屋脊的屋脊"之称，自然条件恶劣，是集连片贫困地区、民族地区、边疆地区于一体的特困地区，贫困发生率高，贫困程度深，扶贫成本高，脱贫难度大。

自 1951 年西藏和平解放、1970 年阿里地区设立以来，在这片土地上先后诞生了不屈不挠、艰苦奋斗、勇于拼搏的先辈精神、阿里精神，鼓舞着阿里人民为实现脱贫摘帽、打赢脱贫攻坚战这场硬仗砥砺前行。近年来，阿里地区以党建为引领，以发扬阿里精神为导向，充分发挥党员的先锋模范作用，大力激发群众脱贫志气，逐渐打造出独具特色的"藏西先锋·红色阿里"党建品牌，丰富了阿里精神的内涵，引导贫困群众实现由"要我脱贫"向"我要脱贫"转变，有力提振干部群众致富奔小康的精神。4 年来，累计实现 23017 人脱贫，贫困发生率从 28.5% 下降到 0.13%，139 个贫困村（居）退出，噶尔、普兰、札达、日土 4 县实现脱贫摘帽。

阿里地区革吉县革吉镇布贡村老人久美，出生于 1949 年 7 月，1979 年 7 月加入中国共产党，现任革吉县"四讲四爱"宣讲员、牧家书屋管理员。作为一名农奴出身、与新中国同龄且具有 40 多年党龄的老党员，久美经历了阿里的历史变迁，见证了阿里各族干部群众在中国共产党的领导下艰苦奋斗，换来阿里人民今天的幸福生活。虽到古稀之年，他依然战斗在脱贫攻坚一线，带头践行党的各项政策，传承"勤劳致富，艰苦奋斗"的阿里精神，在深度贫困地区带领群众参与脱贫攻坚，形成"人人努力、人人出力、人人尽力"的脱贫攻坚良好氛围。久美老人对阿里有着深厚的感情，对"阿里精神"有着深切的体会，对党员的先锋模范作用有着深刻的认识。

❖ 主要做法

（一）以"藏西先锋·红色阿里"党建品牌为引领，发挥党员模范带头作用

基层党组织是脱贫攻坚的战斗堡垒。习近平总书记在贵州召开的部分省区市党委主要负责同志座谈会上指出："做好扶贫开发工作，基层是基础。要把扶贫开发同基层组织建设有机结合起来，抓好以村党组织为核心的村级组

织配套建设。"基层党员是脱贫攻坚的重要力量，在革吉县革吉镇布贡村，久美爱学习的劲头远近闻名，在村民眼中他始终是一名干什么都非常积极的老党员。一方面，他在不断学习中提升自我，带领群众共同进步。作为一名党员，久美时刻注重理论学习和提升自我政治修养，虽已年过七旬，他依然把学习党的方针政策作为一件十分重要的事情。除了对照党章党规加强自我约束，争做廉洁从政、勤于修身、严于治家的表率以外，久美还积极动员周边群众共同学习、共同进步。2019年2月至3月，久美动员周边邻里一起参加阿里地区举办的"不忘初心跟党走，学用政策助脱贫"知识竞赛活动，最终功夫不负有心人，他带领的革吉县农牧民代表队获得了一等奖。另一方面，他积极宣传和践行阿里精神。2016年，阿里地委、行署提出"藏西先锋·红色阿里"党建品牌创建战略以来，在边境党建红色长廊创建工程中，久美依然是先行者，他带头学习先辈先进事迹，鼓励年轻党员发挥模范带头作用，率先向革吉县爱国主义教育基地捐钱捐物，大到帐篷，小到磨盘、凳子、马

久美（左）带领的革吉县农牧民代表队在阿里地区
"不忘初心跟党走，学用政策助脱贫"知识竞赛中荣获一等奖

鞍、衣服等大大小小 15 件物品。作为一名具有 40 年党龄的老党员，久美对如何发挥党员的先进模范作用有着自己的理解，那就是党交给的任务要"积极去做、最先去做，并且要做好"。不管是以前弘扬先辈革命志士的英雄事迹，还是现在弘扬老西藏精神、两路精神、孔繁森精神、先遣连精神、阿里精神，老人始终是那最先投入战斗的"排头兵"。

（二）以"四讲四爱"为契机，努力提升群众精神文化修养

在"四讲四爱"群众教育实践活动中，久美是村民公认的政策宣讲员，他积极向群众宣讲"四讲四爱"政策、脱贫攻坚政策。一是徒步千里传播党的政策。由于牧区面积广阔，群众居住极为分散，为了把政策知识传播给更多的农牧民群众，久美动辄就要走几十公里去一个牧业点。年过七十的他经常因为旅途奔波劳累而浑身酸痛，但是却从未放弃过一个群众，他经常挂在嘴边的一句话就是："即使群众家再偏再远，也要将党的政策和恩情及时带到。"在久美的努力下，贫困群众对于党的脱贫政策有了深入的了解，在牧区群众中营造了学政策、懂政策、用政策的浓厚氛围。二是无私奉献，践行中

久美（左一）在向群众宣传"四讲四爱"

华传统美德。早年为了掌握一技之长，久美积极学习中医知识和诊疗技术，成了村里最先学会针灸的人。很多村民腿脚不舒服，都会找他看看。虽然自己家境并不宽裕，但久美给村民看病从没有收过一分钱。久美用实际行动践行党员宗旨，他是党员中的"标兵"，群众心中的"楷模"，他的精神在"润物无声"中感动着广大群众，也教育着广大群众，更引领着广大群众。三是发挥余热倡导文明生活新风尚。在革吉县组织开展的"树勤去懒"和建立村民"十项行为规范"活动中，久美把调解处理村民日常杂事当作生活的一部分，督促群众打扫家庭卫生、询问各家各户有无酗酒闹事的、查看群众家中是否有小孩因为放牧而不去上学的情况等，这是老人在完成"四讲四爱"宣讲工作之后的"分外工作"。在久美的督促和苦口婆心的教导下，很多群众开始自觉遵守行为规范，重视提高道德文化修养，在他的积极帮助下，村里的很多扶贫工作开展起来更加顺利。

（三）以"扶志"工作为重点，激发群众脱贫的内生动力

贫困人口的"志气"是脱贫的内因。唯有激发群众内生动力，通过"造血"式扶贫激发群众积极性和创造性，才能保障脱贫的质量。自脱贫攻坚工作开展以来，久美除了帮助群众解决物质生活困难外，他更注重帮助群众解决精神层面的"帮扶"问题，转变群众"等靠要"思想。久美作为一名基层老党员，十分注意时时当表率、处处当模范，走到哪里都会把党徽戴在胸口，把自己的党员身份时刻亮给大家看，随时随地都给群众留下共产党员的光辉形象。

在实施脱贫攻坚战中，久美时常结合党的方针政策，在村民中倡导"讲贡献爱家园"的观念和"勤劳才能致富"的理念。他时常挂在嘴边的话就是："懒惰是可耻的，日子要靠自己努力才能越过越好。"针对一些群众为了享受国家帮扶，不愿摘掉贫困户帽子的情况，2017 年家境不富裕的久美主动向村里递交了退出贫困户的申请书，为全村摘掉贫困帽子做出了榜样。除了带头

退出贫困户，久美也是靠自己双手脱贫的典范。年过七十本该安享晚年的他，并没有选择安逸，而是经常去外面打打零工。在他的带动下，周边只要还有空闲时间和劳动能力的群众，基本都会外出打工补贴家用。久美的乐观积极、勤劳向上和充满干劲的精气神，不仅彰显了一名共产党员的责任担当，也激发了广大贫困群众脱贫致富的斗志。

久美在宣讲

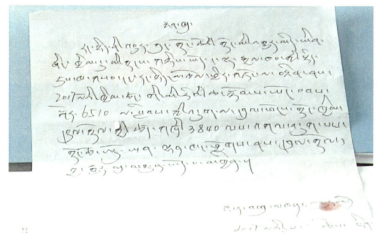

久美亲手写的脱贫申请书

❖ 经验启示

久美对阿里地区的无比热爱激励着这位古稀老人坚守在脱贫攻坚一线，他用自己的一言一行诠释着"位卑未敢忘忧国，年高最能知党恩"。

（一）打赢打好脱贫攻坚战没有局外人

一位学问不高的古稀老人，带领群众学习脱贫攻坚政策知识，鼓励群众外出打工，靠双手致富，以身作则发挥党员先锋模范作用，为布贡村退出贫困村行列，为革吉县脱贫摘帽贡献出自己所有的力量。广大群众是脱贫攻坚的最大受益者，也是脱贫攻坚的主体。在阿里这样的深度贫困地区，要想打好打赢脱贫攻坚这场硬仗，就必须坚信"众人拾柴火焰高"，激发群众树立"脱贫没有局外人"的理念，将这场战役发展为"人民的战役"，通过积极发挥人民群众的主体作用来实现消除绝对贫困。

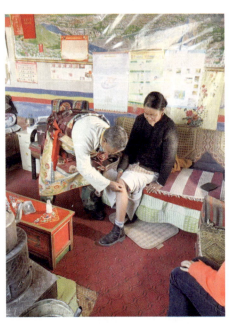

久美在给群众诊治腿痛

（二）红色文化为扶贫扶志注入源动力

老西藏精神、两路精神、孔繁森精神、先遣连精神和新时代阿里精神，是阿里地区"红色文化"的源泉，更是阿里人民前进路上的丰碑和路标。继续传承红色基因，把党建品牌创建作为党员思想信仰的驱动内核，让红色基因融入党员干部的血液之中，激励党员干部不忘初心、砥砺奋进，激发群众自力更生、艰苦奋斗，为脱贫攻坚注入源源不断的动力。

（三）道德模范为扶贫扶志增添正能量

"正能量"作为引导人们行为处事和发展的一种重要力量，在当今社会越来越被宣扬，在脱贫攻坚中尤其应该得到重视。通过扶持"正能量"脱贫榜样，不仅可以从资金物质上给予其他贫困户帮扶，更能从精神上、技术上给予引导、教育和帮助，做到物质扶贫与精神扶贫相结合，典型示范与普遍跟进相结合，增强贫困群众脱贫攻坚的志气和决心，引导群众自立自强，为脱贫攻坚创建文明、和谐、积极向上的好环境。

西藏自治区扶贫办主任推荐语

共和国同龄人、农奴后代——久美深知旧社会的苦和新时代的甜，因缺劳力致贫的他，依靠党的好政策和勤劳吃苦率先脱贫，直至古稀仍秉持着40多年党龄老共产党员的初心使命，奋战在脱贫攻坚一线，身体力行学习党的方针政策，不辞劳苦深入放牧点，现身说法新旧西藏对比、宣传脱贫攻坚政策，激励年轻党员同志带领贫困群众脱贫致富，传承先辈们艰苦奋斗、不怕苦、不怕累、不怕牺牲的精神，激发贫困群众热爱党、感党恩、跟党走、创造更加美好生活共同奋斗的内生动力。他用"位卑未敢忘忧国，年高最能知党恩"的实际行动诠释了一名老共产党员的使命担当。

尹分水： 西藏自治区扶贫办党组副书记、主任

专家点评

西藏阿里地区革吉县革吉镇布贡村久美老人不忘党恩、奋力脱贫的感人事迹，完整诠释了有关脱贫与感恩的辩证法。久美老人出身农奴，在红旗下成长的过程中，他加入了中国共产党。作为一名党员，他始终不忘初心，饮水思源，即使进入古稀之年，也依然战斗在脱贫攻坚第一线，积极发挥党

员的先锋模范作用，身体力行走遍乡村每个牧业点，用心宣讲党的政策，将"四讲四爱"群众教育实践活动深入人心，极大地激发了牧民脱贫致富的斗志，让贫困群体成为脱贫"局内人"。久美老人的事迹告诉我们：在脱贫攻坚的过程中，要紧跟党走，意志坚定，矢志不渝，艰苦奋斗。

牟成文：华中师范大学政治与国际关系学院教授、博士生导师、工会主席，科学社会主义研究所所长，"桂子学者"

思考题

1. 在脱贫攻坚中，如何更好地发挥群众的主体作用，真正做到"脱贫没有局外人"？

2. 如何更好地推进本地区、本单位的党建工作，激发党员在脱贫攻坚中的模范带头作用？

延伸阅读

1.《记翻身农奴、阿里地区革吉县布贡村村民久美："跟着共产党走，我干劲十足！"》（西藏自治区政府网站，http://mini.eastday.com/a/190408134446581-2.html，2019 年 4 月 8 日）

2.《阿里地区"四讲四爱"群众教育实践活动扫描》（搜狐网，http://www.sohu.com/a/305365977_266317，2019 年 4 月 2 日）

"五扶励志"构建稳定脱贫长效机制

——陕西省旬阳县扶贫扶志聚力脱贫攻坚

摘要: 陕西旬阳县在脱贫攻坚实践中,深入贯彻精准扶贫、精准脱贫方略,以构建稳定脱贫长效机制为目标,以"两不愁三保障"为基础,以新民风扶贫扶志激发内生动力为重点,以建强基层党组织为中心,以稳定产业就业为保障,创新探索,靶向施策,创出了一套扶志、扶智、扶正、扶贫、扶长"五扶励志"稳定脱贫的长效机制,为蹄疾步稳推动全面脱贫攻坚工作提供了务实管用、可长效发挥作用的有益做法和宝贵经验。

关键词: 稳定脱贫 "五扶励志" 内生动力

引言: 2019 年 4 月 16 日,习近平总书记在解决"两不愁三保障"突出问题座谈会上指出:"要探索建立稳定脱贫长效机制,强化产业扶贫,组织消费扶贫,加大培训力度,促进转移就业,让贫困群众有稳定的工作岗位。要做好易地扶贫搬迁后续帮扶。要加强扶贫同扶志扶智相结合,让脱贫具有可持续的内生动力。"

❖ 背景情况

陕西省旬阳县地处秦巴山区集中连片特困区,是国家扶贫开发工作重点县和革命老区县。全县 3554 平方公里,辖 21 个镇 306 个村(社区),

总人口 46 万，建档立卡贫困人口 41453 户 127951 人。土地条件差、贫困面大、贫困程度深、致贫原因复杂、脱贫难度大，是旬阳客观存在的实际情况。

在深入推进脱贫攻坚战实践中，旬阳县除了客观实际情况导致的物质贫困外，更严重的是思想观念的贫困。具体表现在三个方面：其一，贫困人口缺乏脱贫自信和主动脱贫意愿，贫困户中普遍存在"靠缠要"不愿干、缺技缺智不会干的问题。其二，部分党员干部对脱贫攻坚战的认识不足，存在松懈厌战、动力不足、激情不高、庸懒散慢等问题。其三，部分群众中存在不良人情风、盲目攀比风、低俗娱乐风、打牌赌博风等陈规陋习，部分基层党组织中存在软弱涣散、战斗力不强等问题。这些问题严重影响了脱贫攻坚进程和成效。为此，旬阳县在实践中创新探索出了一套扶志、扶智、扶正、扶贫、扶长"五扶励志"的稳定脱贫长效机制。

❖ 主要做法

（一）以新民风群众教育激发内生动力为重点——扶志

1.五字新风扬正气。从传统文化"忠孝仁义礼智信悌"道德规范中，创新推出"诚孝俭勤和"新民风建设，倡导"诚实守信、孝老爱亲、节俭简朴、勤奋劳作、以和为贵"的新时代道德规范，发动党员干部、工商能人、青年学生、普通群众共同敦化民风。组织群众修订村规民约，规范红白事宜操办标准，明确违约责任和惩处措施。开展"续家谱立家规传家训正家风"活动。同时制定《道德模范礼遇保障暂行办法》，建立道德模范褒奖机制，树立"好人有好报"的鲜明导向，用"诚孝俭勤和"五字新风扬正气。

旬阳县举办"诚孝俭勤和"新民风主题文艺活动

2. 道德评议转思想。针对少数贫困户存在"等靠要"思想，内生动力不足的问题，以村为单位，由群众推选老党员干部、道德模范等"乡村贤达"组成道德评议委员会，每季度开展一次"群众说、乡贤论、榜上亮"道德评议活动，评出正面典型，引导见贤思齐，评出后进典型，倒逼自觉反省。对先进典型通过"善行义举榜"宣传褒扬，对后进典型在"曝光台"点名亮相，帮教改进。截至 2019 年 6 月，旬阳县共推选道德评议委员 6376 名，召开道德评议会 2775 场次，评议出先进典型 3897 人次、后进典型 2332 人次，帮教转化 1837 人次，1440 户群众自愿脱去贫困户"帽子"，形成了"好坏大家评、落后有人帮、比学赶帮超"的生动局面。

3. "三力联调"化纷争。融合行政、司法、道德力量，探索"三力联调"乡村调解新途径。2018 年，全县共调解各类案件 3665 件，调解成功 3614 件，成功率 98.6%。其中，1112 件涉贫信访得到妥善化解，真正把纠纷消除在萌芽状态、矛盾化解在激化之前、问题解决在调解之中。

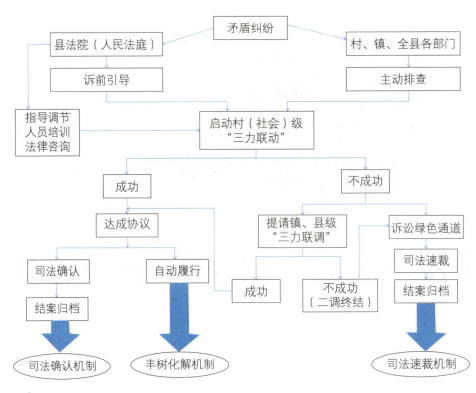

★ 非诉化机制处理的纠纷不计入法院受理案件数

★ 司法速裁机制和司法确认机制将进入法院的案件繁简分流

旬阳县人民法院"三力联调"多元化解矛盾纠纷机制运行图

（二）以"实训强技"稳产业促就业为保障——扶智

1.实训强技，授人以渔。统筹职业培训资源，着力推动培训方式由灌输式向互动式、共享化向个性化转变，旬阳县投入 300 多万元补贴贫困群众学技术费用，累计开展集中技能培训 98 场次 8900 余人次，向贫困村派驻科技特派员 170 名。

2.长效短效产业全覆盖。探索出"2+3+X"长短结合扶贫产业发展思路（"2"即拐枣和油用牡丹 2 项长效产业，"3"即烤烟、生猪和魔芋 3 项优势短效产业，"X"即狮头柑、樱桃、中药材、富硒山野菜、林果蔬等特色产业）。截至 2019 年春，共建成拐枣基地 30 万亩，占全国总量的 81.82%；建成油用牡丹基地 9 万亩，发展规模位居全省第一；发展烤烟 8 万亩，狮头柑、金丝皇菊、油桐等特色产业 16.6 万亩。实现了村级长中短产业全覆盖，带动 33982 户 117901 人依托产业脱贫致富。

3. 劳务公司建到村。采取"劳务公司 + 贫困户"形式，成立村级劳务扶贫服务公司 277 个、镇级劳务服务站 21 个，与县内外 1358 家企业建立劳务合作关系，实现有组织派遣贫困劳动力 1.8 万人，人均年增收 5 万元以上。招商引资兴办"新社区工厂 + 贫困户"经济实体，培育发展毛绒玩具等新社区工厂 31 家，吸纳 2196 名贫困劳动力就业。引导扶持返乡创业 97 人，带动 215 名贫困人口劳动就业。同时，开发卫生保洁、森林管护、公路养护等公益性岗位 1802 个，不同程度地满足了无法离乡、无业可扶、无力脱贫的贫困村民的就业需求。

（三）以"服务型"党组织建设为引领——扶正

1. 建强组织，筑牢堡垒。针对干部管理中存在的为政不为、慵懒散奢等问题，出台《庸政懒政行为责任追究暂行办法》，鼓励先进，"回炉锻造"后进，为党员干部戴上了"紧箍咒"，破解了干部"慵懒散""出勤不出力"消极怠政等问题，促使有能力、肯干事、对"三农"有感情的人脱颖而出，刚性约束把从严治党、依规治吏的工作落到实处。突出政治引领，实施"头雁工程"，让各类组织在村党组织领导下依法依规开展工作，实现了一级做给一级看、一级带着一级干。实施"淬火工程"，让党员干部先锋模范作用充分发挥，让那些占位不为的"懒官""庸官"无处立足。实施"连心工程"，发挥党组织服务职能，实现了作风硬、脱贫赢，服务群众零距离。

2. 服务群众，薪火相传。以党建为引领，充分发挥各级党组织领导核心和党员先锋模范引领作用。以建强"服务型党组织"为引领，加强镇便民服务中心和村（社区）党群服务中心建设，整合资源，建立电商、医疗、金融等便民服务站点，不断完善服务功能，使农村群众享受及时、便捷的公共服务。派驻第一书记、驻村工作队和壮大集体经济等措施，密切党同广大农民群众血肉联系，巩固党在村民当中的威信。相继出台《人才引进管理办法》《柔性引进人才办法》《支持科技人员创新创业实施细则》等政策规定，2018年共引进本科及以上学历专业人才789人，整合组建第一书记、驻村工作队、联村干部、村"两委"干部"四支力量"，打造一支永不撤退的"三农"驻村专业化工作队。

3. "党建+社会治理"护航脱贫攻坚。探索出党建引领自治、法治、德治"三治结合"的工作机制，充分发挥基层党组织在乡村治理中的统领作用、引领作用和党员干部的示范带头作用，以优良的党风带政风促民风，用法治护航脱贫攻坚，用德治引导勤劳致富，用自治实现自我教育，变"输血"为"造血"，变"要我富"为"我要富"。

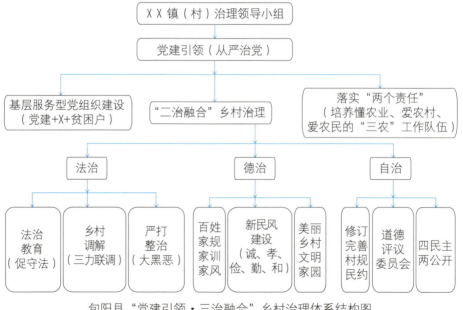

旬阳县"党建引领·三治融合"乡村治理体系结构图

（四）以"两不愁三保障"为基础筑牢脱贫致富根基——扶贫

1. "户分五类"，精准诊脉。在逐户走访排查，综合分析"弱志"致贫原因的基础上，采取"户分五类"（即"不会致富"缺技缺智户、"发展受挫"信心缺失户、"天灾人祸"精神消沉户、"性格偏执"攀比争闹户、"好吃懒做"自暴自弃户），精准诊脉，聚焦成因、靶向治疗，促使其由"要我脱贫"向"我要脱贫"的转变。

2. "精准奖惩"，尽锐出战。制定出台了《旬阳县脱贫摘帽户达标精准奖惩办法》，突出"精准"2字，以在省市验收时被调查户达标情况为依据，以县级验收为参考，对各镇、各帮扶部门、驻村工作队、专项指挥部定性定量考核，把对包户干部的奖励与村、镇、部门三级6个方面的干部个人责任相挂钩，把行业部门、镇、村、个人联结成作战共同体，形成共同发力、共同担当的攻坚局面。

3. 突出重点，分类施策。累计易地扶贫搬迁13646户，规范提升危房改造5646户，生态扶贫惠及19201户63737人；教育扶贫累计投入资金10519万元，资助贫困学生78058人次；健康扶贫实现贫困人口基本医疗保险和大病保险、贫困户参合资助、住院费用一站式结算、家庭医生签约服务全覆盖；新改建通村组水泥路1345.5公里，实施人畜饮水项目182个195处，新改建标准化村卫生室100个，基本达到了幼有所育、学有所教、劳有所得、病有所医、老有所养、住有所居、弱有所扶标准，切实增强了贫困群众的获得感、幸福感。

南家庄村三组贫困户雷义侠家危房改造竣工

（五）以稳定脱贫长效机制构建为目标——扶长

坚持把社会治理、集体经济发展、消费扶贫、新型工业化作为巩固脱贫成效重要举措。

1. "支部+X+贫困户"创新带贫益贫方式。建强村级党组织，运用"党建+"系统思维，将党的建设与经济发展合二为一，构建"支部 + X + 贫困户"扶贫新机制。招引、培育经济实体，带领群众闯市场。采取支部带强"X"方式培育"X"载体，以合作组织联动、龙头企业带动、现代园区牵动、社区工厂促动、乡村旅游互动、党员干部推动"六动"模式，使贫困户采取土地流转、劳务务工、订单销售等方式与市场主体结成利益共同体，在参与市场经济中获得稳定效益。按照"支部引领、村社合一"的思路，大力发展新型集体经济，使村委会与集体经济在"人员合、资产合、业态合、股份合"的体制下，将村党组织的政治优势与专业合作社的经济发展优势紧密融合，使支部为广大群众谋利益的政治属性与集体经济的生产资料公有制属性合二为一，壮大农村新型集体经济以减贫惠民。截至 2019 年，旬阳县兴办"支部引领、村社合一"新型集体经济组织 315 个,169 个贫困村实现村级新型集体经济组织全覆盖,吸纳 1.8 万户贫困户持股入社。全县 305 个村(社区)培育"X"载体 653 个,1.2 万户 3.8 万贫困人口受益。

2. 消费扶贫助推持续发展。发展消费扶贫,依托当地资源禀赋,发展全域旅游;与长三角地区和西安外国语大学等院校建立农特产品消费合作关系,拐枣饮料、黑猪肉、月饼、饮用水等农产品走出旬阳,走向市场。引进多家企业入驻县电商创业孵化基地,发展电商企业 215 家、农村电子商务服务站点 150 余个,带动贫困户就业 183 人,实现了有劳动能力的贫困户产业扶贫全覆盖。

3. 新型工业化筑牢财力支撑。大力发展富硒食品、生物医药、清洁能源、先进制造四大产业。2018 年年底,旬阳高新园区在册企业总数达 284 家,完成规模以上工业总产值 155 亿元,占全县规模以上工业总产值的 52%,绿色循环经济占县域 GDP 的 60%,县级财政总收入达 16.67 亿元,为做大循环经济蛋糕、助推脱贫攻坚提供了坚实的财力保障。

旬阳县 17 家企业的富硒产品走进西安外国语大学,
通过消费扶贫为旬阳农产品打开新的销路

❖ 经验启示

陕西旬阳县在脱贫攻坚实践中，为补齐脱贫攻坚短板，激发贫困群众内生动力，以构建稳定脱贫长效机制为目标，以"两不愁三保障"为基础，以新民风扶贫扶志激发内生动力为重点，以建强基层党组织为中心，以稳定产业就业为保障，探索出一条扶志、扶智、扶正、扶贫、扶长"五扶励志"的新模式。

（一）建立"五扶励志"长效机制，必须坚持群众主体、共建共享

脱贫攻坚战必须坚持以人民为中心，充分发挥群众在脱贫攻坚中的主体作用，破解"入园难"和"看病难"，解决"出行难"和"吃水难"，铁腕治理乱挖滥采等环境问题，严厉打击制造假冒伪劣食品药品行为，提升群众获得感、幸福感和安全感，为如期脱贫摘帽、同步实现小康奠定坚实的群众基础。

（二）建立"五扶励志"长效机制，必须坚持目标指向、系统谋划

提高坚决打赢脱贫攻坚战的政治意识，明确抓扶贫就是抓发展的工作定位，紧扣县域发展奋斗目标，大胆探索、系统谋划，将科学的社会治理理念融入脱贫攻坚之中，德润民心、自治固本、法治护航，扶贫促脱贫、扶志强信心、扶智提素质、扶正强党纪、扶长建机制，用大扶贫推动脱贫攻坚、乡村振兴、县域发展互促共赢。

（三）建立"五扶励志"长效机制，必须坚持党建引领、合力攻坚

坚决打赢脱贫攻坚战需领导率先垂范、亲力亲为。班子成员分工把口、齐心协力，三级书记合力抓，部门党组主动抓，全员干部一线抓，充分发挥党委牵头抓总、推动落实作用。深化"先锋行动党旗红"主题实践活动，创新开展"亮晒作"全员行动，推行工作平庸干部"回炉锻造"制度，激发了干部工作热情，形成了聚力脱贫攻坚的强大合力。

（四）建立"五扶励志"长效机制，必须坚持产业夯基、就业为要

产业就业是稳定脱贫致富基本保障和长效之策。旬阳县集聚土地、科技、投入、市场等要素，落实龙头企业、合作社、能人大户、产业项目"四带"措施。把劳务扶贫公司建到村，在党支部的组织下，形成了人人皆可就业的局面，使产业与就业"合而为一"，变"输血"为"造血"，为推动县域经济发展、壮大集体经济、促进贫困群众稳定增收夯实了基础、拓展了途径。

（五）建立"五扶励志"长效机制，必须坚持深化改革、锐意创新

脱贫攻坚中，旬阳立足县域实际，瞄准弱项短板，深化"放管服"改革，与时俱进实施县域社会治理改革，大胆推行"党建引领·三治融合"乡村治理、"诚孝俭勤和"新民风建设、探索构建"支部＋X＋贫困户""支部引领、村社合一"的机制创新，为建立稳定脱贫长效机制增添了活力、注入了动能。

陕西省扶贫办主任推荐语

陕西省旬阳县在脱贫攻坚实践中，针对少数群众内生动力不足、依赖思想严重、安于生活现状、逐取政策红利、乡风民俗不优等普遍存在的"等靠要""争访闹"问题，靶向施策、创新探索，系统推进新民风扶志气、实训强技扶智力、强化党组织建设扶正气、筑牢"两不愁三保障"脱贫根基、"支部＋X＋贫困户"新机制及"五扶励志"构建稳定脱贫长效机制。如是，符合"物质决定意识"的哲学观点，加大物质扶贫，使其尝甜头、有奔头；符合"意识反作用于物质"的辩证思维，解决精神贫困，打破"甘于贫"的惯性思维，坚定"弱鸟先飞"意识；符合"外因内因辩证统一"内在联系，敦化民风、成风化人，催生自力更生、艰苦奋斗动力；符合"严重的问题是教育农民"的著名论断，运用道德评议做实村民自我

教育；符合新时代党对农村的工作方针，培养懂农业、爱农村、爱农民的农村工作队伍，为乡村振兴提供人才保障，系统破解了脱贫以后迈入乡村振兴关键节点的"过渡""融合"问题，为乡村产业兴旺、乡风文明、治理有效提供了务实管用、可在全国推广复制的典型经验。

文引学： 陕西省政府党组成员、省扶贫办主任

专家点评

陕西省旬阳县针对本地贫困现状，立足实际，成功进行了一条扶志、扶智、扶正、扶贫、扶长"五扶励志"构建稳定脱贫长效机制的实践探索。通过开展新民风建设，实现扶贫扶志激发内生动力；依靠长短效产业全覆盖和产业稳定发展，实现授人以渔促进贫困群众就业；通过建设"服务型"党组织，发挥党员引领作用；通过精准扶贫、分类施策，为"两不愁三保障"筑牢根基；通过建立稳定脱贫长效机制，创新地形成社会治理、集体经济发展、消费扶贫、新型工业化举措合力促脱贫的局面。要想打赢脱贫攻坚战，就必须坚持以人民为中心，坚持科学治理、系统谋划，坚持党委牵头抓总、合力攻坚，坚持产业夯基、人人就业，坚持深化改革、锐意创新，因地制宜，大胆地探索新模式。旬阳县扶贫攻坚工作，为打赢全面脱贫攻坚战提供了宝贵经验。

燕连福： 西安交通大学马克思主义学院院长、教授、博士生导师

思 考 题

1. 如何改变单纯的说教式扶志为物质、精神双驱动扶贫扶志?

2. 脱贫以后，如何防止返贫现象发生，构建稳定脱贫长效机制?

延伸阅读

《旬阳县"五扶联动"构建稳定脱贫长效机制》(安康市人民政府网，http://www.ankang.gov.cn/Content-421115.html，2019 年 9 月 3 日)

精神扶贫"三部曲"

——甘肃省积石山县扶贫扶志提振群众精气神

摘要： 在脱贫攻坚战中，甘肃省积石山县在全面建成小康社会进入决胜阶段的关键时刻，坚持扶贫与扶志扶智相结合，"富口袋"与"富脑袋"同频共振。全县率先探索出以扶志扶智为主要内容的村民知情大会、"两户"见面会、"三说三抓"会议，来提振脱贫精气神。其经验启示有：贫困人口知晓政策，主动参与是扶贫扶志的前提条件；改进帮扶方式，变被动为主动是扶贫扶志的有效途径；干群共谋脱贫、良性互动是扶贫扶志的动力支撑。

关键词： 扶贫与扶志扶智相结合 "三会"制度

引言： 2018年2月12日，习近平总书记在打好精准脱贫攻坚战座谈会上指出："培养贫困群众发展生产和务工经商技能，组织、引导、支持贫困群众用自己辛勤劳动实现脱贫致富，用人民群众的内生动力支撑脱贫攻坚。"

❖ 背景情况

　　甘肃省积石山保安族东乡族撒拉族自治县，是甘肃省唯一的多民族自治县。全县26万多人，有保安、东乡、撒拉、回、汉、土、藏等10个民族，是国家"三区三州"深度贫困县，贫困人口多，贫困程度深。全面建成小康社会，一个民族都不能少！抱着这一坚定的信念，积石山县在精准扶贫精准脱贫攻坚战中，始终把脱贫攻坚作为最大政治任务和"一号工程"来抓，紧盯民生，狠抓"两不愁三保障"系统工程，稳定实现农村贫困人口不愁吃、不愁穿，义务教育、基本医疗和住房安全有保障，解决民生中的基本大事。"蹲在墙角晒太阳，等着政府送小康"，一些贫困户在精准扶贫过程中存在"等靠要"心态，让各级帮扶政策措施的实施打了折扣。为激发贫困户的内生动力，积石山县探索出"三场会"制度，努力提振了干部群众的脱贫信心和决心。

❖ 主要做法

（一）"村民知情大会"激发贫困群众脱贫内生动力

2016年，甘肃省正处于脱贫攻坚、决胜小康的关键时期。作为甘肃省国扶贫困县——积石山县首次亮剑，从可能影响百姓脱贫致富的每一件小事入手大胆尝试，还权于民，在全县范围召开"村民知情大会""干什么由老百姓说话，怎么干由老百姓说了算"，真正以"还权于民、还情于民"的扶贫模式全程参与到扶贫项目实施过程中来。2016年以来，全县在145个行政村探索推行由村主任主持，包乡县级干部、驻村帮扶工作队、乡村干部、全体村民参加的"村民知情大会"制度，坚持村级事务公开透明，干什么由群众自己说了算，怎么干让群众自己来决定，有效激发了内生动力，充分调动了群众参与精准脱贫奔小康的积极性和主动性。"村民知情大会"常态化制度化地召开为顺利推进脱贫攻坚铺平了道路、注入了活力，赢得了社会广泛赞誉。

1.听民情，收获肺腑之声。"过去我们了解村里的事，好像雾里看花。召开了'村民知情大会'后的第一时间，村里头的大事小情，都贴在村务

积石山县石塬乡肖红坪村召开村民知情大会

公开栏里，村民看得明白。""现在村里头的工作，让我们老百姓明明白白、清清楚楚。"积石山县柳沟乡樊家沟村的村民围着村委会公开栏你一言我一语，议论着自己关心的事情。村里花了多少钱、办了什么事，都明明白白，这样的村"两委"让群众满意。"阳光是最好的'防腐剂'。'村民知情大会'的最终目的就是保障群众在村级事务中的知情权、参与权、决策权和监督权，真正让工作在阳光下运行，成效在民声中体现。"工作晒在阳光下，走在群众视线里，让干部与群众的"护廉网"更加牢固。

2. 唠家常，解开百姓心结。积石山县石塬乡苟家村是全县贫困村之一，山大沟深，群众居住分散，行路、住房等问题突出。在"村民知情大会"上，该村"两委"成员、村民围坐一起，各抒己见，民主决策，商量农村道路怎么修、自来水怎么通、危房怎么改、幼儿园怎么建、低保怎么给、环境卫生怎么整治、惠民政策怎么落实、富民产业怎么发展、精准扶贫怎么扶……乡党委政府就根据百姓的"菜单"来帮群众"做菜"。"知道了做什么还远远不够，关键是要狠抓项目规划、项目设计、项目质量、项目进度，让老百姓长期受益。这就得老百姓自己说了算。让群众监督架起群众对干部信任的桥梁。"

"村民知情大会"在精神扶贫中的显著作用：一是传递政策讲明措施，给群众吃好"定心丸"；二是阳光运行列出清单，给群众算好"明白账"；三是畅所欲言听取民意，给群众念好"致富经"；四是立志扶智激发动力，给群众打好"强心剂"；五是盯人盯事盯项目，给群众办好"贴心事"；六是解开疙瘩化解积怨，给群众奏好"和谐曲"。一场村民大会，话题道出了脱贫致富的精神，不仅带动着乡风村风庄风，而且倡导的是一股浓浓的好民风，汇聚成热爱积石山、建设积石山、发展积石山的磅礴之力。

（二）"两户"见面会拓宽贫困群众脱贫新思路

2017 年，积石山县在 17 个乡镇 145 个行政村召开由乡镇党委书记主持，包乡县级干部、驻村帮扶工作队、乡村干部、脱贫典型户、贫困户参加的精准脱贫"两户"（脱贫户、贫困户）见面会，让脱贫群众讲自己发展致富的事给贫困户听，面对面促膝交流，手把手传经送宝，定策授法，点拨指路，有力地助推脱贫攻坚进程。

积石山县刘集乡肖家村举行"两户"见面会

1. "两户"见面会助推贫困群众"先干起来"。2017 年 2 月 15 日，在刘集乡肖家村召开了由全体县级干部、各乡镇党政主要负责人、县直及州驻县各单位主要负责人、全乡 8 个村的村干部和脱贫典型户、贫困户代表共 250 多人参加的首次"两户"见面会。2017 年 6 月中下旬，在 17 个乡镇又召开了第二轮"两户"见面会。在这两轮"两户"见面会上，脱贫户畅谈脱贫经验和切身体会，贫困户求取脱贫门路和致富经验。朴实的话语，鲜活的事例，互动的氛围，会场上涌动着一股激情，体现出一种精神，传播着一种能量。在"两户"见面的过程中，打工、合作结成 12 个对子，贫困户主动向脱贫户学习养牛养羊技术结成 9 个对子，学习技术、购置设备结成 5 个对子，集中体现了柳沟乡"两户"见面会取得的初步成效。

2."两户"见面会传递脱贫致富经。（1）共话政策感党恩。在"两户"见面会上，脱贫户在谈到自己脱贫的经历和经验时，贫困群众更多的感受是党的好政策给他们指明了发展的方向，带来了好处和实惠。对党的政策给他们带来机遇和变化的感恩之情溢于言表，表达了众多脱贫户共同的心声。有了政策的支持，还需要发挥脱贫户自身的主观能动性，让脱贫愿望变成现实。（2）技能培训长本领。众多脱贫户脱贫的经历和经验充分说明，要长期脱贫、稳定脱贫，需要掌握一门适合自己发展的实用技术，不断提高自身素质，在市场上摸爬滚打，靠勤劳和智慧发家致富奔小康。（3）选准门路拓富路。在"两户"见面会上，广大基层干部和脱贫户、贫困户都畅谈了找门路、快致富的好思路好方法好建议，形成了比较一致的看法：找门路要符合政策、遵守法律；致富门路千条万条，要根据每个家庭成员的实际情况，找到适合发展的路径；要围绕县域经济发展，瞄准市场需求，发展特色产业等。（4）服务到位有保障。广大基层干部和驻村帮扶工作队把群众脱贫致富的过程变为服务群众、锻炼才干的过程，真心实意提供有效服务，受到了各族群众的一致好评。群众相信在党的指引下，通过勤劳苦干，脱贫致富的目标一定会实现。

3."两户"见面会激发内生动力。（1）学习政策添动力。党的精准扶贫政策是贫困群众脱贫致富的真正基础与动力，体现了以人民为中心的执政理念。"两户"见面会传达学习习近平总书记关于扶贫工作的重要论述，学习有关惠农政策，将党的声音及时传达给基层干部群众，使他们感到方向更明确，心里更亮堂，最终使精神力量变为创造物质财富的强大动力。（2）作风转变带动力。积石山县委县政府和基层干部深入贯彻落实精准扶贫、精准脱贫政策，时时把脱贫攻坚"一号工程"放在心上，紧密结合当地实际，以高度的责任心和担当精神聚焦贫困户的愿望和需求，创新工作方式方法，不断把"好做法"引向深入。（3）现身说法传动力。2015年和2016年脱贫的农户，发挥身边典型传帮带的作用，以亲身经历谈发展变化，使贫困户感到可见可亲可信，可学习借鉴，可复制推广。脱贫典型在选择传授经验时，不仅要考虑与贫困户的相似性，更要注意致富门路的代表性、一致性和带动性。（4）扶志扶智夯动力。脱贫户不仅谈发展门路，更谈具体做法、经验和想法，给贫困户多方面启示。"两户"见面会上，脱贫户和贫困户深入交谈，通过听转变历程，使贫困户增强了脱贫的信心和内在动力。中咀岭乡马家咀村脱贫户马来者布介绍了自己贷款引进牦牛育肥顺利脱贫的经历后，由衷地感叹："做什么都要操心，要有一点干出名堂的劲头，要有一股不服输的心气，还要掌握技术。"

（三）"三说三抓"提振干群扶贫脱贫信心

2018年，为了充分激发群众脱贫致富的内生动力和各级干部履职尽责搞好扶贫工作的内在动力，又在深化拓展"村民知情大会"和"两户"见面会的基础上，在全县145个行政村组织开展了"三说三抓"会议，促进各级干部切实把扶贫工作抓在点上、抓在根上、抓出效果。"三说三抓"，是指群众说问题，相关部门进行现场解答，理顺情绪；干部说政策，公开透明解疑释惑；法官说法律，教育群众知法守法。同时，抓控辍保学，把扶贫扶到点上根上；抓政策落实，强化保障惠民利民；抓"急难需怨"，倾心尽力改善民生。每个村"三说三抓"会议结束后，再由乡镇负责，根据问题台账和问题类别列出清单，及时移交相关部门办理。乡镇和县直部门单位根据问题难易程度，明确办理时限，组织力量按时办结，并将办理情况及结果在"村民知情大会"和

在"两户"见面会上取经的群众

"两户"见面会上向群众通报。

积石山县关家川乡宁家村"三说三抓"会议现场

　　"三说三抓"会议搭建起了干部与群众拉家常、讲政策、摆事实、讲道理、学法律的平台。群众说问题，道出怨气理顺情绪。让群众能够充分晒问题、发积怨、谈需求、说矛盾，相关部门进行现场解答，直面问题，消化怨气，理顺情绪。干部说政策，是将政策公开透明，解疑释惑的平台。法官说法律，是教育群众知法守法、促进法治建设的有效途径。至于"三抓"，也卓有成效地促进了脱贫攻坚的实践。积石山县145个行政村"三说三抓"会议的相继召开，让广大干部群众学懂了习近平新时代中国特色社会主义思想和习近平总书记关于扶贫工作的重要论述，为公开村务、透明政策、阳光操作落地各项精准扶贫政策，与全州、全省和全国一道步入小康社会坚定了思想的、精神的、政策的基础，让干部和群众一道扎扎实实推进精准扶贫，勤勤恳恳干事创业，全力以赴打赢脱贫攻坚战。

"三说三抓"会议上法官给群众讲解法律知识

❖ 经验启示

　　甘肃积石山县探索出以村民知情大会、"两户"见面会、"三说三抓"会议"三部曲"为主要内容的扶贫扶志实践，实现了扶贫与扶志、"输血"式扶贫与"造血"式扶贫的有机结合，发挥贫困人口的主体作用，提振贫困群众精气神，为扶贫扶志行动探索出有益的、可推广的新路子。

（一）贫困人口知晓政策，主动参与是扶贫扶志的前提条件

　　贫困人口作为脱贫攻坚的主体对象，对脱贫攻坚政策具有知情权、参与权，只有让贫困人口了解政策、掌握政策，政策才能真正地惠及贫困人口。积石山县"村民知情大会"以常态化、制度化的形式，成为贫困村谋划项目、发展产业的集思广益大会。贫困人口通过"村民知情大会"及时了解村里的发展情况，参与村上的发展事务，积极建言献策，有效地增强了贫困群众脱

贫致富的信心，进一步激发贫困人口参与的主动性。因此，开展扶贫扶志行动应建立贫困人口掌握政策，主动参与的平台，真正地激发脱贫主体的内生动力。

（二）改进帮扶方式，变被动为主动是扶贫扶志的有效途径

稳定长效的脱贫机制仅仅依托外部帮扶难以持续，一旦失去外部帮扶会再次陷入贫困，因此稳定脱贫需要不断改进帮扶方式，推动扶贫扶志的有机结合。"两户"见面会让贫困户与脱贫户互相交流，谈体会谈经验，实现传帮带。以身边典型故事激励贫困户，体现出一种精神，传播着一种能量。精准扶贫不断推进的过程中扶贫扶志是关键，不断改进帮扶方式，扶到根上，扶到心里，脱贫攻坚才能见实效。因此，扶贫扶志的过程中，要想贫困户之所需所想，注重帮扶方式深推广，真帮实扶建立长效机制。

（三）干群共谋脱贫，良性互动是扶贫扶志的动力支撑

坚决打赢脱贫攻坚战离不开党员干部的引导帮扶，也离不开贫困人口的积极主动地参与。打通党员干部与贫困人口的隔阂，建立良性互动的载体，是精准扶贫精准脱贫的根本保障。积石山县"三说三抓"会议解答了贫困人口的疑惑，理顺了贫困人口的情绪，拉近了干部与群众之间的距离，助推了干部与贫困群众携手打赢脱贫攻坚战、共赴小康路。扶贫扶志的过程中，充分激发党员干部干事业、贫困人口真脱贫的内在动力，是扶贫扶志行动的有力支撑。

甘肃省扶贫办主任推荐语

积石山保安族东乡族撒拉族自治县位于甘肃省西南部，成立于1981年，是甘肃省唯一的多民族自治县，国列省列扶贫开发工作重点县，"三区三州"深度贫困县。近年来，积石山县干部群众在全力打赢打好脱贫攻坚战、决胜全面小康的征程中，不忘初心、砥砺前行，在脱贫攻坚工作实践

中，坚持扶贫与扶志扶智相结合，"富口袋"与"富脑袋"同频共振，探索出以扶志扶智为主要内容的村民知情大会、"两户"见面会、"三说三抓"会议，让广大群众理解支持、广泛参与精准脱贫，"三会"制度这一创新举措大大提振了全县各族干部群众脱贫致富奔小康的决心和信心，也更加有力地助推了全县精准脱贫进程，形成了可借鉴、可复制、可推广的模式，为脱贫攻坚树立了典范。

任燕顺：甘肃省扶贫办党组书记、主任

专家点评

甘肃省积石山县以激发贫困户内生动力、提升群众精气神为主旨，探索出以扶志扶智为主要内容的"三会"制度，形成了可资借鉴的宝贵经验。该案例的亮点和创新之处在于："村民知情大会"保障了群众的知情权、参与权、决策权和监督权，促进了贫困户、脱贫户与非贫困户的理解与互信，筑牢了脱贫攻坚的群众与思想基础；"两户"见面会发挥了脱贫群众的示范、激励和传帮带效应，激发了贫困户的内生动力；"三说三抓"会议厘清了贫困"病因"，找到了脱贫"良方"，宣传了扶贫政策，实现了精准扶贫和依法扶贫的有机结合。案例有很强的推广价值，适合在全国范围内推广。案例的启示在于：保障群众的知情权、参与权、决策权和监督权是筑牢脱贫攻坚群众基础的前提；发挥脱贫户的示范、激励、传帮带效应，是激发贫困户内生动力的有效手段；走群众路线，与贫困户深度交流、零距离沟通，是发掘贫困户内在潜能、促进精准扶贫和依法扶贫有机结合的有效路径。

田北海：华中农业大学文法学院院长、教授、博士生导师，中国社会工作教育协会反贫困社会工作专业委员会副会长

思考题

1. 在扶贫与扶志、扶智相结合的工作实践中，扶智的核心问题有哪些？

2. 在决胜脱贫攻坚阶段，如何寻求破解农民群众精神短板的突破口？

延伸阅读

1.《甘肃积石山县："两户见面"唤醒脱贫内生动力　打通攻坚"最后一公里"》，（人民网，http://gs.people.com.cn/n2/2018/0515/c183348-31581411.html，2018 年 5 月 5 日）

2.《从"要我脱贫"到"我要脱贫"——甘肃积石山县"三场会"见闻》，（新华网，http://www.xinhuanet.com/2018-07/16/c_1123134303.htm，2018 年 7 月 16 日）

以移风易俗助力脱贫攻坚

——青海省循化县"内源式"扶贫探索

摘要： 循化县在脱贫攻坚过程中，突出从群众自我脱贫为核心的内源式扶贫导向，结合撒拉族和回族普遍存在的彩礼负担过重、丧事开支较大、朝觐迎来送往和藏族地区"念活经"费用走高等民间习俗特点，大胆探索和试点，在全省率先试点开展了移风易俗、树立文明新风活动，给贫困群众减轻经济负担，给脱贫摘帽减少攻坚阻力，成为扶志扶智脱贫致富方面的一大亮点。

关键词： 移风易俗　党政主导　全民互动　脱贫致富

引言： 2017 年 12 月 18 日，习近平总书记在中央经济工作会议上指出："要激发贫困人口内生动力，把扶贫和扶志、扶智结合起来，把救急纾困和内生脱贫结合起来，把发展短平快项目和培育特色产业结合起来，变'输血'为'造血'，实现可持续稳固脱贫。要加强贫困地区移风易俗工作，促进形成文明健康的生活方式。"

❖ 基本情况

循化撒拉族自治县位于青海省东南部，辖 3 镇 6 乡，共有 154 个行政村 6 个社区，总人口 16.16 万，其中农业人口 12.8 万。县内少数民族占总人口的 93.6%，是国家扶贫开发工作重点县，也是国务院重点扶持发展的人口较少民族地区，2011 年被国务院列为六盘山集中连片特困地区。自从打响脱贫攻坚战以来，循化县委、县政府认真贯彻落实习近平总书记关于精准扶贫的重要论述，聚焦聚力脱贫致富这个第一民生工程，按照精神脱贫对扶志扶智的要求，结合撒拉族和回族普遍存在彩礼负担过重、丧事开支较大、朝觐迎来送往和藏族地区"念活经"费用走高等民间习俗特点，大胆探索和试点，在全省率先试点开展了移风易俗、树立文明新风活动，给贫困群众减轻经济负担，给脱贫摘帽减少攻坚阻力，成效卓著。截至 2019 年 9 月，全县婚事新办 2827 起，纠正高价彩礼 14 起，制止不满法定年龄婚约 4 起，丧事新办、简办 193 起，给群众累计减轻综合费用 1.5 亿元，户均节约 15 万元，小切口换来大民生，全县群众从此挥手告别"一个媳妇半条命"和"一场丧事两头空"的陋俗，移风易俗也因此成为最有效、最深入、最惠民的扶贫措施，广大群众纷纷给各级政府敬献锦旗，循化经验在青海省全面推广。得益于移风易俗活动的持续精准发力，循化县 62 个贫困村 1934 户 7950 名建档立卡贫困人口于 2017 年年底如期实现脱贫退出，成为全国第一个区域性整体脱贫摘帽的撒拉族自治县，标志着一个民族的全面稳定脱贫。

❖ 主要做法

（一）突出"两个重点"建机制，完善三级管理制度

突出"机构＋制度"这两个重点，建立运转高效的组织推动体系，为常态化推进移风易俗工作提供了坚强有力的保障。一是完善制度顶层设计。坚持党委主导、政府主推、乡镇主责、群众主体的工作原则，建立三级领导体系，召开了覆盖全社会各个阶层的动员大会，相继制定出台了《关于推动移风易俗树立文明新风的指导意见》和《移风易俗奖惩意见》，并根据工作推进情况相机定向调控，又出台了《关于进一步加强移风易俗工作的补充意见》，确立总体推进战略，界定相关部门责任，细化工作落地措施，形成各负其责、各司其职、齐抓共管的工作态势。二是层层创新推进。除了县级层面明确规

定的移风易俗具体政策外，各乡镇和各有关部门根据本地区和本行业部门实际，综合考虑群众的各种意见，纷纷制定出台指导性、操作性和实用性较强的实施办法和措施，并指导各村在完成规定动作的基础上，创新自选动作，蓄积群众智慧，获得群众力量。三是落实村级主体责任。充分发挥村"两委"在移风易俗工作中的战斗堡垒作用，完善村级落实细则，把县级和乡镇层面的要求和倡导具体化，付诸行动，把住关口，重点在操办规程、红白事办事范围、参加人员、待客标准、礼金数额等方面做出明确规定，努力推动形成群众自我管理、自我约束、自我监督格局。

循化县适时召开移风易俗工作推进会

（二）抓住"关键少数"刹歪风，围绕"一条主线"树新风

一是勇于"破"陋习。俗话说："村看村，户看户，群众看干部。"抓住了干部和企业老板这一"关键少数"，等于握住了移风易俗的方向盘。循化县广泛组织动员和集中培训在县的各级人大代表、政协委员、党员村干部、企业老板及宗教教职人员，层层凝聚共识，各界热情互动，给群众讲清高价彩礼、铺

张浪费及人情消费跟风攀比的危害，摆明移风易俗造福家庭、利于脱贫的道理，并依法依纪狠刹大操大办、互相攀比等不正之风，让群众从内心深处认同和支持移风易俗活动，形成户带户、村比村、人人赞新风的浓厚氛围。二是善于"立"新风。在下好破除思想陋习先手棋的同时，迅速树立新的文明导向，对红白事的随礼标准、人员规模、仪式内容、活动天数等进行严格界定，报村里审批、备案，形成"婚事新办、喜事小办、丧事简办"的新风尚，让广大群众深刻认同主流价值观，让每个人都成为移风易俗的受益者。

各界代表讨论县委关于移风易俗的指导意见

（三）强化工作统一指导，直落根本解决民生实际难题

鉴于全县各乡镇经济发展水平、社会文明程度和民族习俗各不相同的实际，为便于操作和规范落实，县上对婚丧嫁娶、朝觐接送、孩子满月贺喜等民间的主要人情往来事项提出了明确的指导意见，进行规范和引导，具体内容

为：撒拉族和回族结婚彩礼不超过 10 万元、综合费用不超过 12 万元，女方不返还礼金，陪嫁品费用不超过彩礼的 8%；藏族地区应保持原先节俭简约的传统结婚习俗，彩礼不超过 3 万元；汉族结婚彩礼不超过 8 万元，并严格控制以上不同群体在婚事中的宴请范围、宴席规模、菜品数量，减轻人情负担。穆斯林群众丧事和叫"满啦"时舍散的"哈地亚"阿訇每人不超过 30 元，其他人员不超过 20 元，倡导减少送葬人数、丧事简办。朝觐方面禁止大送大迎、远送远迎，不接客，不送礼品，倡导就近就简举行。倡导孩子"满月"只办一次宴席，综合费用不超过 5000 元。党员干部操办婚丧喜庆事宜要报请纪委监委批准。上述指导意见因深得民心，所以得到了深度支持，各村均主动设立了"一约二会一队一员"（村规民约、红白理事会、村民议事会、宣传队、监督员），积极开展工作，严格督导检查，保证了惠民政策的落地见效。

（四）细化分类操作程序，持续不断释放政策民生红利

婚事方面：1.拟结婚的男方和女方分别向村委会（社区）或向红白理事会递交申请书，村委会（社区）、红白理事会审核其年龄等信息，具备结婚条件的，让其在特制的结合申请备案审批表婚事简办承诺书上签字画押，然后出具证明。2.派出所给拟结婚者出具相关证明前，让其作出婚事简办的承诺。3.领取结婚证时，结婚双方也要作出婚事简办的承诺。办证机构举行一个简单仪式，为男女双方提供互表心意的场所，以最初的仪式感来增强结婚双方的责任感和信任感。4.建立阿訇念"尼卡亥（证婚词）"前进行"一讲二看

结婚时在"移风易俗承诺书"上签字画押

三问"的制度。一讲：让村"两委"干部当众讲清楚婚事简办的村规民约；二看：阿訇要看结婚证和签字画押，要求结婚双方出具结婚证，让双方在特制的文本上签字画押；三问：问彩礼、问媒人、问年龄，主要掌握男女方结婚彩礼金额，媒人是否按规定确定彩礼以及男女双方是否达到法定结婚年龄。履行完手续后，阿訇才能念"尼卡亥"。坚持本村（本坊）清真寺教长念"尼卡亥"原则，禁止除本村（本坊）清真寺教长以外的任何人念"尼卡亥"，否则将追究结婚者和念"尼卡亥"人的责任。丧事方面：送葬前，亡人家属应向村红白理事会报告准备花费的钱数，由红白理事会监督舍散。朝觐迎送方面：第一次办理朝觐手续时，宗教主管部门向拟朝觐者讲明有关政策，让其就简办朝觐迎送事宜作出承诺，并签字画押，必要时收取押金。围绕以上措施，各乡镇、公安、民族宗教、民政、宣传、纪检等部门积极履职，联合治理，形成工作上的"一盘棋"。此外，县乡村均设立举报电话，落实奖惩措施，并将移风易俗工作列入年度岗位目标责任制考核，单项奖励。

聘请移风易俗社会义务监督员

（五）拓展纵深推进思路，持续有力巩固工作成果

坚持移风易俗工作系统推进，综合施策，久久为功，力争成为群众生活的新时尚。一是抓宣传教育常态化。移风易俗，教化先行。扎实开展文化场所建设、身边好人评选、文明家庭评选、志愿服务"四个行动"，接通"地气"改进宣传方式，批评铺张浪费、比富摆阔的陈规陋习，培育典型，着力树立"六种新风"，即：文明节俭、个性现代的婚嫁新风；厚养薄葬、科学文明的丧葬新风；艰苦奋斗、勤俭持家的节俭新风；崇尚科学、反对迷信的文明新风；喜庆热烈、轻车简从的贺喜新风；青山绿水、天蓝气净的生态新风。真正达到"教育一个孩子，感染一个家庭，带动一个院落，辐射一个村组，影响整个社会"的教育效果，让每个人每个家庭自觉接受先进文化的熏陶，使移风易俗、文明新风融化在心灵深处，落实到行动之上，体现在细微之处，融入生活当中，不断提升农村群众的文化素质和文明素养。二是抓制度建设长效化。持续加大对移风易俗工作的组织领导和督导检查力度，积极总结工作经验，及时提炼成务实管用的制度、规定及村规民约，不断完善工作指导体系，以制度管长远，并且以工作成效检验和调整制度，真正做到移风易俗工作抓常抓长、走深走实。三是抓外部环境建设标准化。注重移风易俗工作的系统性，将其融入脱贫成果巩固、乡村振兴、民族团结进步创建及城乡人居环境治理的全过程，统筹一体推进基本民生保障和基本公共服务，夯实乡风文明建设基础。

青海省文明办领导来循化调研移风易俗工作

❖ 经验启示

在两年多艰巨复杂的脱贫攻坚工作实践中，循化县始终坚持从实际出发，把最大程度地给贫困群众减轻人情及宗教习俗负担，倡导社会公序良俗，弘扬社会主义核心价值观作为脱贫攻坚的有力抓手，实现了移风易俗助力脱贫攻坚的最大化，探索出了一些工作经验。

（一）坚持党建引领是移风易俗助力脱贫攻坚的根本保证

始终保持正确的政治方向，加强党的领导，自觉以中央精神统一思想、凝聚共识，是循化县打赢脱贫攻坚战的根本遵循。循化县在移风易俗工作中，始终坚持把习近平新时代中国特色社会主义思想作为思想指南和行动先导，以党建工作统领移风易俗树立文明新风实践，建立了县、乡、村党员干部分级联点的移风易俗责任制，将移风易俗纳入党组织书记抓基层党建工作双向述职和党员评议考核内容。同时，发挥基层党组织领导作用，不断加强基层党建和移风易俗工作深度融合，以严肃党内政治生活各项活动为抓手，以良好的基层政治生态促进文明健康的社会生态，形成党风政风与乡风民风双向互动、互促共进的工作格局。

（二）强化宣传教育是移风易俗助力脱贫攻坚的有力举措

在长期的生活实践中，很多的陈规陋习已经习以为常，绝不是"一简了之""一禁了之"就能解决的，只有充分发挥舆论环境对人们转变观念、抵制陋习的熏陶作用，通过"润物细无声"的渗透和潜移默化的影响，才能使移风易俗工作成为全社会的共识。循化县在推动移风易俗工作中始终把各族干部群众自觉认同、自觉践行作为最根本目标，强化宣传教育和舆论引导，大力推动"除陋习、树新风"实践活动，通过乡村宣传栏、公示栏、县广播电视、"循化新闻"微信公众平台等阵地和入户宣讲等方式，积极依托乡镇、村社动员会议和"主麻日"聚会等人员集中有利时机，向群众深入讲解陈规陋习蔓延的危害，讲清同步实现全面小康的美好前景，曝光婚丧嫁娶大操大办等反面典型，报道移风易俗树立文明新风的正能量榜样，弘扬自尊、自爱、自强精神，防止政策养懒汉、助长不劳而获和"等靠要"等不良习气，引导群众从"要我脱贫"向"我要脱贫"转变，激发群众脱贫致富的内生动力。细致入微的举措，为移风易俗工作注入扶志扶智强大动力，使移风易俗工作真正入脑、入心，更加坚定了广大干部群众推动移风易俗的信心和决心。

（三）突出因地制宜是移风易俗助力脱贫攻坚的实践根基

移风易俗工作涉及的面广、层级多、行业差别大。循化县本着人民群众有什么问题就解决什么问题、什么问题突出就重点解决什么问题的原则，在广泛调研的基础上，综合考虑不同民族、宗教、婚丧嫁娶标准实际，先后制定了移风易俗《指导意见》《补充意见》《奖惩意见》等文件。重点对婚丧嫁娶大操大办、"念活经"办满月铺张浪费、宴席及朝觐迎送愈演愈烈等问题对症下药，避免大而化之、只用一个"模子"开展工作、"一刀切"，既保持了宏观上的统一性，也体现了微观上的差异性。同时，各乡镇、村社通过制定接地气、易操作的《乡规民约》《村规民约》，对根深蒂固的陈规陋习进行大胆革新，有效巩固了脱贫攻坚成果，人民群众幸福感和满意度显著提高。

（四）群众主体作用是移风易俗助力脱贫攻坚的核心要素

移风易俗助力脱贫攻坚是一场攻坚战，更是一场持久战，每一项政策落实、成果体现，都与群众直接关联，所以必须坚持持续发动群众、相信群众、依靠群众，激发群众的主体性、积极性和能动性。循化县始终把村民作为乡村治理的主体和移风易俗的践行者，把基层自我治理、群众自我管理作为移风易俗常治长效的重要举措，实现了"三个全覆盖"（即红白理事会全覆盖，移风易俗监事会全覆盖，以婚丧嫁娶为基本内容的村规民约、寺规僧约全覆盖）。在各村社和宗教寺院建立了"两会两约"（即红白理事会、移风易俗监事会，村规民约、寺规僧约）移风易俗治理机制，使移风易俗赢得广泛认可，广大群众纷纷表示，移风易俗是最大的扶贫，是"民心工程""惠民工程"。

（五）狠抓关键少数是移风易俗助力脱贫攻坚的重要手段

"风成于上，俗化于下。"在广大农村，党员干部和企业家、宗教界人士等重点群体能否率先垂范、以身作则，对端正乡风、社风、民风，具有决定性的作用，只有准确把握全覆盖与抓重点的关系，让重点群体带着群众干，形成"头雁效应"，才能凝聚起社会各界强大合力。为此，循化县始终把"关键少数"作为移风易俗推进脱贫攻坚、深化社会主义核心价值观宣传教育、加强干部队伍建设和党风政风建设的重要内容，把抓好抓实党员领导干部、国家公职人员、村级党政组织负责人、"两代表一委员"、宗教界人士、企业家和工商界人士六个重点群体作为以点带面、示范引领推动移风易俗的关键，狠刹大操大办、厚葬薄养、互相攀比等不正之风，引导重点群体争做移风易俗的倡导者、时代新风的推动者，以实际行动为广大群众树立榜样和标杆，发挥了"关键少数"的带头引领作用。

（六）健全制度机制是移风易俗助力脱贫攻坚的坚强保障

"没有规矩、不成方圆。"移风易俗工作只有被制度化、规范化，久久为功，才能实现常态化、长效化。循化县在推动移风易俗工作中积极探索制定了行政管理和经济奖励引导并重制度，建立了正向激励和反面曝光倒逼机制，完善了指挥高效、责任明晰、分层推动的移风易俗助力脱贫攻坚机制，把推动移风易俗纳入党员教育管理、党风廉政建设和脱贫攻坚考核范畴，通过建立县、乡、村三级联动机制和上下贯通、横向到边、纵向到底的责任体系，将推动移风易俗与涉农惠农政策、加强农村精神文明建设和落实工商企业优惠政策结合起来，对违反规定的人员，不管是谁，采取行政的、法律的和道德的等综合手段进行处理。以全县各级干部主动担当齐上阵的昂扬姿态，形成了移风易俗和脱贫攻坚的双促进、双提高。

青海省扶贫开发局局长推荐语

全面建成小康社会，一个民族不能少；实现中华民族伟大复兴，一个民族也不能少。循化县是全国唯一的撒拉族自治县。近年来，青海省委、省政府以习近平新时代中国特色社会主义思想为指导，始终遵循习近平总书记关于扶贫工作、民族工作的重要论述来做扶持人口较少民族发展工作，将扶持人口较少民族发展工作作为建设民族团结进步大省的重要内容，坚持抓发展与聚人心并重，书写了欠发达省区推动人口较少民族脱贫奔小康的生动实践篇章。循化撒拉族自治县于2017年在全国人口较少民族自治县中率先脱贫摘帽，人民群众的获得感、幸福感、安全感明显提升。

马丰胜：青海省扶贫开发局党组书记、局长

专家点评

在脱贫攻坚过程中，青海省循化县针对撒拉族和回族群众彩礼负担过重、丧事开支较大、朝觐迎来送往和藏族地区"念活经"费用走高等民间习俗特点，通过抓好抓实党员领导干部、国家公职人员、村级党政组织负责人、"两代表一委员"、宗教界人士和工商界人士等"关键少数"，充分发挥他们的带头引领作用，在全省率先试点开展了移风易俗、树立文明新风活动，既减轻了贫困群众的经济负担，也减少了脱贫摘帽的攻坚阻力，更激发了贫困群众脱贫致富的内生动力。不仅如此，循化县曝光婚丧嫁娶大操大办等反面典型，报道移风易俗树立文明新风的正能量榜样，使移风易俗工作入耳、入脑、入心的各项措施，具体细致、操作性强，对类似地区移风易俗推进脱贫攻坚具有一定的参考与借鉴意义。

张志胜：安徽财经大学财政与公共管理学院教授、行政管理系主任

思 考 题

1. 在扶贫扶志的过程中，如何更好地发挥村民的主体作用？

2. 从外源式扶贫向内源式扶贫转变过程中，制约因素有哪些？

延伸阅读

1.《脱贫攻坚看循化》(海东市人民政府网，http://www.haidong.gov.cn/html/41/68713.html，2018 年 6 月 30 日)

2.《循化"五大战略"决胜脱贫攻坚》(青海新闻网，http://www.qhnews.com/newscenter/system/2017/06/21/012339419.shtml，2017 年 6 月 21 日)

以诚信搭建金融与产业的"连接桥"

——宁夏回族自治区盐池县曾记畔村的富民之路

摘要： 在脱贫攻坚过程中，没有发展的本钱，是长期以来影响贫困群众内生动力、制约贫困群众脱贫致富的瓶颈问题。金融支持是脱贫致富不可或缺的重要途径之一。宁夏吴忠市盐池县王乐井乡曾记畔村立足当地自然资源条件，尊重群众传统生产习惯，以互助资金、小额信贷打基础，诚信体系培育做铺垫，撬动银行金融资金支持产业发展，走出了一条"依托金融创新推动产业发展、依靠产业发展带动群众增收"的富民之路，激发了贫困户内生发展动力。其经验启示有：产融结合是核心；支部引领是关键；改革创新是动力。

关键词： 小额信贷　诚信建设　金融扶贫

引言： 2016 年 7 月 20 日，习近平总书记在东西部扶贫协作座谈会上指出："只要贫困地区干部群众激发走出贫困的志向和内生动力，以更加振奋的精神状态、更加扎实的工作作风，自力更生、艰苦奋斗，我们就能凝聚起打赢脱贫攻坚战的强大力量。"

❖ 背景情况

宁夏回族自治区盐池县王乐井乡曾记畔行政村位于盐池县城西北方向 20 余公里的山峁上。这里地处毛乌素沙漠边缘地带，年降雨量 200 毫米左右，蒸发量却在 2000 毫米以上，生态十分脆弱，一直采用着广种薄收、自由放牧的生产方式，一方水土难以养活一方人，是典型的靠天吃饭的地方。辖 6 个村民小组，总人口 741 户 2084 人，2015 年精准识别建档立卡贫困户 196 户 576 人，占总人口的 27.6%。"吃水没有源，走路很艰难，三年两头旱，口袋没有钱，村里单身汉进村随处见"是该村的真实写照。2012 年之前，全村青壮年劳力大都外出务工。靠近毛乌素沙漠边缘地带的区位条件，独特的自然资源使盐池滩羊远近闻名，曾记畔村群众普遍具有养殖滩羊的习惯。但由于原始积累薄弱，发展资金短缺，群众无法通过扩大养殖规模发展生产，辛苦劳作一年，仅能维持温饱而已。为摆脱贫困，村党支部立足当地实际情况，以金融扶贫为突破口，带动产业发展，走出了一条独具特色的金融扶贫致富路。

自从打响脱贫攻坚战以来，曾记畔村在夯实基层战斗堡垒建设进程中，不断拓宽延展"党建 +"的内涵，以落实"两不愁三保障"为目标，紧紧围绕产业兴旺、群众增收开展工作。从群众诚信体系培育、信用量化评级、夯实产业发展基础、党风民风引领等四个方面下功夫，充分发挥党支部的引领和党员的示范带动作用，"党建 +"的工作内涵和外延在具体实践中得到极大的丰富和拓展。

精准扶贫工作开展以来，扶贫工作队与村党支部发动党员群众开展"脱贫攻坚干什么、怎么干"大讨论，集思广益，确定了转变生产方式、发展集约化舍饲养殖求突破的发展思路。同时，支部坚持以问题和群众需求为导向，勇于实践，开创性地将群众信用体系培育和量化评级工作相结合，解决了群众发展生产缺资金问题，拓宽了社会帮扶资金投放渠道单一问题，解决了金融机构贷款资金投放难的问题。小额信贷累计惠及 3129 户次，有效解决了群众发展生产没有本钱的问题。人均收入从 2010 年的 2000 元以下增长到 2018 年年底的 9496 元（建档立卡贫困户人均收入从 2010 年的 1500 元左右增长到 2018 年年底的 8760 元），2016 年，整村脱贫出列。村党支部书记朱玉国光荣当选为党的十九大代表，获得全国脱贫攻坚奖，村党支部被中共中央表彰为"优秀基层党组织"，驻村工作队连续被自治区党委、政府表彰为"驻村帮扶先进集体"，创造了良好的政治效益、社会效益和经济效益。曾记畔村金融扶贫模式已成为盐池县乃至宁夏精准脱贫创新工作一个成功实践，为全国金融扶贫积累了经验。

曾记畔村通过诚信体系建设已成为远近闻名的金融扶贫示范村

❖ 主要做法

（一）建立互助资金运行机制，增强群众发展产业动力

2006 年，曾记畔村被国务院扶贫办确定为"村级发展互助资金"试点村，投入资金 20 万元。村党支部在征询群众意见时，有人提出将这笔钱平分到户。他们认为这笔钱迟早是群众的，还不如一次分到位。村党支部一班人没有应和这种想法，他们围绕"群众能干什么、支部能帮什么"展开讨论，认为要在转变生产观念、激发群众自我发展意识上下功夫。由此，他们抢抓县委、县政府打造盐池"中国滩羊之乡"的契机，从解决群众生产没有本钱入

手，确立了这 20 万元的使用原则，即"自愿入社、小额投入、产业支撑、有偿使用、五户联保、按期归还、滚动发展"的运行原则。为此，建立了群众代表参与管理的互助资金运行机制，制定了完善的互助资金管理运行制度。起初工作进展并不顺利，有人觉得国家给的扶贫款还要付利息，想不通，有人想借款却没有人愿意给担保，有人借款的目的是用于消费。当年 20 万元的本金只借出去 12 万，有 8 万沉淀在账上。党支部一班人没有气馁，支部书记朱玉国号召党员带头借款从事养羊，支部出面为想发展生产却找不到担保人的群众提供担保。当年，支部直接帮助的农户 16 户，担保金额 8 万元。经过两年的运行，互助资金贷款数额虽小，但操作规范、业务透明、随借随用、随用随还的便利模式，逐步得到群众认同。随着滩羊养殖市场的活跃，第一批在互助社借款的群众收入基本上都翻了一番，群众"借鸡生蛋"的意识逐步养成，主动融入生产发展之中的积极性明显增强。到 2008 年，互助资金池的 20 万已远远满足不了群众的需要。互助资金良好的运行模式和显著的帮扶作用引起了政府部门以及热心于扶贫脱困事业的企业和团体关注，纷纷注入资金支持发展，互助资金盘子也越滚越大。截至 2018 年年底，村互助资金总量达到 880 万元，互助资金对村民发展经济的支持力度明显增强。

（二）完善诚信体系建设，建立诚信贷款信用体系

曾记畔村坚持物质脱贫与精神脱贫一起抓，把提高贫困户诚信意识，增强内生动力，完善村级金融信用体系，作为推进金融扶贫的"总开关"。村支部充分发挥村级互助资金作用，按照信誉推荐互联互带模式建立小额信贷诚信环境，为落实全县扶贫小额信贷政策打下了坚实基础。同时，村党支部不断健全各项规章制度和村规民约，选树了张孝等一些村里的致富带头人，通过示范引领，促进曾记畔村党风民风的转变，村级信用环境发生了重大变化，"有借有还、再借不难"的观念根植于心，金融环境始终保持良好的发展态势。在此基础上，村党支部不断探索创新工作思路，将建档立卡贫困户取得

贷款的诚信度占比由原来的 10% 提高到 60%，家庭收入占比 30%，基本情况占比 10%，即"631"模式，这个改变得到了县委、县政府及有关部门的大力支持。由支部出面，将那些在互助社有良好借（还）款记录的群众优先推荐给金融部门，县农商行对曾记畔村良好的金融环境充分认可，在其村部设立了金融便民服务网点，进一步方便了群众取款、转账、缴纳医保与养老保险等，实现了贫困村金融"零距离"服务。经过多年的不懈努力，曾记畔村集体收入由 2010 年的空壳到 2018 年的 38 万元；人均收入由 2000 元以下增长到 9496 元。2015 年全国北方片区金融扶贫培训会和 2016 年全国金融扶贫培训班在盐池举办，参会人员均在曾记畔村进行了观摩交流。村党支部由昔日的后进成为全国先进基层党组织，村支书朱玉国个人也当选为党的十九大代表，并荣获了"2016 年全国脱贫攻坚奋进奖"。

村党支部书记朱玉国（前排左二）组织群众开展信用评级工作

（三）落实扶贫小额信贷，夯实产业发展金融支持体系

2014 年，精准扶贫工作全面开展，支部和驻村工作队在调研中发现，部

分被识别出来的贫困户，由于基础薄弱，在互助社没有贷款记录，产生不了信用记录，仍然存在贷款难的问题。同时，随着经济不断发展，群众扩大生产的愿望不断增强，对资金的需求不断增大，互助资金给予的支持已不能满足群众需要。2015年，扶贫小额信贷政策在盐池县全面推行，村党支部抢抓时机、广泛宣传，率先为贫困户提供5万元以下、3年期以内、免担保免抵押、以基准利率放贷财政贴息的信用贷款，有效解决了贫困户贷款难、贷款贵问题。全村190户贫困户通过小额信贷获取发展资金1387万元。村支部还针对建档立卡贫困户贷款年龄受限、60岁以上无法贷款的问题，积极与各家银行协商，将建档立卡贫困户贷款年龄放宽至65周岁，互助资金借款年龄放宽至70周岁，目前已为13户60岁以上有发展能力的贫困户发放贷款32.5万元，有效解决了这部分家庭发展资金短缺的问题。扶贫小额信贷极大地激发了建档立卡贫困户的内生动力，"造血功能"不断增强，产业发展成效显著。全村小额信贷余额从2010年的428万元增长到2018年的4893万元；羊只存栏量从4000只增长到1.3万只，饲养量由1万只增长到3.8万只；农业机械数量从23辆增长到178辆，253户群众建了新房，群众生产生活水平明显改善。

今年52岁的村民鲁永胜是第一批享受扶贫小额信贷的贫困户，有了贷款支持，其养殖规模由小到大，生产、生活条件都发生了巨大的变化。他说："以前我家一年只能收入1000多元，收入主要靠种地获得，那时候只能靠天吃饭，雨水充沛地里的收成就能好些，要是遇上旱年，连吃饱饭都困难。后来村里实施了扶贫政策，党支部带领我们发展生产，2014年我获得了5万元贷款，买了100只羊，到目前我已经有300多只羊了，住上了新砖瓦房，还买了汽车，每年可以收入10万多元。"曾记畔村许多群众都在经历着和鲁永胜一样的变化，从他们幸福的笑容和自信的话语中，你能感受到群众对党和政府的感恩之心。

贫困户鲁永胜通过金融扶持，滩羊年饲养量超过 300 只，年收入 10 万元以上

（四）创新信用评定模式，优化扶贫资金使用效益

适应生产发展资金需求不断扩大和种植养殖资金需求季节性变化的特点，村党支部适度扩大互助资金和千村信贷的信用评分占比，让信用和真金白银挂钩。在金融部门和扶贫办的指导下，他们摸索建立了一整套的评级授信操作办法，遵纪守法、信用状况、家庭资产等指标有机结合，按照"1531"的比例（即精神文明 10%、信用情况 50%、家庭资产 30%、基本情况 10%），将全村所有农户的信用情况由低到高分为 A、A+、AA、AAA 四个信用等级（3A 级可贷 10 万元以上、2A 级 5 万—10 万元、A+ 级 2 万—5 万元、A 级 2 万元），实行贷款额度、利率优惠与信用等级挂钩，推行免担保免抵押贷款，有效降低贷款门槛和贷款成本。截至 2016 年年底，评级授信工作在全体村民中展开，结合"信用村、信用组、信用户"评定，2016 年共评议推荐 AAA 级信用户 226 户、AA 级 319 户、A+ 级 15 户、A 级 4 户。凡是经过信用评定的农户，在一个授信周期内（一般为 3 年），可获得金扶卡贷款。在极大满足群众资金需求的同时，群众根据需求随取随贷、随用随还，使资金的使用效率

大大提高，显著降低了资金使用成本。截至 2018 年年底，全村有 570 户在金融部门贷款 5400 余万元。

贫困户王昶入赘到其他村，因生活无法维系，返回本村。一口窑洞，一沿土炕一口锅，就是他的全部家当。村党支书朱玉国为王昶制订滩羊养殖发展计划，并主动为他担保贷款 4.5 万元，购买了生产母羊和饲草料。2018 年，王昶的羊只存栏达到 300 只以上，年纯收入达 10 万多元。由于诚实守信、产业发展基础好、群众口碑好，王昶第一批被评为 AAA 级信用户，不仅自己脱了贫，还积极为其他农户担保贷款 30 多万元，帮助其他农户发展滩羊养殖，让身边的乡亲也走上了致富路。

王昶被评为 AAA 级信用户，可以享受 10 万元以上信用贷款

❖ 经验启示

作为西北地区干旱带上的一个村落，地瘠人贫，资源匮乏，生态脆弱。

曾记畔村紧抓退耕还林、封山禁牧、政府推广舍饲养殖的契机，通过支部引领，以金融扶持为突破口，成功探索出"党建＋产业＋金融＋保险＋诚信"的脱贫攻坚路径，带领群众踏上了脱贫致富之路。

（一）产融结合是核心

产业发展是贫困地区增加收入、摆脱贫困的必经之路。产业的选择上，应坚持因地制宜，坚持注重高质量和可持续发展，让产业发展真正造福贫困群众。脱贫只是底线，富民才是最终目的，曾记畔村瞄准贫困群众发展产业资金短缺的薄弱环节，将金融活水引入贫困群众的主导产业，调动贫困群众创业增收的积极性，把扶贫和扶志、扶智结合起来，变"输血"为"造血"，走出了一条"依托金融创新推动产业发展、依靠产业发展带动贫困群众增收"脱贫富民之路。

（二）支部引领是关键

曾记畔村的脱贫之路是支部发挥作用的生动实践。每一个瓶颈问题的突破，支部总是冲在最前面；每一次新事物的实践，党员总是最先挑战风险。村党支部坚持将基层党组织建设贯穿于脱贫攻坚全过程。近年来，党支部推动 21 名党员选择"带头致富岗"、15 名党员选择"扶贫帮困岗"，形成了党员带群众、先富带后富的生动格局。

驻村第一书记禹洪亮（右一）向群众宣讲脱贫富民政策，沟通危房改造事宜

（三）改革创新是动力

贫有百样，困有千种。解决问题必须依靠强有力的改革创新来实现，曾记畔村就是坚持问题导向，不仅大胆探索出"党建＋产业＋金融＋保险＋诚信"的创新路径，解决了制约金融扶贫的深层次问题，增强了自我发展能力；始终坚持把贫困群众作为脱贫致富的主体，激发了群众自主脱贫内生动力；并以落实扶贫小额信贷政策为契机，通过信用评定模式，把诚信建设融入精神文明建设之中，实现了精神文明建设支撑金融扶贫顺利开展，金融扶贫成果反哺精神文明建设的良性互动，为脱贫攻坚注入了强劲动力。

曾记畔村民争先创优已形成风尚

宁夏回族自治区扶贫办主任推荐语

盐池县曾记畔村从 2006 年 20 万元互助资金起步，久久为功，与时俱进，走出了一条"党建＋产业＋金融＋保险＋诚信"的脱贫攻坚路子，很快在盐池县普及，形成了金融扶贫"盐池模式"，在宁夏乃至全国推广。"盐池模式"成功的关键在于基层党组织充分发挥了引领示范作用，核心是选准了贫困群众能干、想干的扶贫产业。盐池模式以"金融+保险"为纽带，促进了产业发展、群众增收，更重要的是通过信用评定，把社会主义核心价值观融入群众生产生活之中，诚信意识和内生动力普遍增强，一项扶贫工作、经济活动助推了农村精神文明建设、脱贫攻坚和乡村治理，值得推广和借鉴。

梁积裕：宁夏回族自治区扶贫办党组书记、主任

专家点评

本案例的亮点是以互助资金、小额信贷为基础，以诚信体系培育作铺垫，撬动银行金融资金支持产业发展，在诚信培育和产业发展的互动中实现"志智"双扶。主要创新是探索了"党建+产业+金融+保险+诚信"的扶贫路径，以及"631"模式、"1531"模式、金扶卡贷款模式等诚信贷款占比动态调整的具体做法。该案例的启示是通过创新信用评定模式，把诚信建设融入精神文明建设之中，能实现精神文明建设支撑金融扶贫顺利开展，金融扶贫成果反哺精神文明建设的良性互动，进而为脱贫攻坚注入了强劲动力。这些做法和经验在有特定的自然资源和传统习俗、工艺，但缺乏产业发展本钱，贫困户金融素养、诚信意识缺乏的贫困地区具有较好的推广价值。

丁建军：吉首大学商学院院长、教授、博士生导师，吉首大学武陵山片区扶贫与发展协同创新中心研究员

思考题

1. 在金融扶贫过程中，如何处理好互助资金的分配与群众发展需求之间的关系？

2. 将金融扶贫融入县域脱贫与发展进程中还有哪些方法与路径？

延伸阅读

1.《为贫困户解资金之"渴"》(《人民日报》2015 年 11 月 15 日)

2.《宁夏盐池：金融扶贫让养殖户过上"做梦都不敢想"的日子》(新浪网，http://news.sina.com.cn/c/2019-07-05/doc-ihytcitk9834535.shtml，2019 年 7 月 5 日)

传承"胡杨精神"
助力脱贫攻坚

——新疆维吾尔自治区泽普县扶贫扶志的实践

摘要：打赢脱贫攻坚战是实施稳疆兴疆、富民固边战略的重大政治任务，是巩固和加强民族团结、凝聚民心的现实选择，是实现新疆社会稳定和长治久安的迫切需要。脱贫攻坚以来，泽普县坚定不移传承"胡杨精神"，贯彻落实上级党委"七个一批、三个加大力度""十大工程"决策部署，全面促进区域发展，实现农村贫困人口稳步脱贫。泽普县脱贫实践启示我们，精准扶贫应该重视调动扶贫对象的积极性和扶贫对象的能力建设，同时坚持开放式、开发式、开拓式扶贫并存。

关键词：开发式扶贫 "胡杨精神" 扶贫扶志

引言：2017 年 2 月 21 日，习近平总书记在十八届中央政治局第三十九次集体学习时指出："要注重扶贫同扶志、扶智相结合，把贫困群众积极性和主动性充分调动起来，引导贫困群众树立主体意识，发扬自力更生精神，激发改变贫困面貌的干劲和决心，变'要我脱贫'为'我要脱贫'，靠自己的努力改变命运。"

❖ 背景情况

　　泽普，维吾尔语意为"飘着金子的河"，汉语意为"广泽惠普"。位于叶尔羌河与提孜那甫河冲积扇中上游，是古丝绸之路的重要驿站。全县辖 14 个乡镇（场），有 151 个行政村（社区），全县总人口 22.5 万，农村人口 15.3 万，有维吾尔、汉、塔吉克、回等 19 个民族，少数民族人口占 79%，汉族占 21%。全县总面积 989 平方公里，耕地面积 57 万亩，其中林果面积 53 万亩，绿洲面积占 86.3%，森林覆盖率 38.7%，是典型的沙漠绿洲地貌。

建档立卡之初，泽普县贫困发生呈现以下形势和特点：

一是贫困面广，贫困程度深。全县有贫困村 40 个，占全县行政村总数的 30.1%；有贫困人口 37769 人，贫困发生率为 25.6%。同时，贫困户大都不同程度地缺技术、缺生产资料、缺劳动力、缺资金，加之因病致贫、因学致贫、因灾致贫等因素，扶贫开发面临的都是难啃的"硬骨头"，脱贫摘帽任务十分艰巨。

二是基础设施薄弱，公共服务水平低。基础设施相对落后，公共产品供给不足是制约泽普经济发展的瓶颈。农田水利基础设施建设滞后，水利设施老化，水资源利用率低，造成大量水资源浪费；中低产田比重大，抵御自然灾害的能力较弱；农村供电容量小、质量不高，生产生活用电保障能力不足；边远贫困村上学、就医困难，文化生活和社会保障体系不够健全。

三是产业发展落后，产业带动能力不足。2014 年，泽普县三次产业结构比例为 35∶24∶41。一产不优，产业结构调整任务重，畜牧业发展仍处于初级阶段，农业科技含量低，农产品加工能力不足，产业化、市场化程度不高，经济效益较低；二产不大，传统产业升级改造难度大，新兴产业缺乏相关要素支持，纺织服装等劳动密集型产业仍处于起步阶段，就业拉动能力有限；三产不强，旅游业和商贸物流业发展态势良好，但由于基础体量有限，短期内仍难以成为主导产业。

四是贫困人群整体素质不高，自我发展能力不强。由于特殊的历史、地理等诸多原因，泽普县科技、教育、文化、卫生、体育等社会事业欠账多，职业教育和继续教育相对滞后，农民接受科技、文化、信息渠道狭窄，劳动力人均受教育程度低于全疆平均水平，劳动者素质偏低，语言信息交流不畅，导致科技推广不快、市场信息不灵。部分青壮年农牧民缺乏基本的就业技能，能力素质与劳动力市场需求严重脱节，普通话教育正处在全面普及阶段，农村成年劳动力普遍不懂普通话，一定程度上影响了贫困人口劳动力就业创业的渠道。打赢脱贫攻坚战，带领全县各族群众过上好日子，这是泽普县委、县政府肩负着的历史重任和时代使命。

❖ 主要做法

泽普县坚持以"六个精准"为主线，坚决落实自治区党委和地委确定的"七个一批、三个加大力度、十大工程、五项增收措施"决策部署，确保贫困人口既实现经济脱贫，又实现精神脱贫。

（一）践行"胡杨精神"，"两业"工程助力稳定脱贫

首先，把产业扶贫工程作为最根本的脱贫举措。全县林果面积达 53 万亩，其中红枣 20 万亩，核桃 24 万亩，苹果 3 万亩，其他 6 万亩，农村人口人均林果面积 3.5 亩，贫困户人均林果面积 2.5 亩。坚持把林果业作为支柱产业，投入 3559 万元，改造低效益林果园 14 万亩，建成 50 座保鲜库，组建 450 人的林果业服务队，为依托林果业脱贫奠定了坚实的基础。坚持把种植业和畜牧业作为产业脱贫的有力支撑，优化种植结构，投入 2225 万元，新建拱棚 1888 座，投资 7290 万元建成良种繁育中心 1 个，同时建成农村电商 46 个，发展合作社 145 个，为产业扶贫促进群众增收奠定了坚实基础。

其次，把就业扶贫工程作为最直接的脱贫方式。加快贫困户劳动力转移就业步伐。对全县建档立卡贫困户劳动力和就业情况进行摸底并分类造册，综合通过政府购买服务、园区企业就业、有组织转移就业、卫星工厂就业、参与本地建筑业就业、自主创业以及从事一产或三产就业等多种形式。2016

年以来，建档立卡贫困户累计转移就业 24983 人，其中，疆外转移就业 564 人，疆内就业 24419 人。2018 年，全县建档立卡贫困户中，有劳动能力贫困户 7069 户 11737 人已全部实现就业。

最后，把土地清理再分配扶贫工程作为最关键的脱贫策略。为了帮助贫困户发展产业、促进就业，破解资金难题，泽普县利用清理回收 5.77 万亩土地收益 2885 万元，分层次、分领域设立了 7 项资金，按照动态跟进、保障到位的原则，真正地化解贫困户发展产业就业的资金难题，进而助力贫困人口拥有一技之长，提升抵抗外部风险的能力，走上稳定脱贫、致富奔小康的道路。

乡村生产车间开在了群众家门口

（二）完善基础设施，改善人居环境

泽普县坚持把基础设施配套工程作为刚性指标。共计投入 1.9 亿元，完成了 204 公里安全饮水管网改扩建工程、485 公里村民小组道路建设、1160 户贫困户天然气入户，确保了 133 个村基层党组织阵地、文化室、卫生室、惠民超市、村民服务中心全覆盖，实现了"五通七有一接近"的目标。同时，泽普县把易地搬迁工程作为重要抓手。充分考虑贫困户意愿，全县 2016—2017 年易地扶贫搬迁共计 216 户 850 人，于 2017 年 10 月搬迁入住。坚持扶贫项目资金向易地扶贫搬迁安置点倾斜，通过发展产业、促进就业等措施，目前各类指标均达脱贫标准，实现了搬迁户"搬得出、稳得住、能致富"的目标。

加大基础设施建设，打赢脱贫攻坚战

为了保障贫困户的住房，泽普县把安居保障工程作为硬性要求。坚持规划先行、试点引导、同步推进的步骤，总投入 23.6 亿元，完成覆盖所有村的 193 个集中连片点建设任务，建成安居富民房 33930 套，其中贫困户 5574 套，全县农户住房安全实现全覆盖。为进一步改善居住环境，泽普县把庭院惠民工程作为最有效的脱贫办法。按照"前院、中园、后圈"的模式，建成和改造庭院 9981 户，通过种植葡萄、小南瓜、蔬菜等，贫困户既改善了居住环境，又满足了生活需要，还获得了经济收入。

庭院经济助力贫困户增收

（三）推广通用语言，阻断贫困代际传递

为实现扶贫与扶志、扶智相结合，泽普县把扶志扶智工程作为长远之策。全面实施国家通用语言教育全覆盖工程，对疆内大专以上贫困学生给予一次性3000元资助，对疆外大专以上贫困学生给予每年6000元资助。积极开展"阳光助学"活动，动员全社会筹资资助贫困学生，助力贫困户子女顺利完成大学学业，切实阻断贫困代际传递。深入推进"去极端化"，坚持把"四大"活动和发声亮剑活动作为正本清源的有力载体，引导各族群众自觉抵制民族分裂主义和宗教极端思想的渗透。把脱贫攻坚的志气、信心送到贫困户的心坎里，引导贫困户树立自强不息的精气神。

教育扶贫有保障

有效地发挥典型示范带动作

用，以榜样的力量鼓舞贫困人口。泽普县积极推进县、乡、村各级宣讲员深入农家小院、田间地头、巴扎集市，做到哪里有群众就宣讲到哪里，讲好脱贫故事，用身边人讲身边事、身边事教育身边人。选树脱贫典型300余人，村村都有脱贫典型，村村都有示范户，起到了很好的引领带动作用，从而形成了"帮带有动力，学习有榜样"的良好精神面貌，变"要我脱贫"为"我要脱贫"。积极开展"倡导新风尚、树立新气象、建立新秩序"活动。实现了社会风气、社会秩序、群众精神面貌焕然一新。

宣讲员开展扶志大宣讲

（四）实施动态化管理，构筑最后"防线"

泽普县把信息化建设工程作为管理之基。通过采取组织专班、筹措资金等措施，有序完成了县级、10个乡和40个贫困村扶贫信息管理平台建设和信息录入工作，实现了对"六个精准"措施落实的跟踪管理，为脱贫攻坚决策部署提供了参考依据，也为巩固脱贫成效提供了科技支撑。同时，为全面巩固脱贫成效，建成了泽普县脱贫攻坚档案资料室，保障了脱贫摘帽的精准性和可视性。全面开放后，可起到存史、资政、育人的作用。

为了保障贫困人口脱贫后不再陷入贫困，泽普县把综合社会兜底保障工

程作为民生底线。全面落实低保线和扶贫线"两线合一",对 4879 户 10555
名建档立卡贫困户纳入低保范围,实现了应保尽保。全面实施"先诊疗、后
付费"和"一站式"结算模式,落实大病医疗和救助报销政策,切实将综合
社会保障兜底各项措施落到实处。

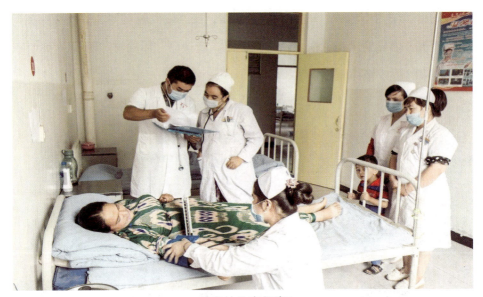

健康扶贫有保障

❖ 经验启示

脱贫攻坚承担着帮助贫困人口增加收入、实现贫困人口脱贫致富的重大
任务,承担着促进贫困乡村经济社会全面进步的重要工作,各级党委政府担
负着关爱弱势群体,兑现到 2020 年实现现行标准下的贫困人口全部脱贫,贫
困县摘帽,全面建成小康社会的庄严承诺。泽普县的脱贫之路对维护社会稳
定、边疆稳定、民族团结、构建和谐社会具有非常重要的意义。

(一)精准扶贫应重视调动扶贫对象的积极性

精准扶贫的最终目的是让贫困百姓受益,保障贫困群众的生存权。国

家对贫困人口的救助和保障措施很多，投入力度也比较大，但有些贫困地区没有很好地注意把握保障的度。多年的扶贫经验告诉我们，如果一味依靠保障，会使一些人产生对社会保障的依赖，形成"低保文化"，不愿意参加职业培训、不愿意发挥自身的主观能动性。因此，在设定扶贫政策时，对扶贫对象，包括贫困区域、扶持对象等，实行动态管理，注重调动扶贫对象的积极性。对非不可抗拒灾害达不到目标值的暂停扶贫投入，对有劳动能力的贫困农民家庭应该规定享受低保和扶贫政策的最长期限，不能长期享受低保和扶贫政策，这样才能调动贫困人口自力更生的积极性，防止产生对扶贫和低保的依赖。其目的就是要充分调动贫困乡村、扶贫对象的积极性，防止出现贫困农户家庭不愿意工作和长期依赖政府援助的现象。

（二）精准扶贫应重视儿童教育和健康成长

儿童的教育和健康成长是防止和摆脱贫困的关键。应该用战略眼光看待解决儿童贫困问题的重要性，将解决儿童的贫困问题放到优先地位。虽然国家实行免费义务教育，但仍需对贫困农民家庭儿童教育尽可能的多给予援助。应将有儿童的贫困农户家庭作为优抚对象，以确保这些贫困农户家庭有能力对儿童的教育和抚养提供经济保障，确保贫困儿童不因贫困而辍学，彻底阻断贫困代际传递。

（三）精准扶贫应重视扶贫对象的能力建设

精准扶贫应该承担人力资源开发的职能，而不只是救济，把给贫困人口提供救济变成一个无底洞。有一些贫困家庭长期生活在贫困的恶性循环中，有的家庭几代人都在接受扶贫，他们不知道在扶贫之外如何生活。为打破贫困的恶性循环，扶贫应高度重视人力资源开发，制定对失业人员进行职业培训的政策，通过培训开发人力资源，提高贫困人口的创收能力。同时，注重消除"低保文化"，创建自力更生文化，使贫困人口树立依靠自己的力量摆脱贫困的观念，通过在生产生活中宣传党的惠民政策、突出科技示范引领，通过解决就业岗位、提供创业条件、优化致富路径、树立致富典型，实现贫困人口由"等靠要"向"主动干"的转变，激发人民群众依靠双手创造美好生活和共建美好家园的主观能动性，展现各族人民群众对美好生活向往的生动局面。

新疆维吾尔自治区扶贫办主任推荐语

泽普县在 2018 年实现高质量脱贫摘帽，在脱贫攻坚中探索了一些可复制、可借鉴、可推广的有益经验，特别是立足自身脱贫攻坚实际，发扬"胡杨精神"，坚持精准扶贫精准脱贫基本方略，坚持扶贫与扶志扶智相结合，以激发贫困群众内生动力为切入点，统筹推进维护稳定与脱贫攻坚，强力推进"七个一批""三个加大力度"，增强贫困群众脱贫致富能力和行动自觉，实现了贫困人口稳定可持续脱贫，为如期打赢南疆四地州深度贫困地区脱贫攻坚战提供了成功范例。

曹志文：新疆维吾尔自治区政府副秘书长，自治区扶贫办党组书记、主任

专家点评

泽普县扶贫扶志实践最核心的经验是强基固本，整体提升。泽普县根据民族地区、边疆地区经济社会发展实际，以产业扶贫、就业扶贫、土地清理再分配扶贫等作为主要的扶贫举措；以加强基础设施建设，推广通用语言，提升社会服务和社会保障水平等作为扶贫扶志的基本；从教育抓起，从孩子抓起，从扶贫对象的基本能力建设抓起，扶贫扶志取得了明显成效，各项社会事业发展得到了整体提升。这些做法和经验对于其他民族地区、边疆地区的脱贫攻坚工作，也具有很大的借鉴意义。

慕良泽：山西大学社会哲学与城乡发展研究中心教授、博士生导师，山西省"三晋英才"支持计划拔尖骨干人才

思 考 题

1. 脱贫摘帽后，如何巩固提升脱贫攻坚成效，确保同全国人民一起步入全面小康社会？

2. 在少数民族聚居地区，怎样激发贫困户内生动力，助力脱贫攻坚工作？

延伸阅读

1.《泽普：精准扶贫之路越走越宽》(搜狐网，http://www.sohu.com/a/228772689_118570，2018 年 4 月 19 日)

2.《新疆泽普：发展促团结　团结助发展》(喀什特区信息网，http://kstq.gov.cn/xwpd/ksxw/201901/00004706.html，2019 年 1 月 9 日)

浓浓关怀显真情
助推脱贫感党恩

——新疆生产建设兵团买赛地·吐送率先脱贫的历程

摘要： 在脱贫攻坚决胜时期，有这样一些地方，这样一群人，他们虽被认定为贫困户，但不愿"等靠要"，决心稳扎稳打，用心做人、做事。新疆生产建设兵团第十四师二二五团精准实施扶贫政策，通过扶贫扶志双结合，奠定拉依苏村摘帽的坚实基础。其中拉依苏村的村民买赛地·吐送，2017 年被识别为贫困户，2018 年脱贫。他积极改变传统生活方式，树立脱贫志气，用勤劳脱贫致富。同时，他勤德兼备，为感党恩回报社会，带领父老乡亲一起脱贫致富。

关键词： 脱贫致富　脱贫典型　示范带动

引言： 2019 年 4 月 15 日，习近平总书记在重庆市石柱土家族自治县中益乡调研时指出："脱贫攻坚是我心里最牵挂的一件大事。这次我专程来看望乡亲们，就是想实地了解'两不愁三保障'是不是真落地，还有哪些问题。小康不小康，关键看老乡，关键看脱贫攻坚工作做得怎么样。"

❖ 背景情况

　　第十四师二二五团属兵团重点深度贫困团场，拉依苏村人世代在贫困线上挣扎。在兵团未接管前，拉依苏村是远近闻名的落后村，村民脱贫意识差，

"等靠要"思想严重，以拿"低保"为荣。2017 年，拉依苏村全村有 911 户 2924 人，是深度集中连片贫困村，建档立卡贫困户 290 户 1038 人，贫困发生率为 36%。

在脱贫攻坚决胜时期，有这样一些地方，这样一些人，他们虽被认定为贫困户，但不愿"等靠要"，决心稳扎稳打，用心做人、做事，用勤劳脱贫致富，让一贫如洗的状况成为历史，从而步入脱贫致富新时代。在新疆生产建设兵团第十四师二二五团拉依苏村就有这样一群人，拉依苏二小队的买赛地·吐送就是其中的代表之一。生于 1964 年的买赛地·吐送在成长道路上始终无法摆脱贫困的困扰，年少时曾在家里当过木匠、种过地、养过牛，面朝沙土背朝天，是个地地道道的农民。当问及他时，他说："这里穷了几代人，每年风沙能持续 200 天以上，没有产业资源，更谈不上经济发展。"买赛地·吐送曾憧憬通过自己努力让这个家过得更美好，可造化弄人，他的女儿在十几岁的时候，患上骨骼疏松，自此以后便不能正常行走，一晃已是十余年，让这个处在风雨摇曳之中的家庭更是雪上加霜。然而，买赛地·吐送不曾产生放弃和堕落的念头，自从 2017 年被认定为贫困户后，他不甘心一辈子在贫困线挣扎，决心用勤劳和汗水改变命运。通过自己的努力和国家扶贫政策扶持，他仅用一年时间就摘掉了贫困的"帽子"，成了村民眼里的致富能手。

❖ 主要做法

（一）开拓思维，改变传统生活习惯

买赛地·吐送今年 55 岁，小学文化程度，一家人以房前种植的 3 亩核桃林为主要经济来源。虽然一家人勤勤恳恳，从年头忙到年尾，但是由于缺乏种植技术，核桃收入也仅够维持基本生活。2017 年他家被确定为贫困户后，才一年的时间，他便通过自己的努力和国家政策扶持摘掉了贫困的"帽子"。

在买赛地·吐送的眼里，自己的脱贫离不开兵团的好政策，他说："以

前我和老伴住两间草房子，春天的风沙让人很头疼，冬天特别冷。"2018年二二五团党委开始大力推广三区分离、三新工程改造、庭院改造等项目，利用房前屋后的空闲地搭设葡萄长廊，美化了庭院环境的同时还能增加农民收入。在扶贫专项资金的帮助下，买赛地·吐送主动申请，对房子、院子、羊圈等进行改造，将原有荒废的庭院、散养的家禽，进行了三区分离，改变了环境卫生，将传统旱厕改为冲水马桶，引进液化气改变了柴火烧饭的传统。

据了解，2018年；二二五团共完成棚户区改造120户，"三新"工程完成40户，庭院经济改造完成169户，同时完成25公里的葡萄长廊搭建等工作。这不仅改善了群众的生活环境，而且也为打赢脱贫攻坚战奠定了基础。对于买赛地·吐送而言，这不单单是有了焕然一新的房屋，更增强了脱贫信心。买赛地·吐送曾用"干净、方便、舒适"形容生活的变化，这样的变化不仅改变了一家人的生活方式，更开阔了思维，使得他们不再苦等苦熬，而是树立劳动光荣、勤劳致富光荣的荣辱观，通过苦干实干，用双手创造财富。

买赛地·吐送一家具有劳动能力，但是缺乏技术和资金，依靠房前种植的3亩核桃林，无法解决其生活困难。鉴于这种情况，拉依苏村"两委"仔细研究，决定发挥买赛地·吐送的劳动能力优势，让其成为生态护林员，每月1500元的工资，解决了买赛地·吐送一家的燃眉之急。在生态护林员岗位上他认真负责，兢兢业业，从不迟到早退，凭借自己出色的工作，由护林员小队长成为总负责人，其工作业绩得到了拉依苏村"两委"的充分肯定。

买赛地·吐送在自家院子里种植葡萄

（二）创新思路，多方发展稳定脱贫

2018 年年初，为解决贫困户增收难的问题，拉依苏村"两委"结合贫困户实际情况，对辖区内的贫困户进行摸底调查，了解到买赛地·吐送家有发展养殖业的想法，但是由于缺乏资金无法实现。连队委员会和"访汇聚"工作队在多方协调后，为他家送去了 200 只"扶贫鸡"鸡苗。养鸡的过程并不顺利，没有养殖大批鸡苗经验的买赛地·吐送，很快就面临鸡苗患病死亡的困境，无奈他只能向连队"两委"寻求帮助。团、连两级高度重视，聘请兽医为他上门服务，此后，他养鸡越养越顺利。

买赛地·吐送给葡萄藤搭架子

买赛地·吐送利用各类资源，在自家的核桃地里，将鸡进行散养，并且采用林下养殖技术，使他的鸡成为特色土鸡，被越来越多的人所知晓。4 个月后，他养的鸡卖出了每只 85 元的好价钱，特色土鸡蛋也以一枚 1.5 元的价格出售，供不应求，获得了上万元的收益。在扶贫政策庭院经济项目的支持下，

买赛地·吐送在自己的房前搭建了葡萄架、拱棚，移植了葡萄，种植了南瓜、西红柿、葫芦等高效益蔬菜，不仅有了自己日常食用的蔬菜，还能将富余的部分出售增收。一个南瓜在"巴扎"上卖到了 20 块钱，光卖南瓜一项就达到了 1500 元的收入。

买赛地·吐送创新思路，发展庭院经济建设葡萄架，将葡萄进行移植。移植的葡萄包括香妃、马奈子等品种，不仅口感鲜甜而且品质很好。闲暇时间，买赛地·吐送走街串巷卖葡萄，由于品质好很快就被一抢而空，甚至外地人也会上门去他家购买葡萄。尝到甜头的买赛地·吐送主动申请了扶贫贴息贷款扩大了养殖规模。现在的买赛地·吐送已经成了远近闻名的养鸡能手，成了贫困群众致富的榜样，越来越多的贫困户积极向买赛地·吐送学习，大力发展特色养殖业。2019 年，买赛地·吐送又一次性购买了 15 只羊、2 头牛、2000 只鸡苗，预计 2019 年他家的收入能达 6 万元左右，可以实现从"贫困"到"小康"的华丽转身。

买赛地·吐送正在喂养"扶贫鸡"

（三）勤德兼备，致富不忘父老乡亲

2018 年年底，常怀感恩之心的买赛地·吐送始终没有忘记村里的孤寡老人，开始用自己的收入来关心关爱村里无人照看的老人，和他们一起同吃同住。妻子为老人洗衣服，身体残疾的女儿每天为老人们做饭，来吃饭的人数每天达到了 15 人以上。当团党委、连队"两委"知道此事后，考虑到买赛地·吐送刚刚脱贫，家庭财力基础薄弱，劳动力也不足，应避免他再次返贫，就重新建设了日间孤寡老人照料中心。买赛地·吐送听闻此事后，主动找连队要求由他来办这个"孤寡老人照料中心"，并且表示这项工作不会影响到自己的主业，自己的女儿由于有肢体残疾不能够干重活，正好趁着这个机会发挥自己的价值，为老人做做饭、洗洗衣服。买赛地·吐送说："我感谢党和国家，尽管已经 55 岁了，还能通过自己的双手致富，改变了生活环境，住进了新房子。如果没有党和国家的帮助，我的一生恐怕都要在贫困中度过。我感谢党，感谢国家，共产党亚克西，习主席亚克西！"在其强烈要求下，连队同意在他家开办"日间孤寡老人照料中心"。

买赛地·吐送一家人将照顾老人当成自己的一份责任，无微不至地照顾着每一位老人，闲暇时间与老人聊聊天，陪他们解解闷，了解老人的困难，给老人更多的人文关怀。目前"日间孤寡老人照料中心"每天都有 40 余名老人前来吃饭休息。古丽吉米丽汗·吾斯曼就是其中一位。她今年已经 84 岁，并且经常腿疼，行动不便。由于家里无人照顾她，一直在买赛地·吐送家吃饭休息。她说："买赛地·吐送是个好人，对我的帮助太大了，每次帮我买药，给我做饭、炒菜，味道很好，还帮我洗衣服，每天我住在这里，跟一家人一样，我心里特别感动。"此外，鉴于这位 84 岁的老人古丽吉米丽汗·吾斯曼尚未脱贫，买赛地·吐送以入股的形式将老人家中的土地利用起来养鸡，年底给老人分红，让老人有更多的收入。买赛地·吐送说："脱贫路上我们应该互相帮助，这样我们就都能过上好日子。"

买赛地·吐送抱着刚出生的小羊

买赛地·吐送依靠自身努力实现脱贫，且积极投身公益事业，无私回馈社会，为村集体事业发展贡献自身的一分力量，为拉依苏村贫困户做出了榜样。买赛地·吐送自信满满地说："我现在有钱了，要回报社会，做一个感恩的人，现在每天有40多名村里的老人来我家里吃饭休息，还有就是和他们一起合伙养殖，增加他们的收入。现在的生活好了，但是不能忘记众乡亲，这些孤寡老人我要好好地照顾他们，和他们一起生活，我希望有更多的人参与进来，一起增收致富。"现在，40多个老人跟一家人一样，大家围坐在一起，聊家常，话生活。团场为了鼓励买赛地·吐送，还特意为其送去了洗衣机、大米、面粉、清油等生活物品。

买赛地·吐送家照顾的老人

❖ 经验启示

新疆兵团十四师二二五团拉依苏村村民买赛地·吐送"不等不靠""志智结合",不仅成功地摘掉贫困的"帽子",而且带领村内众多乡亲脱贫致富。2018年,拉依苏村脱贫170户574人,贫困发生率下降了20%,成效显著,对消除贫困、改善民生、实现共同富裕具有启迪意义。

(一)通过改变传统生活方式打造精神新面貌

唯有改变生活方式,开启民智树立志气,才能让脱贫成果更持久稳固。自2018年1月1日二二五团被正式接管后,团党委以"扶贫先治懒,扶贫先扶志"为第一要务,通过"三新工程"、庭院改造等一系列措施,改变了拉依苏村的落后面貌,改善了生活条件,树立村民积极向上的精神面貌,改变"等靠要"的价值取向,为消除贫困提供了强大动力。

(二)通过巩固战斗堡垒开发致富新技能

"农村富不富,关键看支部",基层党组织要以满足人民日益增长的美好生活需要为目标,积极开展各项工作,发挥好战斗堡垒作用。2018年,二二五团有建档立卡贫困户473户1770人,在村民渴望摆脱贫困的强烈愿望下,辅以扶贫政策支持,通过举办技能培训、劳动力输出、畜牧养殖、大棚种植等实现了283户1036人脱贫,为改善民生奠定了坚实基础。

(三)通过先富带后富形成奋进新风尚

实现共同富裕是我们为之不懈奋斗的目标,其途径之一是发挥模范作用,形成示范效应,以先富带动后富。二二五团实行"先富带后富"行动策略,在买赛地·吐送等一批"致富带头人"的影响下,让脱贫摘帽成为一种新风尚,将"输血"式扶贫转变为"造血"式扶贫,为实现共同富裕指明了方向。

新疆生产建设兵团扶贫办主任推荐语

买赛地·吐送，55 岁，脱贫致富后，感党恩，帮扶村内困境老人。买赛地·吐送 2017 年被确定为贫困户后，拉依苏村"访惠聚工作队"和村委会因户施策帮扶发展养殖业，一次性发放了 200 只鸡苗，引导发展林下养殖，并安排公益性岗位，担任生态护林员。通过脱贫攻坚、乡村振兴战略等惠民政策的落实，买赛地·吐送家的房子、院子、羊圈等得到了改造，他通过大力发展林下养殖特色产业，目前已发展到 2000 只鸡、15 只羊和 2 头牛的养殖规模，找到了一条致富门路。买赛地·吐送对党的关怀感恩于心，铭记党的恩情，脱贫致富后主动将村里的孤寡老人安置到自己家中悉心照料，由周边五六个老人，发展到现在 40 余名老人，办成了一家日间孤寡老人照料中心。买赛地·吐送不忘党恩为党分忧的善举令人感动，受到了各界的广泛赞誉。

刘新兰： 新疆生产建设兵团扶贫开发办主任

专家点评

新疆拉依苏村的买赛地·吐送是新疆生产建设兵团第十四师二二五团实施精准扶贫战略而出现的典型代表。生于 1964 年的买赛地·吐送年轻时当过木匠，种过地，养过牛，作为一个地道的农民，虽有温饱，但不富裕，2017 年被识别为贫困户。在党的关怀下，他重新确立脱贫致富新志向，立志向贫困开战；在彻底摆脱"等靠要"思想束缚的前提下稳扎稳打，遂在 2018 年顺利实现脱贫。在新疆生产建设兵团第十四师二二五团拉依苏村，还有不少这样的事例。买赛地·吐送的事迹告诉我们：要想尽早脱贫致富，首先，要牢固确立脱贫之志；其次，要改变传统思维方式；再次，要变革传统生活习惯；最后，要提升脱贫致富能力。

牟成文：华中师范大学政治与国际关系学院教授、博士生导师、工会主席，科学社会主义研究所所长，"桂子学者"

思 考 题

1. 在脱贫攻坚时期，引导贫困户树立脱贫志气有哪些方式方法？

2. 如何发挥模范的典型示范作用，助力脱贫攻坚、实现共同富裕？

延伸阅读

1.《瞧！我们的家园这么美——十四师二二五团实施乡村振兴战略纪实》（亚心网，http://www.iyaxin.com/system/2019/03/20/035607306.shtml，2019 年 3 月 20 日）

2.《买赛地·吐送的脱贫路》（兵团网，http://www.bingtuannet.com/c/2019-04-24/7237059.shtml，2019 年 4 月 24 日）

后　记

　　党的十八大之后，以习近平同志为核心的党中央把贫困人口脱贫作为全面建成小康社会的底线任务和标志性指标，作出一系列重大部署，全面打响脱贫攻坚战。习近平总书记亲自部署、亲自挂帅、亲自出征、亲自督战，以前所未有的力度推进。经过全党全国全社会不懈努力，脱贫攻坚取得决定性进展，贫困地区群众生产生活条件明显改善，贫困群众收入水平明显提高，获得感明显增强，全社会合力攻坚局面基本形成，中国特色的脱贫攻坚制度体系不断完善。

　　党的十九大以来，党中央把精准脱贫作为决胜全面建成小康社会的三大攻坚战之一，继续响鼓重锤、高位推进。2018年2月12日，习近平总书记在打好精准脱贫攻坚战座谈会上发表重要讲话，对扶贫干部教育培训工作作出重要指示，并强调"对基层干部，重点是提高实际能力，要多采用案例教学、现场教学等实战培训方式，培育懂扶贫、会帮扶、作风硬的扶贫干部队伍，增强精准扶贫精准脱贫工作能力"。同时，习近平总书记始终高度重视扶贫扶志工作，反复强调实行扶贫同扶志扶智相结合，注重激发内生脱贫动力。为深入贯彻落实习近平总书记关于扶贫工作的重要论述，在"不忘初心、牢记使命"主题教育和脱贫攻坚干部教育培训工作中加强案例教学，国务院扶贫办要求各省（区、市）和新疆生产建设兵团扶贫办（局），从本省（区、市）脱贫攻坚的丰富实践中，各推荐2个代表性、典型性强且可学可借鉴的扶贫扶志故事，由全国扶贫宣传教育中心在办政策法规司指导下，组织专家团队对所推荐的扶贫扶志故事进行遴选、修改、点评，将完善后的 32 个扶贫扶志故事汇编成为《中国减贫奇迹怎样炼成 扶贫扶志故事选》一书。

在本书的编写过程中，31 个省（区、市）和新疆生产建设兵团扶贫办（局）给予了大力支持和积极配合，联合有关部门按照规范编写故事初稿，提供了相应的图片和视频。全国扶贫宣传教育中心组成编写专家和工作团队，对初稿进行了细致而认真的审读，提出修改意见，与各案例执笔人协商补充资料、核实数据并完善润色，最后经专家和工作团队修改、完善定稿。在编写过程中，编写专家和工作团队多次召开交流会和研讨会，对各故事的体例结构、内容安排、文字表述、图表分布等进行研讨，并对标题、摘要、关键词、引言、正文、思考题、延伸阅读等进行修订与审定。各故事定稿后，我们邀请 31 个省（区、市）和新疆生产建设兵团扶贫办（局）主任（局长）撰写了推荐语，提炼案例的亮点与创新。同时，邀请全国知名的扶贫研究专家逐一进行点评，进一步从理论研究高度挖掘每一个故事的推广价值与启示。

国务院扶贫办领导、各司各单位主要负责同志审阅了书稿并提出了审读意见。中国扶贫发展中心主任黄承伟同志负责全书总体策划、拟定编写框架和具体思路并指导各案例修改，多次主持召开主题会议，讨论并确定编写风格、体例和要求。干部培训处处长骆艾荣、阎艳、孙艳丽等同志全程参与了案例的征集、修改工作，并承担了大量的协调、沟通和日常管理工作。国务院扶贫办政策法规司政策协调处江如贵副处长对书稿进行了审阅，提出了许多建设性修改意见，对提高本书质量并避免不必要的错漏花费了大量心血。中国出版集团研究出版社赵卜慧社长、社长总编办兼重大题材项目部主任张博同志、研究出版社的编审团队给予了大力支持和专业指导，确保了本书的编审、出版的高质量。在此，对所有参与到本书编写过程中的各位领导、学者专家、工作团队等各方人士的辛勤付出表示衷心的感谢！

各省（区、市）扶贫办主任为本省扶贫扶志故事撰写了推荐语，他们分别是：马新明（北京市扶贫协作和支援合作办 党组书记、主任）、张庆恩（天津市人民政府合作交流办党组书记、主任）、李志刚（河北省扶贫办党组书记、主任）、刘志杰（山西省脱贫攻坚领导小组办公室主任，省扶贫办党组书记、主任）、么永波（内蒙古自治区扶贫办党组书记、主任）、李军（辽宁省扶贫办党组书记、主任）、张宝才（吉林省扶贫办党组书记、主任）、崔培元（黑龙江省扶贫办党组书记、主任）、姚海（上海市人民政府合作交流办公室党组书记、主任）、朱国兵（江苏省农业农村厅党组成员，省扶贫办党组书记、主任）、林健东（浙江省农办主任、省农业农村厅厅长、省扶贫办主任）、江洪（安徽省政府副秘书长、省扶贫办主任）、黄华康（福建省委农办主任，省农业厅党组书记、厅长，省扶贫办主任）、史文斌（江西省扶贫办党组书记、主任）、崔建海（山东省农业农村厅党组书记、副厅长，省扶贫开发办主任）、史秉锐（河南省扶贫办党组书记、主任）、胡超文（湖北省扶贫办党组书记、主任）、王志群（湖南省扶贫办党组书记、主任）、顾幸伟（广东省委农办主任、农业农村厅厅长、省扶贫办主任）、蒋家柏（广西壮族自治区政府副秘书长、自治区扶贫办党组书记、主任）、孟励（海南省扶贫办党组书记、主任）、刘贵忠（重庆市扶贫办党组书记、主任）、降初（四川省扶贫开发局党组书记、局长）、李建（贵州省委副秘书长，省扶贫办党组书记、主任）、黄云波（云南省政府副秘书长，省扶贫办党组书记、主任）、尹分水（西藏自治区扶贫办党组副书记、主任）、文引学（陕西省政府党组成员，省扶贫办主任）、任燕顺（甘肃省扶贫办党组书记、主任）、马丰胜（青海省扶贫开发局党组书记、局长）、梁积裕（宁夏回族自治区扶贫办党组书记、主任）、曹志文（新疆维吾尔自治区政府副秘书长，自治区扶贫办党组书记、主任）、刘新兰（新疆生产建设兵团扶贫开发办主任）。

应邀对本书各故事进行点评的专家分别是：黄承伟、丁建军、王晓毅、王浦劬、左停、田北海、向德平、庄天慧、孙兆霞、牟成文、李小云、李实、吴国宝、吴晓燕、张志明、张志胜、张丽君、张琦、陆汉文、郑风田、曹立、游俊、慕良泽、燕连福、燕继荣。

参与本书编写工作的专家和工作团队包括：中国地质大学（武汉）马克思主义学院教授、博士生导师李海金，华中师范大学社会学院副教授陈琦、吕方、刘杰，华中农业大学文法学院副教授袁泉，三峡大学计算机与信息学院团委书记黄崇敬，山西农业大学马克思主义学院教师郭鹏，成都工业学院干部杜欣蔓、央视网共产党员网事业部编辑宿党辉；相关高校博士研究生：中国地质大学（武汉）马克思主义学院陈文华、焦方杨、巴且古铁，复旦大学国际关系与公共事务学院赵文杰，厦门大学马克思主义学院钟楚原，东北

师范大学政法学院李丹阳，华中师范大学中国农村研究院韩帅、潜环；相关
高校硕士研究生：华中师范大学杨振亮、冯雪艳、范静惠、刘娜、于佳佳，
中国地质大学（武汉）马克思主义学院杨逍、左孟雯、肖健勋、陈珠妹。李
海金具体负责组织专家和工作团队开展编写、修改和统稿等工作。

　　因各种原因，本书难免有疏漏之处，敬请广大读者批评指正。

本书编写组
2019 年 12 月